数智化时代
人邮教育　会计专业融合创新系列教材

U0725357

财务大数据分析

Power BI版

主　编◎侯崇超　李宁男　李　博

人民邮电出版社

北　京

图书在版编目（CIP）数据

财务大数据分析 ：Power BI 版 / 侯崇超，李宁男，李博主编. -- 北京 ：人民邮电出版社，2025. --（数智化时代会计专业融合创新系列教材）. -- ISBN 978-7-115-67046-5

Ⅰ. F275

中国国家版本馆 CIP 数据核字第 202597U1D8 号

内 容 提 要

本书注重学生职业素养提升，以 Power BI 为工具，以汽车销售行业中典型企业的案例为背景，结合企业的经营数据、业务数据和财务数据，讲授财务大数据认知、数据获取与整理、数据建模、数据可视化等方面的知识和技能，培养学生从服务于企业经营管理者和投资者的角度进行企业经营数据分析、企业财务报表分析和企业财务指标分析等，从而及时发现企业在经营管理中存在的问题及潜在的风险，并能够提出改进建议。

本书内容新颖、知识全面、应用性强，可以作为应用型本科院校和职业本科、高职专科院校财务会计类相关专业的教材，也可以作为财务从业人员自主学习使用 Power BI 进行数据分析的参考用书。

◆ 主　　编　侯崇超　李宁男　李　博
　　责任编辑　崔　伟
　　责任印制　王　郁　彭志环
◆ 人民邮电出版社出版发行　　北京市丰台区成寿寺路 11 号
　　邮编　100164　电子邮件　315@ptpress.com.cn
　　网址　https://www.ptpress.com.cn
　　北京天宇星印刷厂印刷
◆ 开本：787×1092　1/16
　　印张：13.5　　　　　　　　　2025 年 6 月第 1 版
　　字数：330 千字　　　　　　　2025 年 6 月北京第 1 次印刷

定价：54.00 元

读者服务热线：(010)81055256　印装质量热线：(010)81055316
反盗版热线：(010)81055315

前　言

党的二十大报告提出，要"加快发展数字经济，促进数字经济和实体经济深度融合，打造具有国际竞争力的数字产业集群"。随着信息技术的飞速发展，数据呈现爆炸式增长，大数据时代已然到来。以大数据、云计算、人工智能为代表的新兴技术，极大提升了财务工作的效率，也为财务职能转型提供了技术支撑。选择一个有效的可视化和协作工具，不仅能够帮助财务人员提升工作效率，加强部门协作，还能够为企业管理层提供真正有价值的数据洞察，提升企业应对市场变化的能力。

2025 年 2 月，教育部印发了 758 项新修（制）订的职业教育专业教学标准，"财务大数据分析"同时被列为职业本科和专科层次大数据与会计专业的核心课。为落实职业教育专业教学标准要求，推动专业和课程的数字化升级，培养更多适应产业转型升级需要的高技能人才，本书以大数据及 Power BI 在财务中的应用为主要教学内容，帮助学生建立数字化思维，提高财务大数据分析能力。

Power BI 拥有强大的数据分析功能，吸引了越来越多的财务人员学习和使用。许多财务人员每天都需要和数据打交道，当数据量越来越大时，仅仅使用 Excel 进行数据分析就显得捉襟见肘，所以使用 Power BI 成为解决工作中实际问题的迫切需求。那么如何将 Power BI 应用于财务大数据分析呢？这是编者一直思考和学习的内容，为此编者觉得有必要出版一本书来专门介绍。

【本书内容】

目前，市面上关于 Power BI 应用的图书多数都是从工具应用的视角编写的，本书采取了工具应用与数据分析并重的方式编排。本书主要包括财务大数据认知、数据获取与整理、数据建模、数据可视化、分析企业经营数据、分析企业财务报表、分析企业财务指标、撰写与发布财务分析报告等 8 个项目，每个项目由一系列连续的任务组成，前 4 个项目主要介绍使用 Power BI 进行数据分析的流程，后 4 个项目从企业经营数据和财务数据分析的角度进行讲解。全书力求体系完整、框架清晰、层次分明，内容由浅入深、由易到难、循序渐进。

【本书特色】

1. 将知识讲授与价值引领融合，落实立德树人根本任务

在培养学生财务大数据分析能力的同时，本书在各项目均设有"引思启智"栏目，引导学生树立正确的人生观、价值观，具备良好的人格品质和职业素养。

2. 将大数据技术引入教学，推动专业升级改造

本书旨在培养学生的数智化财会职业素养，根据新技术下的职业教育特点，将大数据思维、财务思维、逻辑思维贯穿于全书的编写中，以专技融合为手段，将大数据技术引入教学，以深化

技术为业务服务、技术带动专业升级的思想，将 Power BI 引入财务应用场景，形成支撑专业升级改造的数智财务理实一体化教材。

3. 校企合作，产教融合

编者深入一汽资本控股有限公司与厦门网中网软件有限公司等企业进行调研，通过校企合作模式共同编写本书，进而使本书实例内容能与企业财务工作场景对接。

4. 突出职业教育特色，符合项目化教学需求

本书按照项目引导、任务驱动的教学理念，构建完整的教学项目，每个项目均包括任务情境、知识准备、任务实施、任务总结等内容。

本书配套丰富的教学资源，包括案例数据源、教学课件、教学大纲、教案、习题答案等。教师可登录人邮教育社区（www.ryjiaoyu.com）获取相关资源。

本书由侯崇超、李宁男、李博担任主编，董志会、玄玉慧、李瑶担任副主编，参与本书编写的还有成诚、朱宏波、李斯淇、张艳红、舒会、谢荣飞。

感谢一汽资本控股有限公司朱舒静、厦门网中网软件有限公司吉林省区域经理孙乔乔为本书提供相关案例数据。同时，感谢 Power BI 领域的专家采悟老师的指导。

本书的编写得到了人民邮电出版社的大力支持，谨表示由衷的感谢。

由于编者水平有限，书中难免存在疏漏和不足之处，恳请广大读者批评指正。

编者

2025 年 3 月于长春

目 录

项目八 **撰写与发布财务
分析报告** ………… 192

项目一
财务大数据认知

项目导读

大数据开启了一次重大的社会转型，它正在改变人们的生活、工作以及理解世界的方式，大数据已经渗透到各行各业，逐渐成为重要的生产要素和数据资产。要学习大数据技术，用好大数据，增强利用大数据推进各项工作的本领，不断提高对大数据发展规律的把握能力，使大数据在各项工作中发挥更大的作用。

在数字经济时代，数据呈爆炸式增长，数据已成为企业重要的战略资源，从数据中获取有价值的信息，成为财务人员必备的能力。大数据分析和预测包括数据获取、分析、加工、应用和挖掘数据，这些技术是大数据技术最重要的应用。

学习目标

知识目标

1. 了解大数据的定义、特征、类型与应用领域。
2. 理解财务大数据的含义和特点。
3. 理解财务数字化转型的时代背景。
4. 掌握 Power BI 的主要功能及其特点。

能力目标

1. 能够下载并安装 Power BI Desktop。
2. 掌握 Power BI Desktop 的基本操作。
3. 掌握 Power BI Desktop 的应用模式和系列组件。

素养目标

1. 通过对财务大数据相关概念的学习，认识数据的重要性，树立数据安全意识。
2. 在学习数据分析技术的过程中，秉持自立自强的精神，坚定文化自信，培养与时俱进、提高技能的职业素养。

思维导图

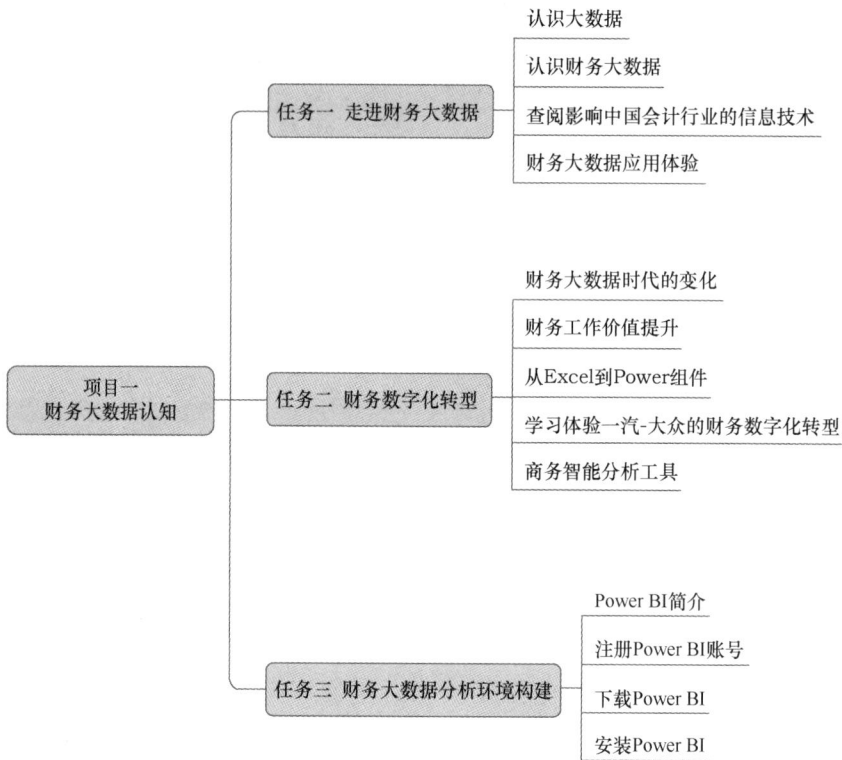

引思启智

学习大数据技术，推动企业财务变革转型

2024 年 8 月，国家互联网信息办公室发布了《国家信息化发展报告（2023 年）》，报告指出，2023 年我国大数据产业规模达 1.74 万亿元，同比增长 10.45%。大数据已成为驱动经济发展的新引擎，大数据应用范围和应用水平的提升将加速我国经济结构调整，深度改变我们的生活和工作方式。

在财务领域，大数据技术为财务管理拓宽视野和空间。一方面，先进的技术手段，如大数据、人工智能等，能够帮助财务人员更高效地收集、分析和利用数据，提升决策的科学性和精准性。通过智能财务管理系统，企业可以实现流程优化和成本控制，挖掘更多的价值增长点。另一方面，新的商业模式也为财务管理提供了创新的思路和方法，如基于共享经济的财务模式创新，有助于企业更好地整合资源，创造更高的经济效益。同时，大数据技术在财务中广泛应用，能够吸引更多的资源和机会。

【启示】企业财务人员要与时俱进，学习运用先进的财务管理技术，如大数据分析、智能财务管理系统等，提升财务管理的效率和准确性，以推动财务管理创新。

任务一　走进财务大数据

任务情境

作为财务人员，要适应新形势、抓住新机遇，打破传统的结构化和内部数据的认知，培养新时代的数据思维，切实学好、用好大数据，利用与财务有关的海量数据资源和丰富的应用场景优势，发掘和释放财务数据要素的价值，充分发挥财务数据分析的作用，推动财务数字化转型，为企业经营决策提供科学依据，推动以数据为重要生产要素的数字经济，更好地服务数字中国建设。那么大数据的应用领域有哪些呢？财务大数据又有哪些特点呢？这正是本任务要讲解的内容。

知识准备

一、认识大数据

（一）大数据的定义

麦肯锡全球研究院认为，大数据（Big Data）是一种规模大到在获取、存储、管理、分析方面大大超出了传统数据库软件工具能力范围的数据集合，具有海量的数据规模、快速的数据流转、多样的数据类型和低的价值密度等特征。高德纳公司对于大数据给出了自己的定义，大数据是需要新处理模式才能具有更强的决策力、洞察力和流程优化能力的海量、高增长率和多样化的信息资产。当前越来越多的企业开始意识到数据正在成为重要的资产，而对于数据的分析能力正在成为企业的核心竞争力。

随着云时代的来临，大数据通常用来形容一个公司创造的大量结构化数据、非结构化数据和半结构化数据，这些数据在存储到关系数据库用于分析时会花费过多的时间和费用。大数据分析常和云计算联系到一起，因为实时的大型数据集分析需要有像编程模型 MapReduce 一样的框架来向数十、数百或甚至数千的计算机分配工作。

（二）大数据的特征

随着大数据技术的不断发展，数据的复杂程度越来越高，企业在分析现有海量信息以推动业务价值增值时，必定会采用大数据技术。一般认为，大数据具有"4V"特征，即数据量（Volume）大、类型（Variety）多样、价值（Value）密度低和处理速度（Velocity）快，如图 1-1 所示。

1. 数据量大

数据量大是指大数据集的规模大。非结构化数据增长导致数据集的规模不断扩大，数据单位的使用已从 GB 到 TB 再到 PB，甚至开始以 EB 和 ZB 来计量。大数据技术的战略意义不在于掌握庞大的数据信息，而在于对这些含有信息的数据进行专业化处理。换言之，如果把大数据比作一种产业，那么这种产业增加盈利的关键，在于提高对数据的"加工能力"，通过"加工"实现数据的"增值"。

2. 类型多样

类型多样是指大数据可能来源于多种数据仓库或是数据湖。大数据不仅包括音频、视频、图片、地理位置信息等非结构化数据，还包括半结构化与结构化数据，类型多样的数据对大数据的处理能力提出了更高的要求。

3. 价值密度低

价值密度低是指大数据本身具有较大的潜在价值，但由于大数据的数据量过大，其价值往往呈现稀疏分布的特点。虽然单位数据的价值密度在不断降低，但是数据的整体价值在不断提高。

4. 处理速度快

处理速度快是指大数据的处理速度快且对数据时效性要求高，需要实时分析而非批量式分析，数据的输入、处理和分析需要连贯地进行。从技术上看，大数据与云计算的关系就像一枚硬币的正反面一样紧密相连。大数据通常无法用单台计算机进行处理，必须采用分布式架构，依托云计算的分布式处理、分布式数据库和云存储、虚拟化技术进行数据挖掘。

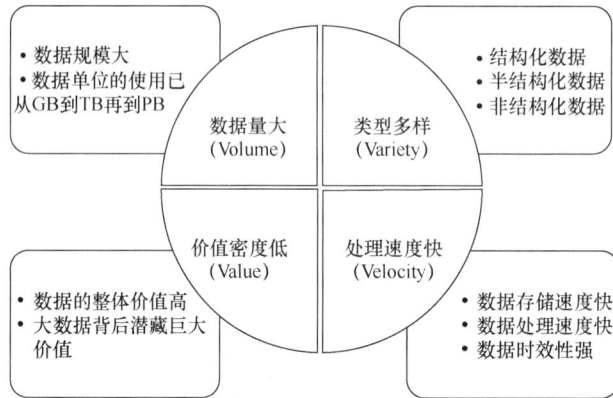

图 1-1　大数据的"4V"特征

除了上述"4V"特征外，还有另外"3V"特征也常见于大数据相关书刊，即准确性（Veracity）、视野（Vision）和可视化（Visualization），整合得到大数据的"7V"特征，如图 1-2 所示。

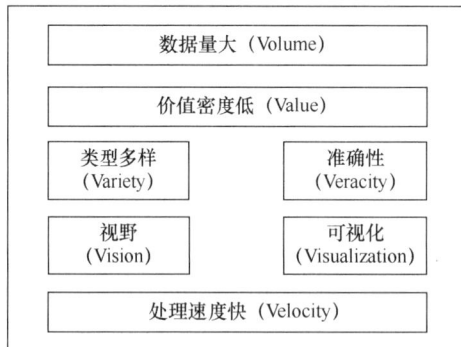

图 1-2　大数据的"7V"特征

准确性是指在大数据的背景下，准确地分析数据，以获得有意义的结果。由于数据源众多，某些用户输入的非结构化数据的质量难以保证，处理数据时必须慎之又慎。如果有企业想要在业务上应用这些数据，必须更加严格地验证这些数据的准确性。

视野是指每一个和大数据相关的企业都应该对大数据有清晰的视野，并且通过改进业务流程来充分利用它。同时，企业的管理层应该充分理解数据湖等大数据技术给企业带来的变化，并在决策时充分考虑这一点。

可视化是指通过各种图形或多维视图对数据特征进行展示，使大数据易于理解。可视化需要大数据分析师和业务领域专家之间的交互对话和共同努力，以发现大数据的规律，这些发现需要以可视化的方式呈现给管理层和数据使用者。

（三）大数据的类型

1．结构化数据

结构化数据是以表格、行和列的形式组织的数据，通常存储在关系数据库中。这些数据具有明确定义的模式和结构，例如，电子表格中的数据或日志文件中的数据。

2．半结构化数据

半结构化数据不像结构化数据那样具有明确定义的模式和结构，但它包含标记或标签，使得数据可以被更容易地解释和处理。例如，XML（Extensible Markup Language，可扩展标记语言）、JSON（JavaScript Object Notation，JavaScript 对象表示法）和 HTML（Hypertext Markup Language，超文本标记语言）文件通常属于半结构化数据。

3．非结构化数据

非结构化数据是没有明确定义模式和结构的数据，通常以文本、图像、音频和视频的形式存在。针对这种类型的数据，需要更复杂的处理和分析技术，以提取有用的信息。非结构化数据的例子有社交媒体帖子、电子邮件、照片和视频等。

这些类型的数据可以在大数据分析中结合使用，以获得更深入的信息。处理大数据通常涉及数据整理、转换、存储和分析，并从中提取有价值的见解。

> **小贴士**
>
> 在日常财务数据分析中，大多数的数据是结构化数据，半结构化数据、非结构化数据相对较少。

（四）大数据的应用领域

大数据是以容量大、类型多、存取速度快、应用价值高为主要特征的数据集合，最早应用于信息技术行业，目前大数据的应用领域非常广泛，涵盖了企业财务、医疗、生物科学、金融、汽车、物流等。这些领域充分利用了大数据的海量数据处理和分析能力，不仅为行业发展提供了强大的数据支持，还推动了生产和生活的全面变革。

在金融行业，大数据被用于高频交易、信贷风险分析，帮助金融机构评估和应对各类风险。金融机构可以利用大数据对多维度的用户特征进行分析，推荐优质客户并防范欺诈风险。在汽车行业，大数据和物联网技术结合正在推动无人驾驶汽车的发展，通过分析车辆运行数据，预防车辆故障并优化生产工艺，提升汽车的质量和性能。在物流行业，大数据帮助物流公司优化配送路线和仓储管理，提高物流效率，优化物流网络，降低运营成本，通过分析供应链中的大量数据，物流公司可以更精准地预测市场需求并进行相应的调整。

二、认识财务大数据

（一）财务大数据的含义

财务大数据是指海量的财务数据以及与之相关的信息，这些数据来自企业的内部财务系统、外部市场、竞争对手等多方面。随着企业的发展和市场竞争的加剧，财务大数据的规模和复杂性也在不断增长。

随着信息技术的不断发展，特别是在大数据时代背景下，财务大数据的应用已经成为企业不可或缺的一部分。它不仅改变了传统的财务管理模式，还为企业提供了更深入、更全面的数据分析，从而帮助企业做出更加科学和合理的决策。

（二）财务大数据的特点

1. 数据多样性

财务大数据的来源非常广泛，不仅包括企业内部的财务报表、凭证等，还包括外部市场数据、行业数据等。这种多样性使得财务大数据能够提供更全面的视角，从而帮助财务人员对企业的财务状况进行更深入的分析和评估。

2. 数据实时性

财务大数据分析能够实现对实时数据的处理和分析，这对于企业来说非常重要。实时的数据处理和分析能够帮助企业及时调整策略，应对市场变化，提高决策的效率和准确性。

3. 数据精准性

通过对财务大数据进行分析，可以获得更精准的财务指标和预测结果。这种精准性对于企业的财务决策来说至关重要，它能够为企业提供更可靠的指导，从而制定出更加合理的财务策略和规划。

4. 应用范围广泛

财务大数据不仅在企业管理方面有着广泛的应用，如财务风险评估、财务预测、财务报表分析等，还在金融领域发挥着重要作用，如投资组合分析、资产定价等。

然而，财务大数据也面临着一些来自数据质量和数据安全方面的挑战和问题。总之，财务大数据在现代企业管理和决策中扮演着越来越重要的角色。

📚 任务实施

一、查阅影响中国会计行业的信息技术

为了赋能会计行业高质量发展，帮助会计人员以全面思维主动拥抱信息技术，2024 年 6 月，由上海国家会计学院举办的"数智化助推会计行业高质量发展"主题论坛暨 2024 年影响中国会计行业的十大信息技术评选结果发布会上，公布了 2024 年影响中国会计行业的十大信息技术，如图 1-3 所示，其中会计大数据分析与处理以 52.93% 的得票率位列第一。

本次评选活动在总结了 2002 年以来 8 次评选活动经验的基础上，由浪潮通用软件有限公司、用友网络科技股份有限公司、金蝶软件（中国）有限公司、上海汉得信息技术股份有限公司、中兴新云服务有限公司、北京元年科技股份有限公司 6 家单位联办，由上海国家会计学院智能财务研究院提供学术支持，上海国家会计学院会计信息调查中心执行调查，德勤华永会计师事务所对

活动进行了鉴证。最终筛选出有效问卷 4464 份。

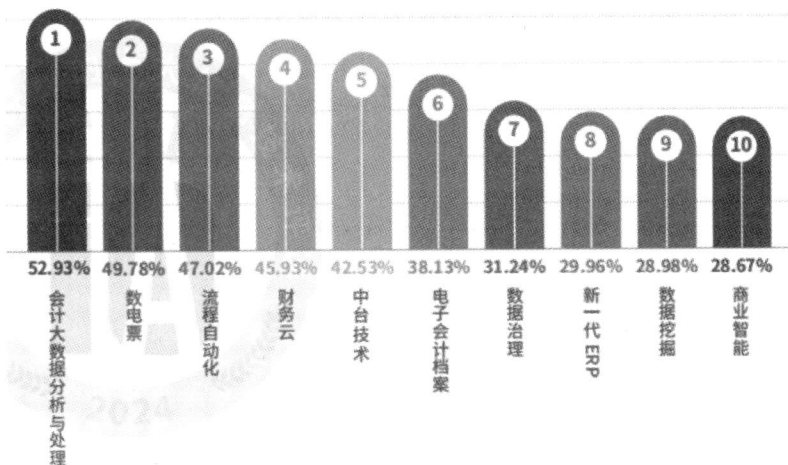

图 1-3 2024 年影响中国会计行业的十大信息技术

当前，信息技术在各行各业的应用已达到一定深度和广度。在会计行业，许多信息技术已经应用到会计核算、财务报告、管理会计、内部控制等工作中。信息技术的快速发展，以及财务机器人和智能财务的成熟应用，拓展了会计人员工作职能，提升了会计数据的获取和处理能力，会计工作开始逐步向数字化、智能化迈进。读者可以通过网络查阅资料，学习了解以往年度影响中国会计行业的信息技术。

> **小贴士**
>
> 截止到 2024 年，影响中国会计行业的十大信息调查评选活动共开展了 9 次，分别是在 2002 年、2017 年至 2024 年。

二、财务大数据应用体验

（一）案例解读

富胜公司是一家生产制造型企业，近年来面临着市场竞争加剧、成本压力上升的挑战。为了提高竞争力，富胜公司决定利用大数据技术优化成本核算，主要包括以下工作内容。

1. 数据收集与整合

富胜公司利用大数据技术，从各个部门收集关于生产、销售、采购等数据。同时，还整合历史财务报表和其他相关数据。通过数据整合，确保数据的准确性和一致性。

2. 精细化成本核算

富胜公司利用大数据技术对收集、整合后的数据进行深入分析。通过对每一生产环节的成本构成进行精细化核算，富胜公司发现了许多可以降低成本的环节。例如，通过优化生产流程、提高设备利用率等措施，可以有效降低制造成本。

3. 成本监控与调整

富胜公司建立了实时监控系统，通过大数据技术对生产过程中的各项成本进行实时监控。当发现实际成本偏离预算时，及时采取调整措施，确保成本控制的有效性。同时，通过对历史成本数据的分析，富胜公司还预测了未来成本变化趋势，为决策提供了有力支持。

（二）财务大数据应用分析

财务大数据主要应用于成本管控、预算管理、管理报表出具、客户信用风险管理等场景。应用过程充分利用了大数据采集技术、数据整理技术、数据分析技术和数据可视化技术，从而帮助企业从大量的财务数据中挖掘出有价值的信息，提升企业的财务管理和决策水平。

财务大数据的应用步骤主要包括明确数据分析目标、数据获取、数据整理、数据建模、数据可视化和数据发布等内容，如图1-4所示。这些步骤共同构成了财务大数据应用分析的基本流程，为企业提供深入的商业洞察和决策支持。

明确目标　数据获取　数据整理　数据建模　数据可视化　数据发布

图1-4　财务大数据应用步骤

1. 数据获取

企业需要从内部财务系统和外部市场中收集数据，这些数据包括财务报表、交易记录、市场数据等。数据获取的目的是将多个来源的数据汇集起来，形成一个统一的数据集，以便进行后续的分析工作。

2. 数据整理

在数据获取之后，接下来要对数据进行整理，也叫数据清洗。数据整理包括去除重复数据、纠正错误数据、格式化数据等操作，确保数据的质量和准确性。这一步是财务大数据应用分析的基础，因为只有准确和一致的数据才能产生可靠的分析结果。

3. 数据建模

数据建模是通过建立统计模型来模拟企业的财务现象和决策效果。例如，通过风险模型可以评估和管理潜在的风险，而投资决策模型则可以帮助企业评估投资项目的收益和风险，优化资产配置。

4. 数据可视化

数据可视化是通过对数据进行分析后，通过视觉对象和图表的方式展示给相关人员，以便相关人员能够清晰明了地了解企业的财务状况和经营表现，并为决策提供支持。

5. 数据发布

数据发布是将视觉对象和图表通过不同渠道公开分享的过程。比如，Power BI 提供了多种方法来实现数据发布，其中"发布到 Web（公共）"是常用的一种方法。通过这种方法，用户可以将 Power BI 的报表嵌入网站、博客、电子邮件或社交媒体帖子中。

任务总结

本任务主要介绍了大数据的定义、特征、类型和应用领域，财务大数据的定义和特点等内容，财务大数据以数据的多样性、实时性、精准性等特点在企业管理和决策中扮演着越来越重要的角色，通过对海量的财务大数据进行分析和应用，企业能够更有效地管理和优化财务状况，提高决策的准确性。

任务二 财务数字化转型

任务情境

随着数字技术的不断发展和成熟，大数据、物联网、云计算、人工智能等各类数字技术不断涌现，数字技术已经形成了完整的数字化价值链，大数据的影响已经渗透到各个领域，为各行各业不断创造新的价值。在财务领域，数字化转型是实现经营管理数字化的重要支撑和有力抓手，通过将数据科学理念、方法和数字工具引入财务领域，变革财务工作方式，扩展财务职能边界，推动传统财务向战略型、价值创造型财务管理转型。

知识准备

一、财务大数据时代的变化

（一）大数据对企业的影响

随着数字技术的不断发展和成熟，企业在采购、生产、运营、销售等领域面对的内外部环境正在发生深刻的改变，与跨行业的潜在竞争者竞争、紧跟快速变化的消费者需求、革新企业组织架构、整合已有资源形成战略竞争优势等任务具有必要性和紧迫性，这就促使大批传统企业纷纷进行数字化转型。大数据对企业的影响是企业由过去的"事后"分析转变为现在的"事前"预测，也就是由"被动回顾过去"转变为"主动展望未来"，如图 1-5 所示。

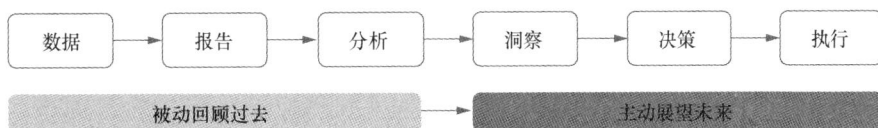

图 1-5 大数据对企业的影响

（二）财务数字化转型

从财务发展的历程来看，财务历经多次变革，如图 1-6 所示。财务部门作为企业重要的组成部分，既是企业的数据中心又能为企业发展提供决策依据，大数据时代企业财务部门也面临数字化转型。财务数字化转型是以业财一体化的智能财务共享为基础，以商务智能的财务平台为中枢，以人工智能的财务平台为最高层级的财务生态平台，向着新一代智能决策型财务方向发展。

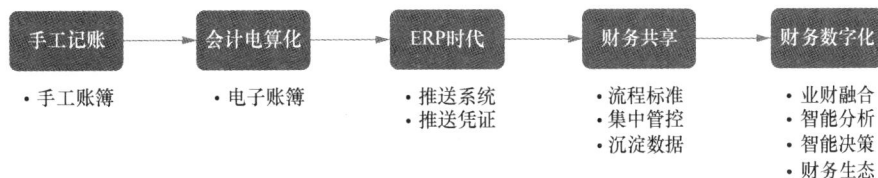

图 1-6 财务发展的历程

二、财务工作价值提升

（一）财务部门价值提升

财务部门作为企业的数据中心，面对数字化转型的潮流，会逐渐转变其作为"账房先生"的传统职责，更多地参与企业经营活动和决策，成为企业的经营伙伴或管理团队的一员，成为企业的"数字神经系统"。在业财融合趋势下，财务部门在数字化转型中会与业务部门的联系越来越紧密，从而支撑企业的决策分析，如图 1-7 所示。

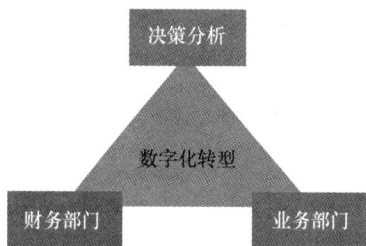

图 1-7　业财融合

（二）财务人员价值提升

在实际工作中，财务人员在基础工作上面耗费的时间较多，而基础工作的价值相对较低，财务数字化转型要求财务人员提升财务工作价值，减少低价值的工作，转向更高价值的工作。在财务数字化时代，财务人员价值提升的路径为获取数据、罗列事实、阐明原因、提出方案、支持决策，如图 1-8 所示。

图 1-8　财务人员价值提升的路径

三、从 Excel 到 Power 组件

（一）单表思维——Excel

Excel 是一款允许用户自定义界面内容（包括字体、文字属性和单元格格式）的电子制表软件。它还引进了"智能重算"的功能，当单元格数据变动时，与之相关的数据就会更新。

Excel 作为强大的数据统计和分析的办公软件，提供了 VBA（Visual Basic for Applications）编程工具和丰富的函数、插件工具、用户界面特性等，是财务领域不可或缺的工具。但它只能对单元格中的数据进行处理，数据、与数据相关的公式或者对其他单元格的绝对引用只保存在单元格中。当面对海量的数据和更加智能的分析需求时，使用 Excel 难度较大。于是，微软公司在近些年推出了 Power 系列组件，可以大大提高数据处理和分析能力。

（二）多表思维——Power 系列组件

在办公软件领域，微软公司很早就推出了 Power Point，可以直译为超级演示；在商务智能分析领域，微软公司也推出了一系列的组件，如表 1-1 所示，包括用于数据获取与整理的 Power Query，用于数据建模的 Power Pivot，用于数据可视化的 Power View 与 Power Map。

表 1-1   Power 系列组件

序号	名称	功能
1	Power Query	负责查询和整理数据，适合各种数据转换、处理 用户能够连续访问存储在数百个数据源中的数据
2	Power Pivot	数据建模组件，用于创建数据模型、建立关系以及创建计算 可以轻松处理多达上亿的数据量
3	Power View	数据可视化组件，用于创建交互式图表等视觉对象，以便直观地呈现数据
4	Power Map	基于地图的数据可视化组件，它可以提供强大的三维和二维地图

（三）Power BI 的诞生

Power BI 是软件服务、应用和连接器的集合，它们通过协同工作将相关数据来源转换为连贯的、视觉逼真的交互式见解。无论用户的数据是来自简单的 Excel 工作簿，还是基于云和本地混合数据仓库的集合，Power BI 都可以让用户轻松地连接到数据源，直观看到（或发现）重要内容，与他人进行共享。Power 系列组件虽然都可以在 Excel 中作为插件进行加载，但是它们之间相互独立，不利于实现完整的数据分析全过程。于是，微软公司在 2015 年推出了 Power BI，将"三剑客"完美地结合在一起，Power BI 被称为真正意义上的自助式商务智能分析工具和可视化利器，让用户得到了更好的体验，Power BI"三剑客"如图 1-9 所示。

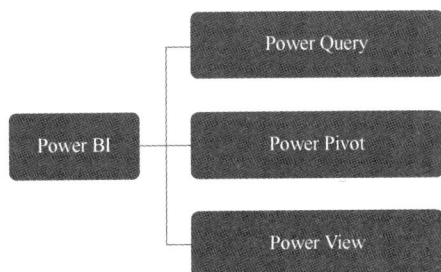

图 1-9   Power BI"三剑客"

🌱 任务实施

一、学习体验一汽-大众的财务数字化转型

2020 年，上海国家会计学院智能财务研究院开启了中国智能财务最佳实践评选活动，截至 2025 年 3 月，已经连续举办了 5 届，共有 50 家单位荣获"智能财务最佳实践年度综合大奖"。

一汽-大众汽车有限公司以"财智·众享一汽-大众智能财务管理实践"成果荣获 2021 年智能财务最佳实践奖。在智能财务规划方面，为应对复杂多变的经营环境，持续保持公司活力与竞争力，一汽-大众决定进行财务数字化转型，以提升财务运行质量效率、加速财务人员转型、创造财务价值、提高客户满意度。通过梳理战略财务、业务财务和共享财务三大业务板块，搭建财务会计和管理会计平台，将财务人员由核算转型到战略和业务财务，推进实时分析和业财融合目标实现，分 3 步完成财务数字化转型。第一步是以财务核算为主体的财务共享平台建设，第二步是以

管理会计为主体的智慧财务建设，第三步是以大数据为中心的数字化财务建设，通过财务、税务、金融、资产四大领域创新发展实现相互连接，构建智能财务一体化生态。

近年来，一汽-大众财务流程运行效率处于行业领先水平，得到业内广泛认可。一汽-大众实践智能财务以来，财务领域核算效率提升了 40%左右，每年为公司节约 360 多万元，满意度提升至 95%；税务领域建成了 101 个税务风险监控指标，风险分析凭证覆盖率达 100%；资金领域通过智能财务，资金收益率提升约 5%，对销售贡献率达到 65%；资产领域通过全生命周期资产管理，仅 2021 年一年资产再利用金额达到 5.17 亿元。

未来，一汽-大众希望利用一系列智能技术，对财务管理进行重构。从生态环境构建、标准规范建设、应用技术探索、智能平台设计、专业人才培养、智能产品研发等 6 方面实现机器智能和人类智能协同共生，并对财务知识进行管理利用和创造发现。

二、商务智能分析工具

在当今数据驱动的商业环境中，大量的数据产生和积累对于企业而言已经成为常态，为了更好地管理和分析这些数据，商务智能（Business Intelligence，BI）分析工具应运而生。目前，国内外都有比较典型的商务智能分析工具，因此，选择一款合适的商务智能分析工具至关重要，下面主要介绍 4 种商务智能分析工具，如表 1-2 所示。

表 1-2　　　　　　　　　　　　　　商务智能分析工具

分类	工具	简介
国外	Power BI	微软公司推出的可视化数据探索和交互式报告工具，Power BI 应用包含：Power BI Desktop、Power BI Service、Power BI Mobile，其中桌面应用程序 Power BI Desktop 可免费使用
	Tableau	Tableau 成立于 2003 年，是斯坦福大学一个计算机科学项目的成果，Tableau 在 2019 年被 Salesforce 公司收购，但使命不变：帮助人们查看并理解自己的数据；Tableau 系列产品：Tableau Desktop、Tableau Server、Tableau Online、Tableau Public 和 Tableau Reader
国内	FineBI	FineBI 是帆软软件有限公司推出的一款商务智能产品，FineBI 的系统构架包括 4 部分：数据处理、即时分析、多维度分析、商务智能仪表盘
	Smartbi	Smartbi 是广州思迈特软件有限公司（以下简称"思迈特软件公司"）旗下产品。思迈特软件公司成立于 2011 年，致力于为企业客户提供一站式商务智能解决方案；Smartbi 产品系列主要包括：大数据分析平台、数据化运营平台、大数据挖掘平台等

任务总结

本任务主要讲解了在财务数字化转型的时代背景下，从 Excel 到商务智能分析工具，为了能够轻松地从各种数据源中提取、转换和可视化数据，需要选择最适合自己或企业需求的商务智能分析工具。

任务三　财务大数据分析环境构建

任务情境

为了让用户更好地了解商务智能工具，高德纳公司每年都会发布有关商务智能和分析的报告。2024 年 6 月，高德纳公司发布的《分析与商务智能平台魔力象限》报告显示，微软公司连续 17 年入选最具领导力和超前愿景的商务智能平台，如图 1-10 所示。

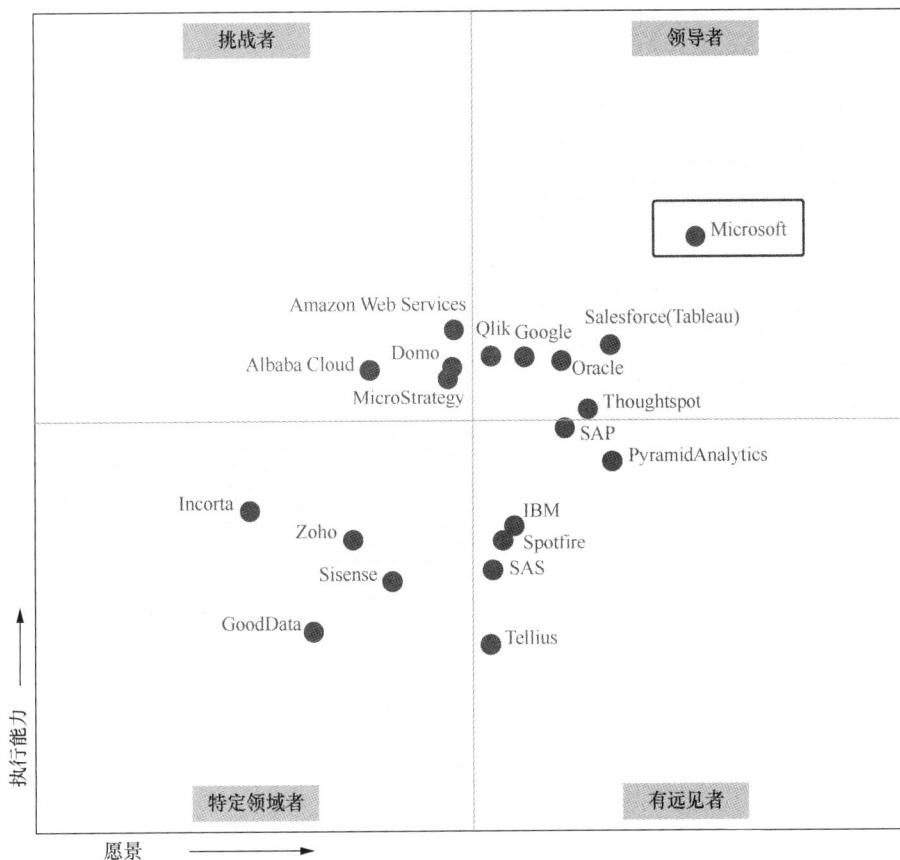

图 1-10　《分析与商务智能平台魔力象限》报告内容（部分）

Power BI 和 Excel 是一脉相承的，都是由微软公司开发的。Power BI 作为 Excel 的继承和衍生，它包括哪些应用程序，又是如何安装的呢？这些正是本任务要讲解的内容。

知识准备

一、Power BI 简介

（一）软件定位——商务智能分析工具

Power BI 是一个商务智能分析工具，它可以连接多个数据源，简化数据整合并提供可视化分析。用户可以使用 Power BI 创建个性化仪表板，获取其对业务的全方位独特见解，生成报表视图并进行发布，以供组织在计算机和移动设备上使用。

（二）Power BI 组成

Power BI 由三大应用程序组成，分别是 Windows 桌面应用程序 Power BI Desktop、联机服务型软件 Power BI Service 与移动应用 Power BI Mobile，Power BI 三大应用程序如表 1-3 所示。

表 1-3　　　　　　　　　　　　　　　　Power BI 三大应用程序

序号	应用程序	简介
1	Power BI Desktop	安装在计算机上的桌面应用程序，可进行数据获取、数据整理、数据建模、数据可视化等一系列操作
2	Power BI Service	提供在线云服务，不受时间、地点限制，在线进行数据分析工作，同时也可以将本地的可视化分析报表发布为在线服务，分享给组织内外的相关人员
3	Power BI Mobile	可以在使用 iOS 和 Android 系统的移动设备上使用的 App，相关业务人员和管理者可在 App 中查看可视化报表

Power BI 三大应用程序之间的关系，如图 1-11 所示。

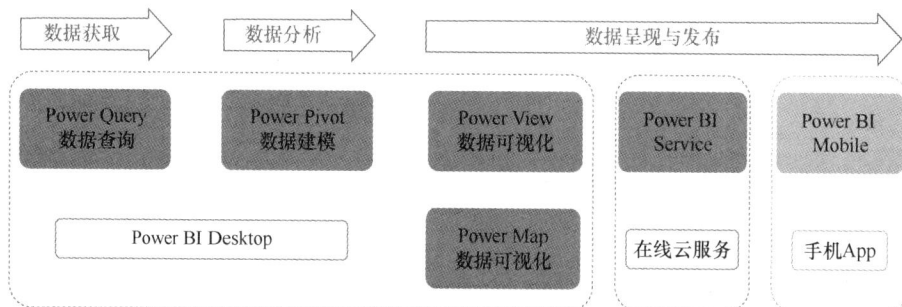

图 1-11　Power BI 三大应用程序之间的关系

Power BI 三大应用程序的一般流程是：先将数据导入 Power BI Desktop，并创建报表；将本地的可视化分析报表发布到 Power BI Service，分享给组织内部的相关人员；相关人员也可在 Power BI Mobile 应用中查看共享报表，如图 1-12 所示。

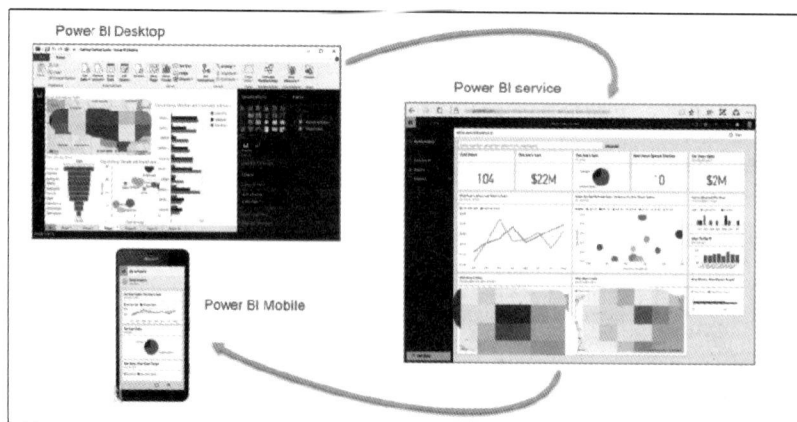

图 1-12　Power BI 三大应用程序的一般流程

（三）Power BI 授权

Power BI 目前有 3 种授权方式，免费版（Power BI）、专业版（Power BI Pro）和增值版（Power BI Premium）。个人用户适合使用免费版，对于企业而言，专业版和增值版能提供更多的服务。

二、注册 Power BI 账号

个人用户学习 Power BI，若只想使用 Power BI Desktop，是可以不注册 Power BI 账号的，可以免费试用。但是如果还想启用 Power BI Service 功能将 Power BI Desktop 制作的可视化报表进行在线发布、查看和编辑，或者启用 Power BI Mobile 功能实现在手机中查看在线的可视化报表，则必须注册 Power BI 账号。

操作演示

注册 Power BI 账号

在 Power BI 官网注册账户的步骤如下。

步骤 01 打开 Power BI 中文版官网，单击"开始使用"按钮，如图 1-13 所示。

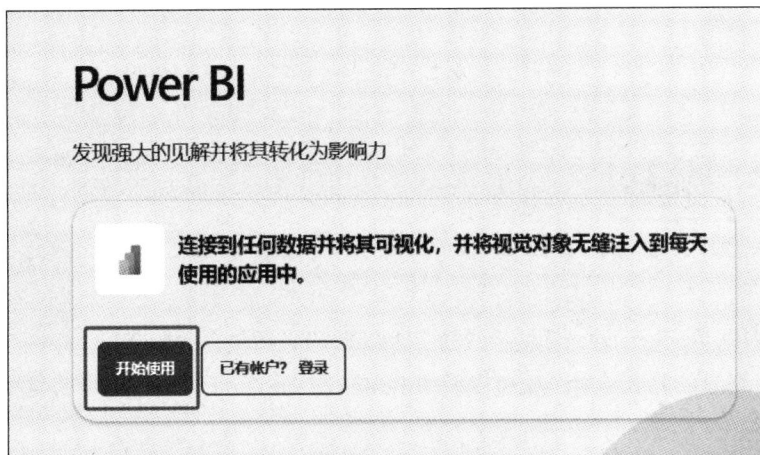

图 1-13 单击"开始使用"按钮

步骤 02 在打开的页面中，单击"免费试用"按钮，如图 1-14 所示。

图 1-14 单击"免费试用"按钮

步骤 03 在打开的页面中，输入电子邮箱地址进行注册，并单击"提交"按钮，如图 1-15 所示。

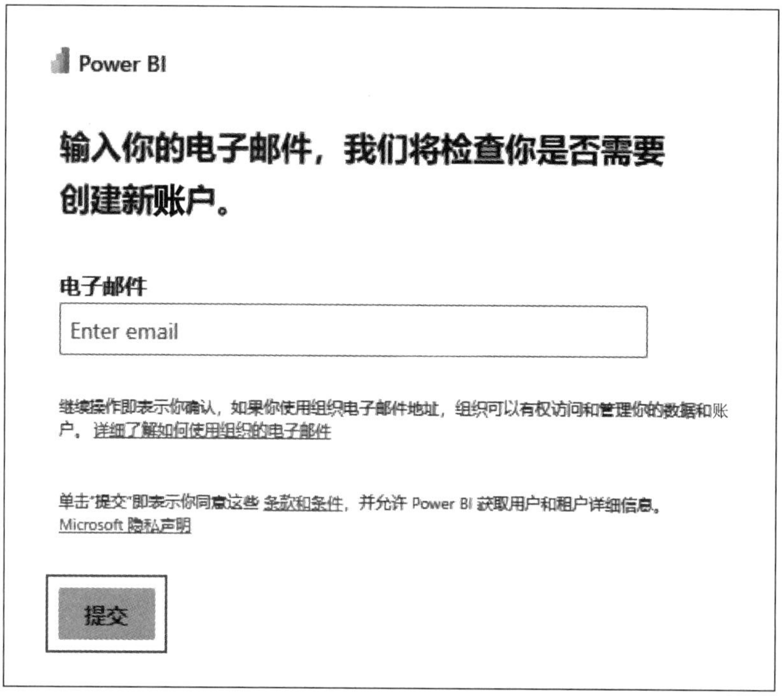

图 1-15 注册账号

步骤 04 根据系统提示输入密码和个人信息，密码必须包含大写字母、小写字母、数字和规定的特殊符号。账号注册成功后，就可以使用 Power BI Desktop 将制作的可视化报表进行在线发布、查看和编辑。

> 💡 **小贴士**
>
> 注册 Power BI 账号时，必须使用企业电子邮箱，使用公共电子邮箱和个人电子邮箱不能注册 Power BI 账号。

🌱 任务实施

一、下载 Power BI

在计算机上下载 Power BI 有两种途径，一种是通过微软商店（Microsoft Store）下载，另一种是通过官网下载。注意，Power BI 版本更新比较快，不同版本之间会有细微的差别。

（一）通过微软商店下载

如果计算机的操作系统是 Windows 10 或 Windows 11，可以直接打开微软商店安装，进去之后，在搜索框中输入 Power BI Desktop，找到之后单击安装，后台就会自动下载并安装。Power BI Desktop 版本更新频率较高，采用这种下载方式可自动更新版本。

（二）通过官网下载

打开浏览器，进入 Power BI 官网，选择"中文语言"，单击"下载"按钮会看到 2 个安装包，如果计算机使用 64 位的操作系统，直接下载名称的结尾是 x64 的安装文件，否则下载 32 位的名称的结尾是 x86 的安装文件。

二、安装 Power BI

（一）安装 Power BI Desktop

打开下载好的安装文件，按照安装向导，选择"中文简体"、安装路径等，单击"下一步"按钮，直至安装完成，如图 1-16 所示。

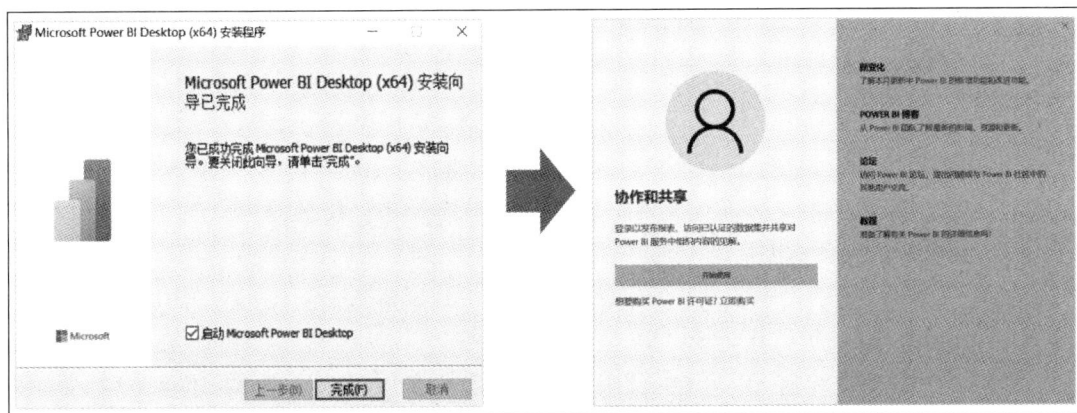

图 1-16　Power BI 安装完成界面

安装完成之后，程序会自动启动，或者双击桌面的快捷方式，若能打开软件界面，则代表程序安装成功。

（二）安装 Power BI App

手机端可以在应用市场中搜索"Power BI"并安装。Power BI 同时支持 Android 和 iOS 系统。Power BI App 的作用是，登录账户以后，可以随时随地在线查看发布到 Power BI Service 中的报表。

> 💡 小贴士
>
> 　　Power BI Desktop 提供可用于 32 位（x86）和 64 位（x64）的 Windows 操作系统的版本，使用时需下载与计算机使用的 Windows 操作系统匹配的 Power BI Desktop。

🔧 任务总结

Power BI 作为一种商务智能分析软件，主要有三大应用程序，优点是易于上手，具有直观的用户界面，无须编程知识即可创建仪表板和报告。Power BI 拥有庞大的用户社区，用户可以从中获取丰富的教程和支持资源。此外，Power BI 有自己的存储文档格式（.pbix），更新版本不会对历史文件有影响且转发方便。

技能提升

一、单选题

1. 大数据的"4V"特征中，描述数据单位的使用已从 GB 到 TB 再到 PB，甚至开始以 EB 和 ZB 来计量的特征是（   ）。

    A. 数据量大   B. 类型多样   C. 价值密度低   D. 处理速度快

2. 2024 年影响中国会计行业的十大信息技术中，排名第一的是以下哪个选项？（   ）

    A. 会计大数据分析与处理   B. 数电票

    C. 流程自动化   D. 财务云

3. 大数据的哪个特征描述了数据类型和来源的多样性，包括结构化、半结构化和非结构化数据？（   ）

    A. 数据量大   B. 类型多样   C. 价值密度低   D. 处理速度快

二、多选题

1. 大数据的类型包括（   ）。

    A. 结构化数据   B. 半结构化数据   C. 非结构化数据   D. 企业财务数据

2. 财务大数据的特点包括（   ）。

    A. 数据多样性   B. 数据实时性   C. 数据精准性   D. 应用范围广泛

3. Power 系列组件中进行数据分析的"三剑客"有（   ）。

    A. Power Query   B. Power Pivot   C. Power View   D. Power Map

三、判断题

1. 数据建模是通过建立统计模型来模拟企业的财务现象和决策效果。   （   ）

2. 大数据的价值密度低是指大数据本身具有较大的潜在价值。   （   ）

3. 大数据的应用领域非常广泛，涵盖了企业财务、医疗、生物科学、金融、汽车、物流等多个领域。   （   ）

4. 财务大数据不仅改变了传统的财务管理模式，还为企业提供了更深入、更全面的数据分析，从而帮助企业做出更加科学合理的决策。   （   ）

5. 大数据只包括结构化数据，如表格中的数据。   （   ）

四、实训题

1. 登录国内比较知名的 Power BI 社区学习 Power BI 更多的相关知识，例如，Power BI 中国社区、Power BI 极客等。

2. 通过企业调研或者阅读网上的财务大数据具体应用案例，体验财务大数据应用场景，了解财务大数据的应用步骤。

3. 根据调研结果或案例阅读心得，编写一份财务大数据应用体验心得，内容包括但不限于体验内容、体验收获等，并制作 PPT 进行展示与分享。

项目二
数据获取与整理

项目导读

　　数据获取是数据分析的第一步，数据分析需要有效的数据支持，Power BI Desktop 可以从文件、数据库、网页等数据源中获取各类数据，其中从 Excel 工作簿中获取数据是最常见的方式之一。在 Power BI Desktop 中可以连接多种不同的数据源，将这些数据源加载到 Power Query 编辑器中，就可以对数据进行整理、转换等操作。保存操作结果可得到扩展名为.pbix 的文件，文件会包含报表和要分析的数据，然后可以在模型视图中查看表格之间的关系，完成数据获取与整理。

学习目标

知识目标
1. 理解合并查询中表的各种链接方式。
2. 熟悉 Power BI Desktop 数据获取的常用方式。
3. 熟悉 Power Query 数据整理的常用操作。
4. 掌握 Power Query 数据拆分和合并等常用操作。
5. 掌握 Power Query 数据透视和逆透视的操作。

能力目标
1. 能够结合具体案例，通过 Power BI Desktop 获取各种类型的数据。
2. 能够结合具体案例，通过 Power Query 进行各种类型的数据整理，使数据符合可视化要求。

素养目标
1. 在本项目的学习中，我们要树立正确的数据安全观，在进行数据获取时，始终将维护国家数据安全、保护个人信息和商业秘密作为一切工作的前提。
2. 在进行数据整理时，应秉持实事求是的原则，树立求真务实和严谨细致的职业态度，培养良好的数据分析素养。

思维导图

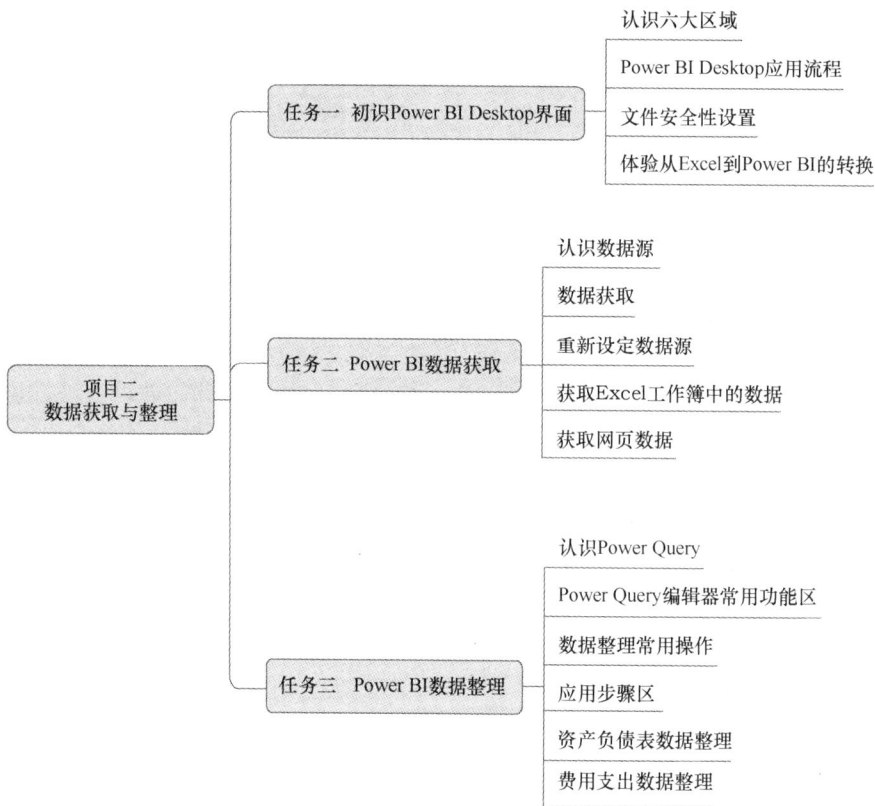

**项目二
数据获取与整理**

- **任务一 初识Power BI Desktop界面**
  - 认识六大区域
  - Power BI Desktop应用流程
  - 文件安全性设置
  - 体验从Excel到Power BI的转换

- **任务二 Power BI数据获取**
  - 认识数据源
  - 数据获取
  - 重新设定数据源
  - 获取Excel工作簿中的数据
  - 获取网页数据

- **任务三 Power BI数据整理**
  - 认识Power Query
  - Power Query编辑器常用功能区
  - 数据整理常用操作
  - 应用步骤区
  - 资产负债表数据整理
  - 费用支出数据整理

引思启智

加快建设数字中国，适应数字变革新生态

数字经济时代，随着新信息技术和生活交汇融合，全球数据呈现爆发增长、海量集聚的特点，以数据采集、传输、存储、处理、应用为途径的大数据产业生态体系逐渐形成，数字化已经成为产业转型、创新发展、推进供给侧结构性改革的重要力量，正深刻改变着世界的经济格局，引发新的竞争。

《中华人民共和国国民经济和社会发展第十四个五年规划和2035年远景目标纲要》将"加快数字化发展 建设数字强国"独立成篇，对数字中国建设作出了系统部署。迎接数字时代，激活数据要素潜能，推进网络强国建设，加快建设数字经济、数字社会、数字政府，以数字化转型整体驱动生产方式、生活方式和治理方式变革。时代的发展，要求我们加快数字化发展，建设数字中国。

【启示】数字技术的创新是数字经济的核心驱动力，数字经济的建设需要核心技术的支撑，要把关键核心技术掌握在自己手中，就要努力自强奋斗、敢于突破。

任务一 初识 Power BI Desktop 界面

任务情境

如果你想学习数据分析，不知道从什么工具入手；如果你被 Excel 的复杂函数困扰，不知道如何使用 Excel 进行数据分析工作；如果你从没有接触过 Power BI Desktop，不知如何学起……那么，你可以通过学习本任务快速了解 Power BI Desktop 的使用，踏上数据分析之路。

知识准备

一、认识六大区域

Power BI Desktop 界面的六大区域分别是功能区、视图区、筛选器区、可视化区、数据区、页面选项区，如图 2-1 所示。

图 2-1 Power BI Desktop 界面的六大区域

（一）功能区

功能区（见图 2-2）包括"文件""主页""插入""建模""视图"等功能组件，主要是完成"获取数据""新建度量值""新建表""新建列"等常见任务。

（二）视图区

Power BI Desktop 有 3 种视图，分别是报表视图、数据视图和模型视图。

1. 报表视图

报表视图（见图 2-3）是用来创建报表的，可对报表进行个性化的设计，在添加可视化元素之前，报表视图是空白的；添加可视化元素之后，报表视图会非常丰富。

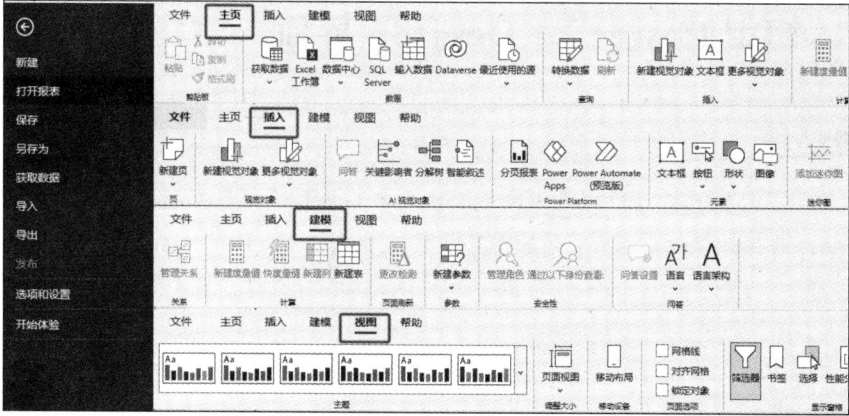

图 2-2　功能区

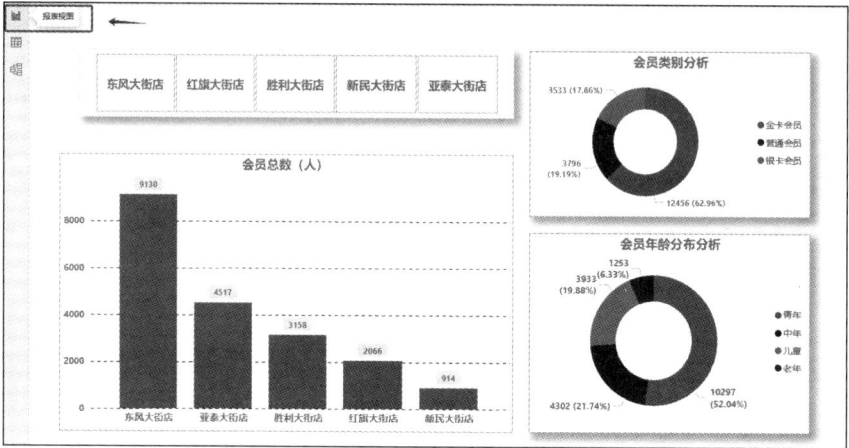

图 2-3　报表视图

2. 数据视图

数据视图（见图 2-4）有助于查看和理解模型中的数据，此视图可进行新建列、新建表、新建度量值、转换数据等操作。

	2022/12/31	2021/12/31	2020/12/31
	19215	2455	6692
结算备付金	--	--	--
拆出资金			
交易性金融资产	159	185	170
衍生金融资产	--		
应收票据	6754	4215	1458
应收账款	58652	75241	93214
预付款项	725	304	74
应收保费	--	--	--
应收分保账款			
应收分保合同准备金			
应收利息	753	215	135
应收股利	--		
其他应收款	753	754	452
应收出口退税	--	--	--
应收补贴款			
应收保证金			
内部应收款			

图 2-4　数据视图

3. 模型视图

模型视图（见图 2-5）显示模型中的所有表及其连接关系，在数据建模的时候，需要通过模型视图管理不同数据表格之间的关系。

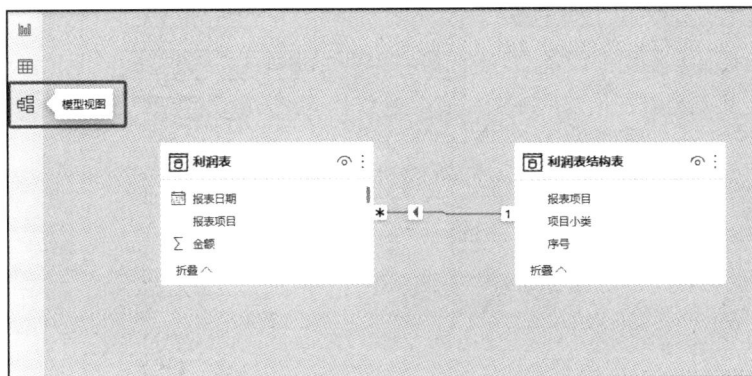

图 2-5 模型视图

（三）可视化区

可视化区（见图 2-6）用于生成可视化视觉对象、更改可视化效果，可视化区包括"生成视觉对象""设置视觉对象格式""分析" 3 个功能模块。"生成视觉对象"功能模块提供了折线图、饼图、矩阵、切片器等可视化图表类型。"设置视觉对象格式"功能模块可对图表元素做进一步调整，包括图例、网格线、数据标签、颜色、标题、边框、背景等。以柱形图为例，可以调整 X 轴、Y 轴、标题、颜色、数据标签等。"分析"功能模块可以将动态参考线添加到视觉对象，包括恒定线、最小值线、最大值线、平均值线等。

图 2-6 可视化区

（四）筛选器区

筛选器区（见图 2-7）主要对视觉对象的数据进行筛选，主要分为此视觉对象上的筛选器、此页上的筛选器和所有页面上的筛选器 3 个层次，对可视化图表对象之间的编辑交互范围进行控制。

（五）数据区

数据区（见图 2-8）用于设置与当前报表关联数据的表、字段、度量值，可根据需要将相应的字段和度量值拖曳至可视化区的参数设置或筛选器区的筛选设置中，以创建动态可视化效果。

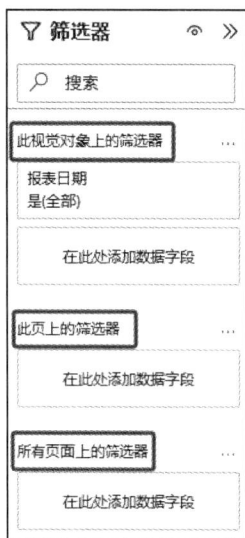

图 2-7 筛选器区

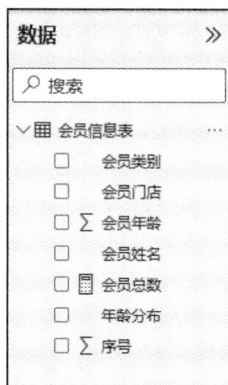

图 2-8 数据区

（六）页面选项区

页面选项区用于管理和切换不同的报表页面，可以通过点击页面标签快速导航，方便高效地组织和设计多页面报表。

二、Power BI Desktop 应用流程

Power BI Desktop 应用流程可分为数据获取、数据整理、数据建模、数据可视化和模型发布，如图 2-9 所示。在实际应用中，各步骤是不断调整和反复进行的。

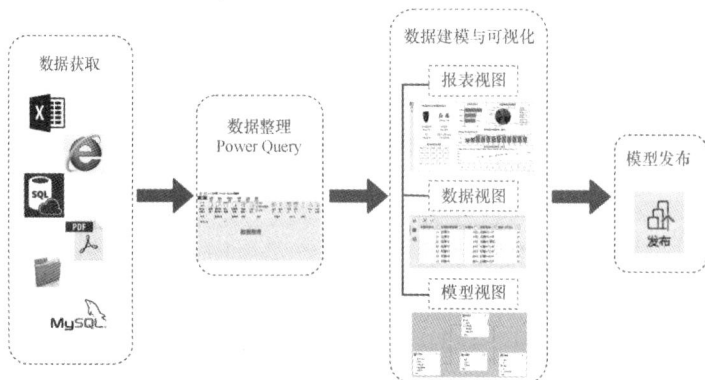

图 2-9 Power BI Desktop 应用流程

任务实施

一、文件安全性设置

打开 Power BI Desktop，查看功能区"文件""主页""插入""建模""视图"等功能组件，并执行"文件"→"选项和设置"→"选项"命令，如图 2-10 所示。

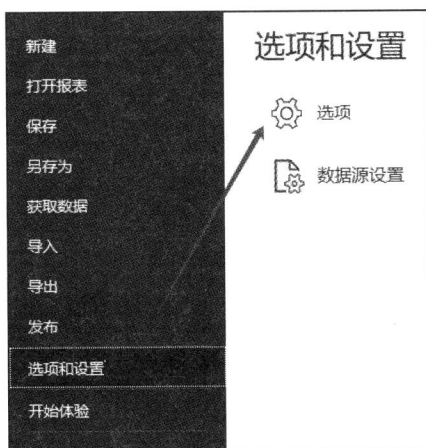

图 2-10 执行"选项"命令

打开"选项"对话框，在"全局"选项栏下选择"安全性"，勾选"安全性"中"地图和着色地图视觉对象"下的"使用地图和着色地图视觉对象"，单击"确定"按钮，以方便数据分析时进行可视化呈现，如图 2-11 所示。

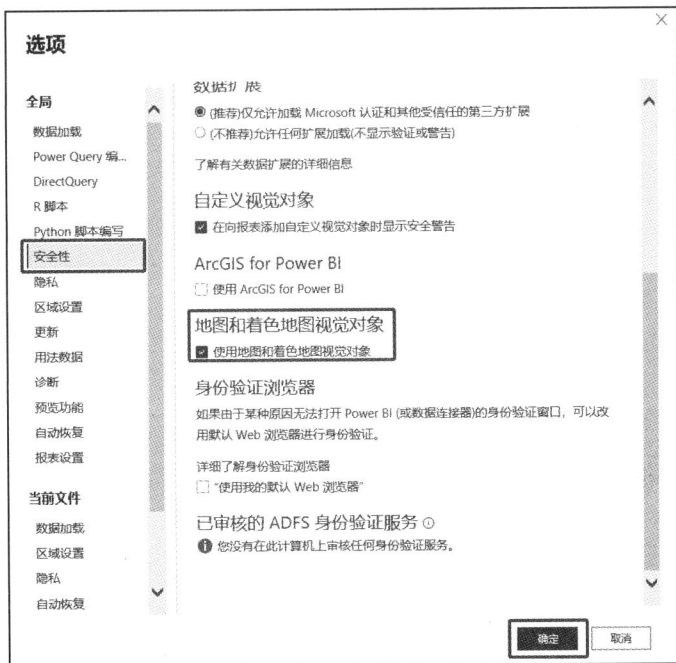

图 2-11 设置文件安全性

二、体验从 Excel 到 Power BI 的转换

打开会员信息表（项目二\数据源\会员信息表）的 Excel 和 Power BI 两个文件，对比分析两个文件的可视化效果，如图 2-12 和图 2-13 所示。

序号	会员姓名	会员年龄	会员类别	会员门店	年龄分布
1	XXX	24	金卡会员	亚泰大街店	青年
2	XXX	25	金卡会员	东风大街店	青年
3	XXX	76	普通会员	胜利大街店	老年
4	XXX	9	金卡会员	红旗大街店	儿童
5	XXX	65	金卡会员	亚泰大街店	老年
6	XXX	33	金卡会员	亚泰大街店	青年
7	XXX	35	金卡会员	东风大街店	青年
8	XXX	76	金卡会员	新民大街店	老年
9	XXX	69	普通会员	新民大街店	老年
10	XXX	49	金卡会员	东风大街店	中年
11	XXX	54	普通会员	东风大街店	中年
12	XXX	23	金卡会员	胜利大街店	青年
13	XXX	51	银卡会员	东风大街店	中年
14	XXX	31	金卡会员	东风大街店	青年
15	XXX	78	普通会员	新民大街店	老年
16	XXX	70	普通会员	新民大街店	老年
17	XXX	60	银卡会员	东风大街店	老年
18	XXX	31	金卡会员	东风大街店	青年
19	XXX	62	金卡会员	亚泰大街店	老年
20	XXX	2	金卡会员	红旗大街店	儿童

图 2-12　会员信息表的可视化效果（Excel 工作簿）

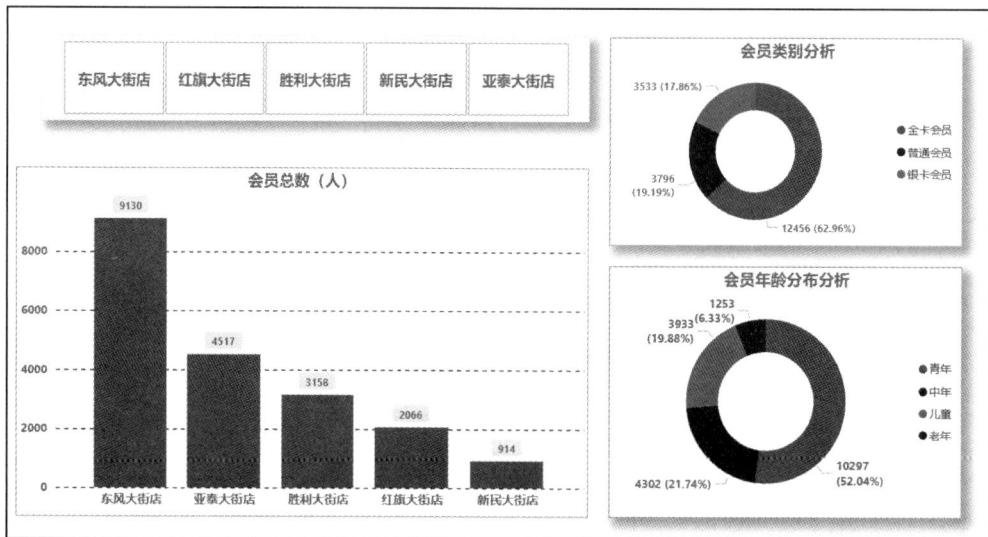

图 2-13　会员信息表的可视化效果（Power BI 文件）

思考哪个文件的可视化效果更好，想一想 Excel 工作簿中的数据是如何导入 Power BI Desktop 的，Power BI Desktop 又是如何进行数据整理的呢？如果想掌握这些技能，做出和图 2-13 类似的效果图，请继续学习本项目任务二和任务三的知识。

💡 小贴士

会员信息表内包含近 2 万条会员的信息，如果用 Excel 进行可视化展示会比较困难，而用 Power BI Desktop 进行可视化展示则相对容易。

任务总结

本任务主要介绍了 Power BI Desktop 界面的六大区域和应用流程。Power BI Desktop 界面的主要区域包括功能区、视图区、筛选器区、可视化区、数据区、页面选项区等。Power BI Desktop 的应用流程包括数据获取、数据整理、数据建模、数据可视化和模型发布。

任务二 Power BI 数据获取

任务情境

连接到 Power BI Desktop 的数据是进行数据整理、数据建模和数据可视化的基础。但是这些数据来源于何处，数据又该如何获取呢？本任务将带你学习 Power BI Desktop 的数据获取。

知识准备

一、认识数据源

数据是数据分析的基础，因此，在数据获取前先来认识数据源，Power BI Desktop 数据源是指 Power BI Desktop 从各种外部数据存储系统中获取数据的来源。Power BI Desktop 可以支持数百种数据格式，众多的数据源可以满足各种数据可视化的需求。启动 Power BI Desktop 应用程序，执行"主页"→"获取数据"→"更多"命令，打开"获取数据"对话框，可以看到 Power BI Desktop 的数据源包括"全部""文件""数据库""Power Platform""Azure""联机服务""其他"等类别，其中"全部"类别包括来自所有类别的所有数据源，如图 2-14 所示。

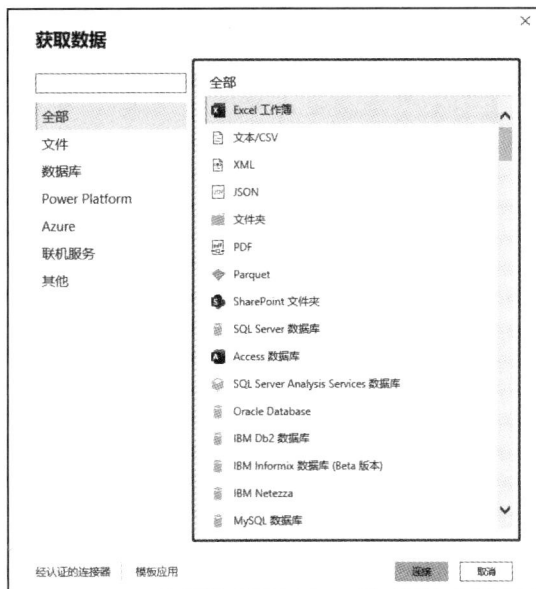

图 2-14 Power BI Desktop 数据源类别

二、数据获取

数据获取是指 Power BI Desktop 从各种数据源中提取和加载数据的过程。Power BI Desktop 可以从文件、数据库、网页等几十种数据源中获取各类数据，"文件"类别提供下列数据源，包括"Excel 工作簿""文本/CSV""XML""JSON""文件夹""PDF""Parquet""SharePoint 文件夹"等。

（一）导入 Excel 工作簿

从 Excel 工作簿中获取数据是最常见的数据获取方式。Power BI Desktop 有多种方式导入 Excel 工作簿。

操作演示

导入 Excel 工作簿

1. 直接转换数据

以广明商贸有限公司销售明细表（项目二\数据源\广明商贸有限公司销售明细表）为例介绍从 Excel 工作簿中获取数据的方法。执行"主页"→"获取数据"→"Excel 工作簿"命令，如图 2-15 所示，选择本地的文件路径并单击"打开"按钮，Power BI Desktop 将建立与本地文件的连接。

图 2-15　从 Excel 工作簿获取数据

在打开的"导航器"对话框中，勾选"1月""2月""3月"3 个工作簿，若数据需要整理，单击"转换数据"按钮，数据将加载至 Power Query 编辑器，如图 2-16 和图 2-17 所示。

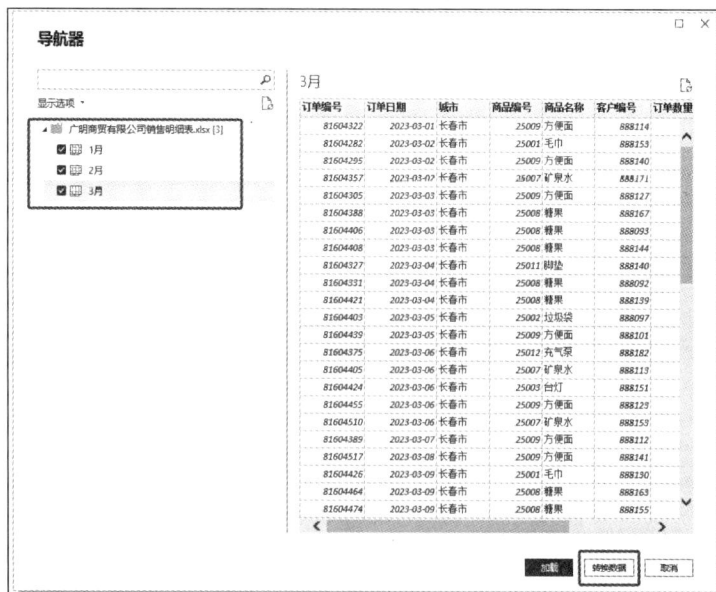

图 2-16　在"导航器"对话框中勾选工作簿并单击"转换数据"按钮

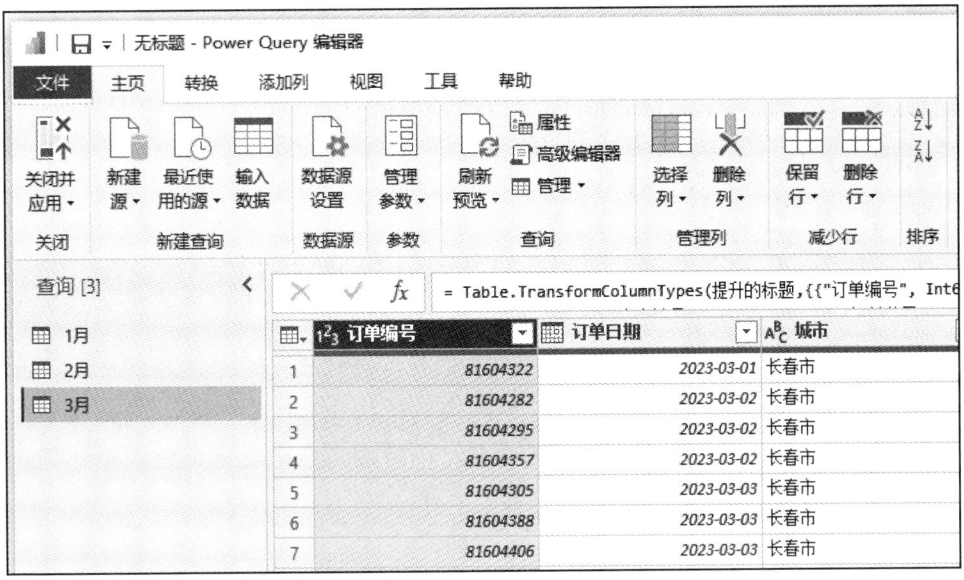

图2-17　Power Query 编辑器

2. 加载数据后转换数据

若数据不需要处理，在"导航器"对话框中，勾选"1月""2月""3月"这3个工作簿后，单击"加载"按钮，如图2-18所示，数据将直接加载至Power BI Desktop中。

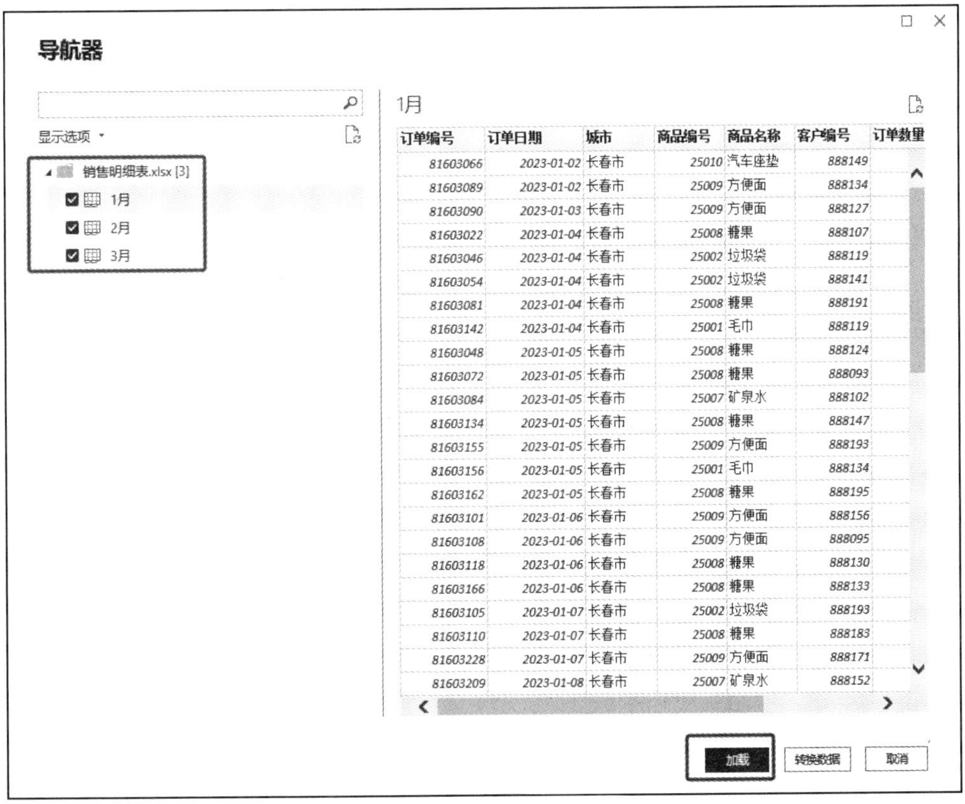

图2-18　在"导航器"对话框中勾选工作簿并单击"加载"按钮

加载数据后，如果用户需要对数据进行整理，可以执行"主页"→"查询"→"转换数据"→"转换数据"命令，如图 2-19 所示，进入 Power Query 编辑器，进行数据处理。

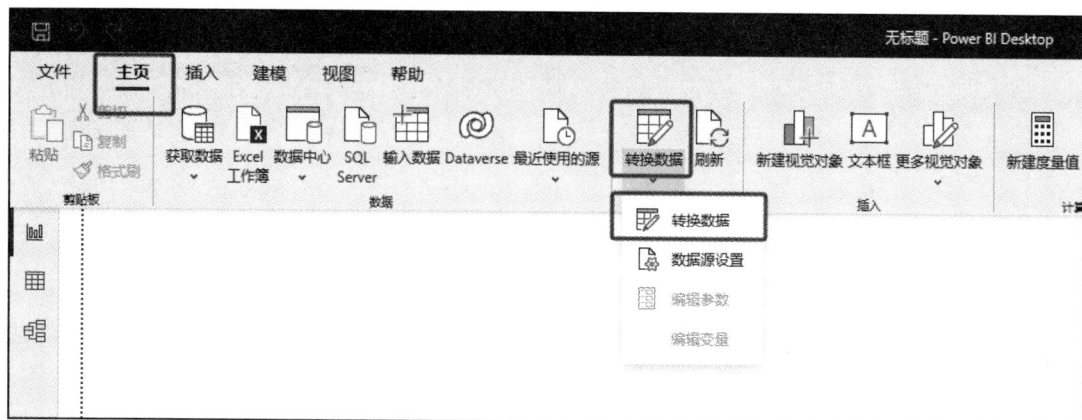

图 2-19　执行"转换数据"命令

（二）导入其他类型的单个文件

其他类型的单个文件包括文本/CSV、PDF 等，执行"主页"→"获取数据"→"更多"命令，打开"获取数据"对话框，如图 2-20 所示，导入方式和导入 Excel 工作簿类似。

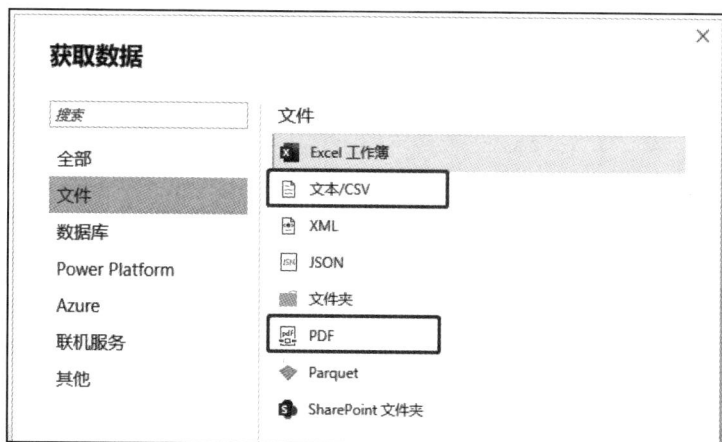

图 2-20　其他类型的单个文件的导入方式

（三）导入文件夹

如需批量导入多个文件，可将这些文件放至文件夹后导入文件夹。以销售明细表（单月）[项目二\数据源\销售明细表（单月）]为例，执行"主页"→"获取数据"→"更多"命令，打开"获取数据"对话框，在文件类型列表中双击"文件夹"。在"文件夹"对话框中，单击"浏览"按钮，打开对话框选择要连接的本地文件夹路径，单击"确定"按钮，打开文件夹数据浏览对话框，单击"组合"按钮，如图 2-21 所示。也可以选择"组合"下拉按钮的"合并和加载"选项，直接将 3 个工作簿合并加载到 Power BI Desktop 中。需要注意的是导入文件夹要求文件夹内文件的格式要保持一致。

操作演示

导入文件夹

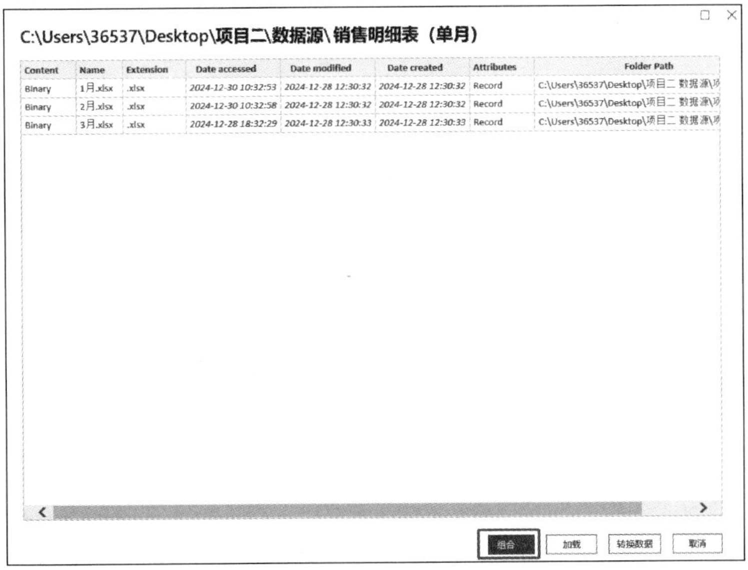

图 2-21　导入文件夹数据

（四）导入数据库文件

Power BI Desktop 支持导入多种数据库文件，常见数据库包括 SQL Server 数据库、Access 数据库、MySQL 数据库等。以导入 MySQL 数据库文件为例，执行"主页"→"获取数据"→"更多"→"数据库"→"MySQL 数据库"命令，单击"连接"按钮，如图 2-22 所示。需要注意的是，连接前需要下载 MySQL 数据库及相应版本的 Connector/Net 驱动程序并安装。

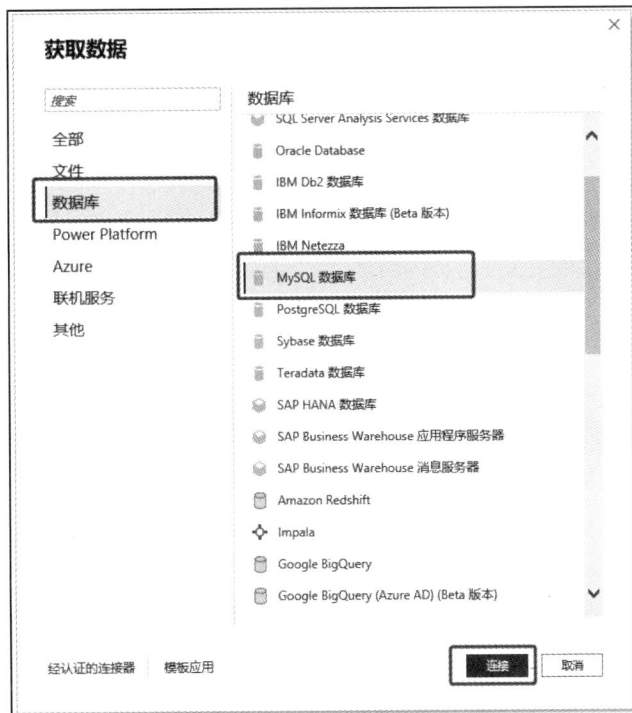

图 2-22　导入 MySQL 数据库文件

小贴士

（1）如果要导入 SQL Server 数据库文件，可以执行"主页"→"获取数据"→"更多"→"数据库"→"SQL Server 数据库"命令，然后输入 SQL Server 服务器地址和数据库名称，数据连接模式可以选择"导入"模式，然后单击"确定"按钮。

（2）如果要导入 Oracle 数据库文件，必须安装 Oracle 客户端。

（五）连接网页数据

通常情况下，获取网页的数据需要复杂的爬虫技术才能实现。而 Power BI Desktop 提供了简单的网页数据导入功能，只要获取网页所在的网址，便可爬取网页的数据。执行"主页"→"获取数据"→"更多"→"其他"→"Web"命令，单击"连接"按钮，如图 2-23 所示。

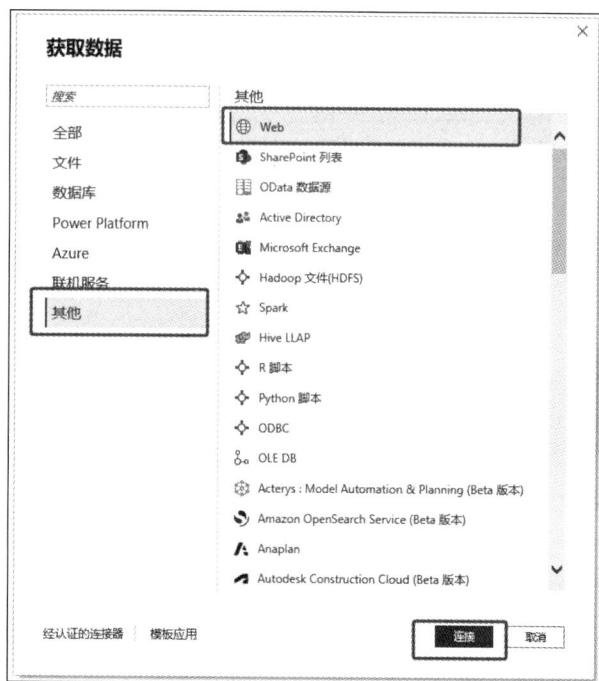

图 2-23　连接网页数据

在弹出的"从 Web"对话框中的"URL"栏输入想要获取的数据所在的网址，单击"确定"按钮，如图 2-24 所示。

图 2-24　输入网址并单击"确定"按钮

以我国民政部官网发布的 2023 年 1 季度民政统计数据为例，在"URL"栏中输入其网址（项目二\数据源\民政部 2023 年 1 季度民政统计数据网址）并单击"确定"按钮，加载完成后，在"导航器"对话框中会显示可用的列表。为了快速找到用户所需的数据，可分别单击"表视图"和"Web 视图"查看数据，如图 2-25 和图 2-26 所示。

图 2-25　单击"表视图"查看数据

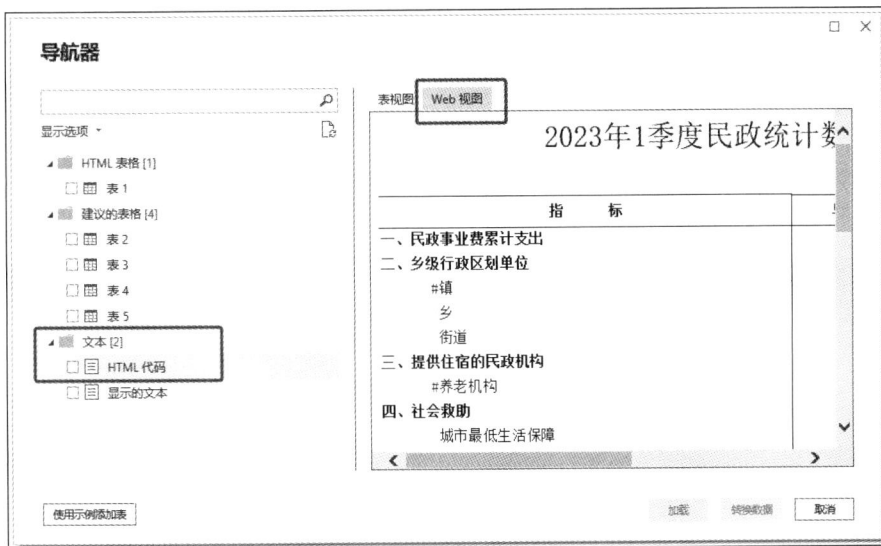

图 2-26　单击"Web 视图"查看数据

（六）连接 Python 脚本

Power BI Desktop 可以加载脚本数据，但需要完成 Python 安装环境配置。以 Python 脚本为例，执行"主页"→"获取数据"→"更多"→"其他"命令，选择"Python 脚本"，如图 2-27 所示，将代码复制到脚本框内，Power BI Desktop 就会加载脚本中运行的数据。

图 2-27　连接 Python 脚本

三、重新设定数据源

对于创建好的可视化报表，当数据源文件发生移动时，比如发送给其他人查询、编辑时，数据源文件的绝对路径发生变化，因此需要重新设定数据源。执行"主页"→"查询"→"转换数据"→"数据源设置"命令，在打开的对话框中选择"当前文件中的数据源"，单击"更改源"按钮，即可根据实际文件路径重新设定数据源，如图 2-28 所示。

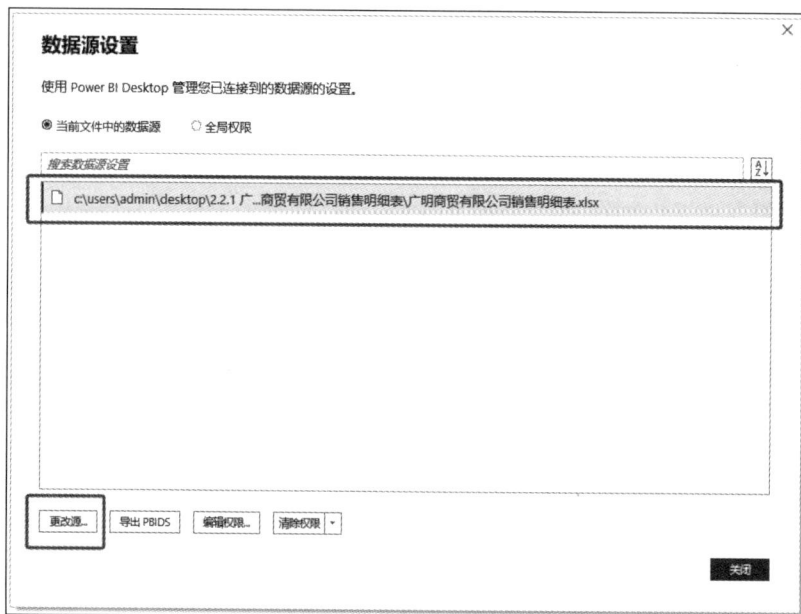

图 2-28　重新设定数据源

重新设定数据源后，只要执行"主页"→"查询"→"刷新"命令，就可以更新报表内容，如果需要设置自动更新，则需要在 Power BI Service 中设置网关。

任务实施

一、获取 Excel 工作簿中的数据

（一）任务要求

宏发集团财务报表（项目二\数据源\宏发集团财务报表）包括资产负债表、利润表和现金流量表 3 张表格，利用 Power BI Desktop 获取该公司的报表数据。

操作演示

获取 Excel 工作簿中的数据

（二）实施步骤

打开 Power BI Desktop，单击"从 Excel 导入数据"或单击"Excel 工作簿"，选择本地文件"宏发集团财务报表"获取数据，单击"转换数据"按钮，如图 2-29 所示。

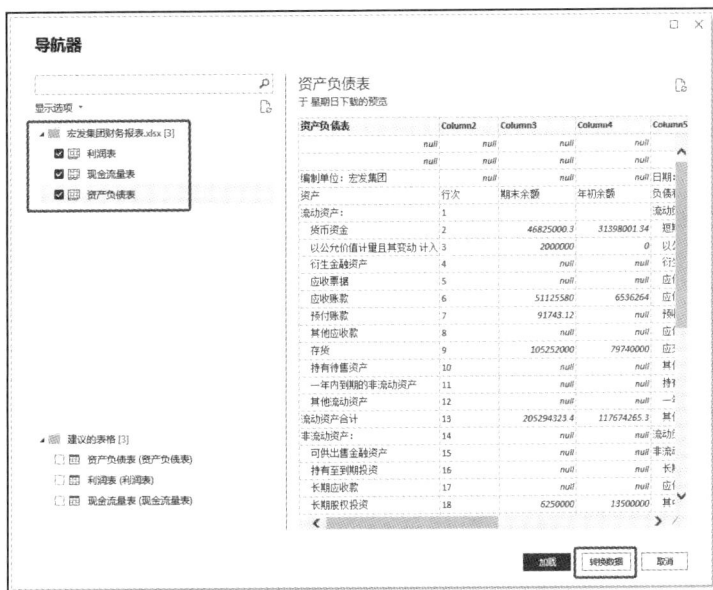

图 2-29　获取宏发集团财务报表

二、获取网页数据

（一）任务要求

利用 Power BI Desktop 获取新浪财经中"一汽解放"（股票代码：000800）的资产负债表，网址参见本书配套资源文件（项目二\数据源\新浪财经一汽解放网站）。

操作演示

获取网页数据

（二）实施步骤

步骤 01 打开 Power BI Desktop，执行"主页"→"获取数据"→"更多"→"其他"→"Web"

命令，将网址输入"URL"栏中，单击"确定"按钮，如图 2-30 所示。

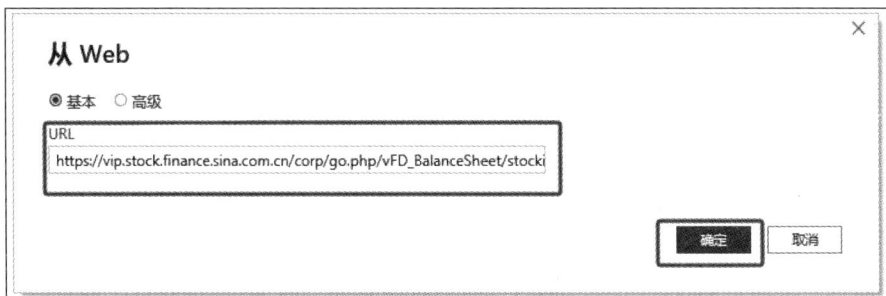

图 2-30　将网址输入"URL"栏并单击"确定"按钮

步骤 02 导入资产负债表，在"导航器"对话框中，Power BI Desktop 会把网页中的表格都识别出来，勾选"建议的表格"中的"表 17"，即本任务需要的资产负债表，单击"转换数据"按钮，如图 2-31 所示，数据就会被加载到 Power Query 编辑器。

图 2-31　导入资产负债表

任务总结

本任务主要讲解了认识数据源、数据获取和重新设定数据源的相关知识。Power BI Desktop 可以使用多种数据源，常用的数据源包括以 Excel 工作簿为代表的单个文件、数据库等；在导入文件夹时，需要注意文件夹内文件的格式需要保持一致。为了熟练掌握数据获取的相关操作，读者可尝试从相关网站获取数据，如国家统计局网站、Power BI 官网等。

任务三 Power BI 数据整理

任务情境

数据整理是将无效、错误的数据剔除，留下有效、准确的数据的过程，涉及对原有数据的删除、添加、分解、重组等操作。数据整理的重要性体现在它直接影响最终的数据分析结果，如果没有前期的数据整理，那么后续的数据建模、数据可视化等步骤将无从下手。既然数据整理如此重要，那么数据整理该如何进行呢？这正是本任务要讲解的内容。

知识准备

一、认识 Power Query

（一）强大的数据整合工具

Power Query 是 Power BI 的数据整理模块，它的作用是对数据表进行清洗和整合。在获取数据后，可能会存在很多"脏数据"，Power Query 可以高效地实现对数据的整理，让数据变得更加规范。在本项目任务二中已经提到了进入 Power Query 编辑器的两种方式：一是在获取数据后直接转换数据，即在"导航器"对话框中单击"转换数据"按钮的方式；二是加载数据后转换数据，即在 Power BI Desktop 中执行"主页"→"查询"→"转换数据"→"转换数据"命令，进入 Power Query 编辑器，进行数据整理。

（二）Power Query 编辑器

Power Query 编辑器主要有 3 个区域，分别是常用功能区、数据视图区和应用步骤区，如图 2-32 所示。

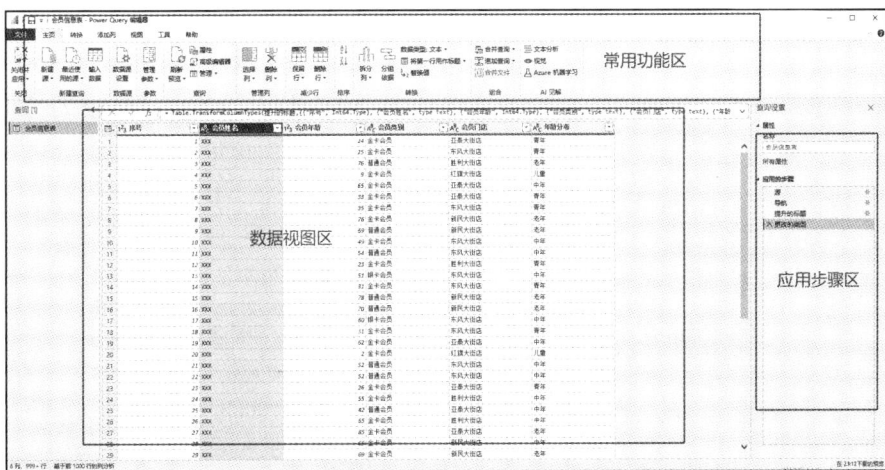

图 2-32 Power Query 编辑器的 3 个区域

常用功能区的大部分按钮处于可单击状态，用于与数据进行交互；数据视图区是展示获取的数据、管理表格和创建 M 函数的区域，主要显示已加载的数据，如果需要对数据进行调整，可以选中表格，单击鼠标右键，对表格进行复制、应用文本筛选器、重命名、启用加载、移动等操作；应用步骤区展示了查询的属性和所有应用的操作步骤。

二、Power Query 编辑器常用功能区

Power Query 编辑器常用功能区包括"主页""转换""添加列""视图""工具""帮助"6 个功能区，这些功能区可以完成大部分数据整理的操作。

（一）"主页"功能区

"主页"功能区常用的功能包括"新建源""删除列""删除行""将第一行用作标题""替换值"等，如图 2-33 所示。

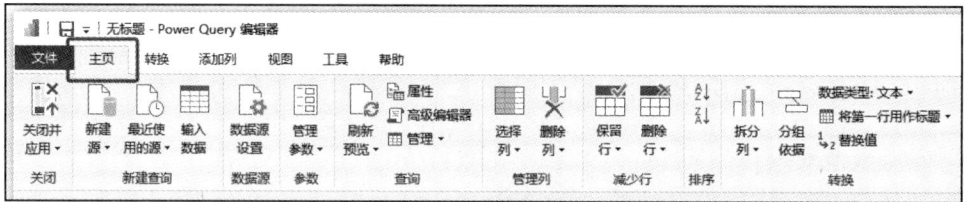

图 2-33 "主页"功能区

（二）"转换"功能区

"转换"功能区主要包括"表格""任意列""文本列""编号列""日期&时间列""脚本"等内容，如图 2-34 所示，能够完成"逆透视列""拆分列""替换值"等操作。

图 2-34 "转换"功能区

（三）"添加列"功能区

"添加列"功能区主要包括"自定义列""条件列""索引列""重复列"等功能，如图 2-35 所示。"自定义列"是按照自定义的方式新增列，"条件列"是按照一定的条件添加列，"重复列"是复制产生新的列。

图 2-35 "添加列"功能区

（四）"视图"功能区

"视图"功能区主要包括"布局""数据预览""列""参数""高级""依赖项"等内容，如图 2-36 所示。

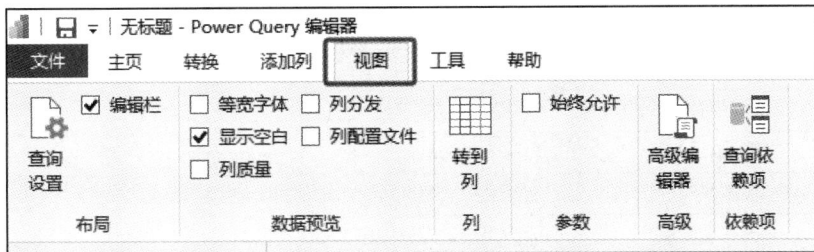

图 2-36 "视图"功能区

（五）"工具"功能区

"工具"功能区主要包括"步骤诊断""会话诊断""诊断选项"等内容，如图 2-37 所示。

图 2-37 "工具"功能区

（六）"帮助"功能区

"帮助"功能区主要包括"指导式学习""文档""培训视频""社区"等内容，如图 2-38 所示。

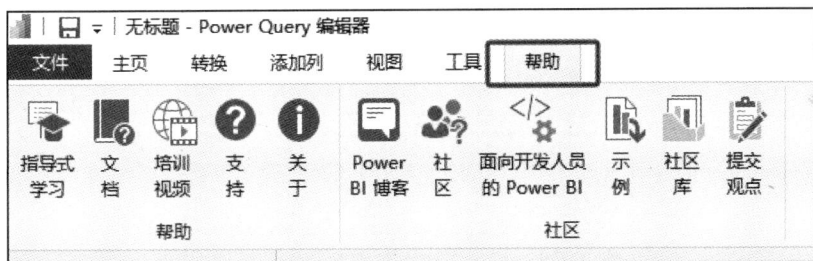

图 2-38 "帮助"功能区

三、数据整理常用操作

对加载到 Power Query 编辑器中的数据进行行列操作、清洗、转换、合并、拆分等操作的过程叫数据整理。之所以要进行数据整理，是因为有些数据是"杂乱"的数据，只有被整理成"规范"的数据才能在数据分析中使用。下面将介绍 Power Query 编辑器中的数据整理常用操作。

（一）数据的行操作

通过数据的行操作，可以将原始数据表中符合要求的数据保留，并加载到数据模型中进行可视化操作。

在 Power Query 编辑器中，执行"主页"→"减少行"→"删除行"命令，可选择删除表中最前面几行、最后几行、间隔行、重复项等，具体操作共 6 种，如表 2-1 所示。

表 2-1   "删除行"的 6 种具体操作

序号	具体操作	操作含义
1	删除最前面几行	删除表中的前 N 行
2	删除最后几行	删除表中的后 N 行
3	删除间隔行	删除表中从特定行开始固定间隔的行
4	删除重复项	删除当前选定列中包含重复值的行
5	删除空行	从表中删除所有空行
6	删除错误	删除当前选定列中包含错误的行

下面通过实际案例来介绍数据的行操作。

1. 删除表中不需要的行

下面以广明商贸 1 月份销售明细表（项目二\数据源\删除表中不需要的行\广明商贸 1 月份销售明细表）为例，介绍如何删除表中不需要的行。

操作演示

数据的行操作

步骤01 执行"主页"→"数据获取"→"Excel 工作簿"命令，打开"广明商贸 1 月份销售明细表"文件，单击"转换数据"按钮，然后在 Power Query 编辑器中，执行"主页"→"减少行"→"删除行"→"删除最前面几行"命令，如图 2-39 所示。

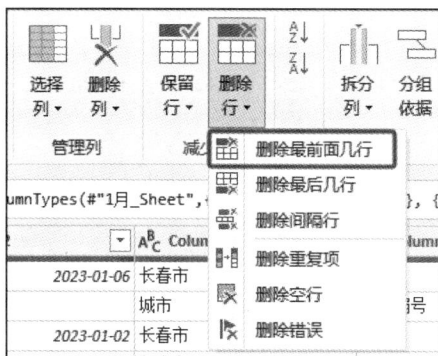

图 2-39   执行"删除最前面几行"命令

步骤02 在弹出的"删除最前面几行"对话框中，可以指定要删除最前面多少行，将行数指定为"1"，单击"确定"按钮，如图 2-40 所示。

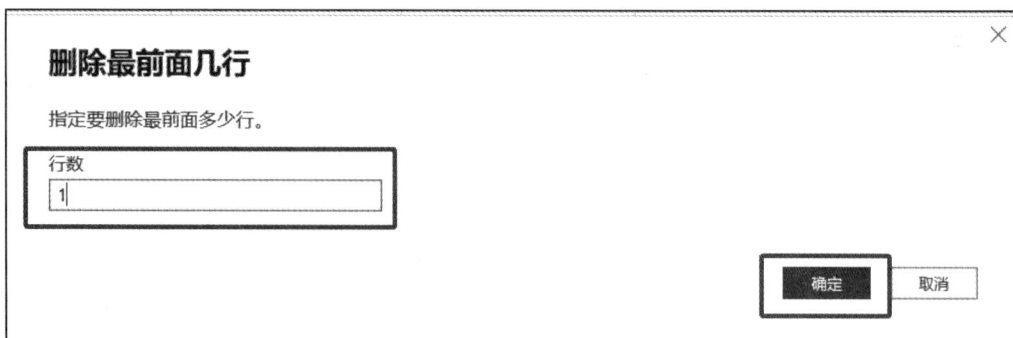

图 2-40   指定要删除的行数

这样就可以把最前面的一行删除。按照类似的方法，可以删除最后一行。执行完成后先不要关闭 Power Query 编辑器，继续完成后续的操作。

2. 将第一行用作标题

在 Power Query 编辑器中，如果加载数据后标题行没有被识别，如图 2-41 所示，有两种方式可以将第一行设置为标题。

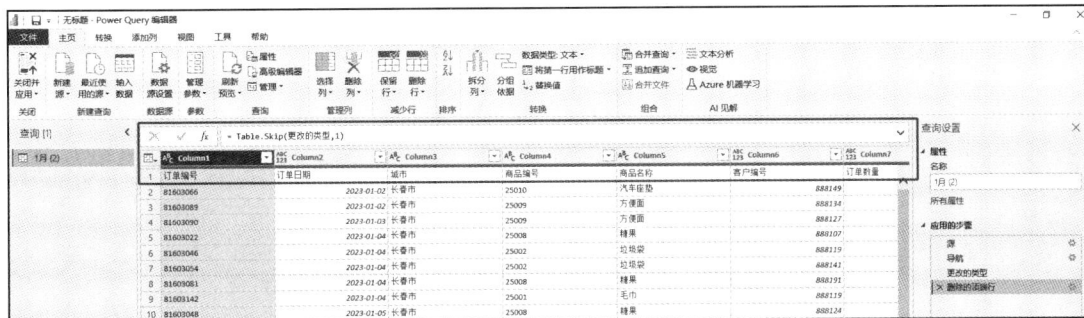

图 2-41 标题行没有被识别

方式一：在上述操作的基础上，执行"主页"→"转换"→"将第一行用作标题"命令，如图 2-42 所示。

图 2-42 将第一行用作标题（方式一）

方式二：执行"转换"→"表格"→"将第一行用作标题"命令，如图 2-43 所示。

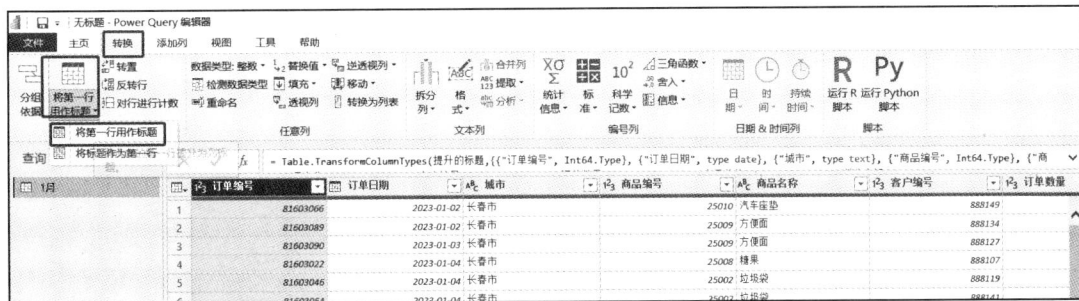

图 2-43 将第一行用作标题（方式二）

3. 删除表中的重复项

下面以广明商贸 1 月份销售明细表（项目二\数据源\删除表中的重复项\广明商贸 1 月份销售明细表）为例，介绍如何删除表中的重复项。

加载案例数据后，在 Power Query 编辑器中，选中"商品名称"列，执行"主页"→"减少行"→"删除行"→"删除重复项"命令，如图 2-44 所示。

图 2-44　执行"删除重复项"命令

这样就可以把重复的数据删除，只保留其中的一行数据。

4. 删除表中的错误行

下面以广明商贸 2 月份销售明细表（项目二\数据源\删除表中的错误行\广明商贸 2 月份销售明细表）为例，介绍如何删除表中的错误行。

步骤 01　加载案例数据后，在 Power Query 编辑器中单击"订单编号"字段前的按钮，将数据类型更改为"整数"，则表中出现 3 个错误（图中为"Error"）行，如图 2-45 所示。

图 2-45　查看表中的错误行

步骤 02　执行"主页"→"减少行"→"删除行"→"删除错误"命令，结果如图 2-46 所示。

（二）数据的列操作

Power Query 编辑器中数据的列操作主要包括"选择列"和"删除列"两种。列操作的 4 种具体操作如表 2-2 所示。

操作演示

数据的列操作

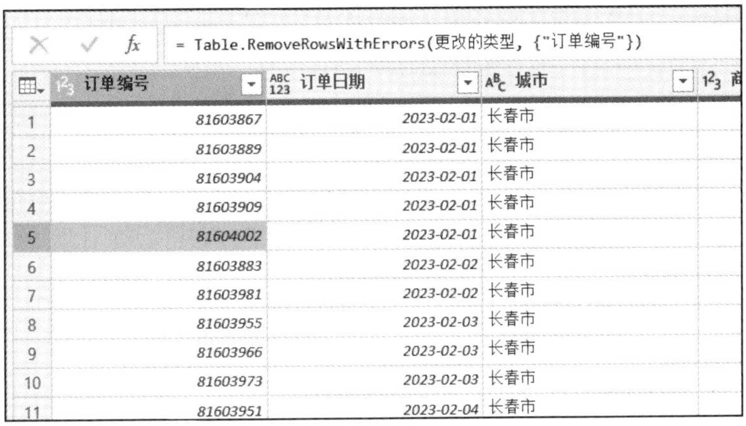

图 2-46 执行"删除错误"命令的结果

表 2-2 列操作的 4 种具体操作

序号	具体操作	操作含义
1	选择列	在"选择列"对话框中选择需要保留的列
2	转到列	转换到需要选中的列
3	删除列	删除选中的列
4	删除其他列	删除选中列以外的其他列

下面以广明商贸 2 月份销售明细表（项目二\数据源\数据的列操作\广明商贸 2 月份销售明细表）为例，介绍"删除列"和"删除其他列"。

加载案例数据后，在 Power Query 编辑器中，按住"Ctrl"键并选中"订单编号""订单日期"两列，执行"主页"→"管理列"→"删除列"→"删除列"命令，如图 2-47 所示。

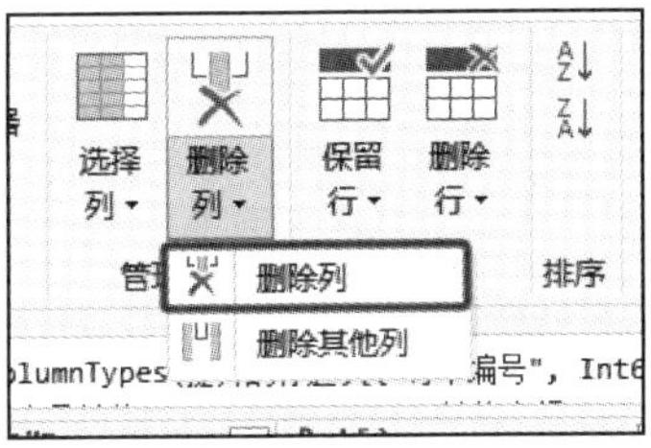

图 2-47 执行"删除列"命令

操作完成后，已删除了"订单编号"和"订单日期"两列，而保留了"商品编号""商品名称"等其他列。

如果执行"主页"→"管理列"→"删除列"→"删除其他列"命令，则结果正好相反，保留下来的是"订单编号"和"订单日期"两列。

（三）数据类型转换

数据加载完成后，Power Query 编辑器会自动将数据转换为能更好地支持高效存储、计算的数据类型，某些情况下，还需要进行手动转换，进行数据类型转换的方式是选择需要转换的列。

下面以广明商贸 2 月份销售明细表（项目二\数据源\数据类型转换\广明商贸 2 月份销售明细

操作演示

数据类型转换

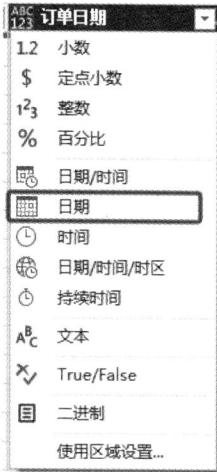

图 2-48　选择"日期"选项

表）为例，将"订单日期"列的数据类型更改成日期型。

步骤 01 加载案例数据后，在 Power Query 编辑器中，单击"订单日期"字段前的 ABC123 按钮，从弹出的下拉菜单中选择"日期"选项，如图 2-48 所示。

步骤 02 在打开的"更改列类型"对话框中单击"替换当前转换"按钮，即可将"订单日期"字段的数据类型转换成日期型。

（四）数据格式转换

在对数据完成行、列操作和数据类型转换后，由于数据可能存在格式不规范的情况。例如，名字前后带空格、单元格中带回车符、字母大小写不统一等问题，对于这些问题，可以通过数据格式转换的方式轻松解决。Power Query 编辑器中常见的数据格式转换操作如表 2-3 所示。

操作演示

数据格式转换

表 2-3　　　　　　　　　　　　　常见的数据格式转换操作

序号	具体操作	操作含义
1	小写	将所选列中的所有字母都转换为小写字母
2	大写	将所选列中的所有字母都转换为大写字母
3	每个字词首字母大写	将所选列中每个字词的第一个字母转换成大写字母
4	修整	从所选列的每个单元格中删除前导空格和尾随空格
5	清除	清除所选单元格中的非打印字符（如回车符）
6	添加前缀	向所选列中的每个值开头添加指定的字符
7	添加后缀	向所选列中的每个值末尾添加指定的字符

下面以学生名单表（项目二\数据源\数据格式转换\学生名单表）为例，将学生表中的不规范的数据格式进行转换。

步骤 01 加载案例数据后，在 Power Query 编辑器中，选中"姓名"列，分别执行"转换"→"文本列"→"格式"→"修整"命令和"转换"→"文本列"→"格式"→"清除"命令，如图 2-49 所示。

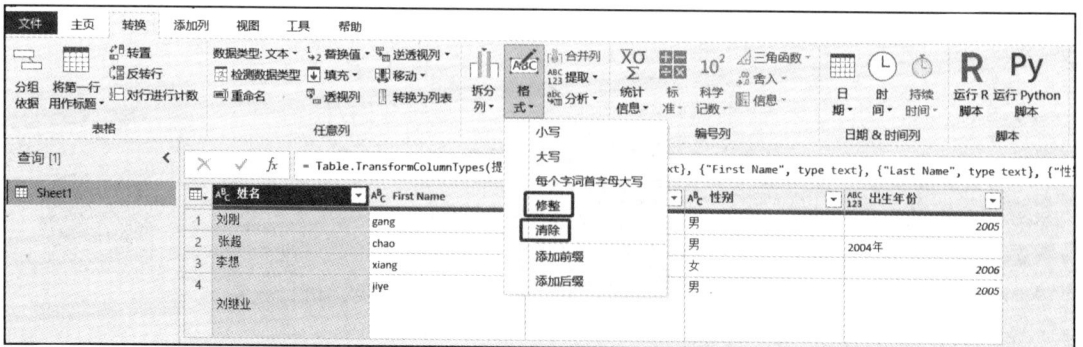

图 2-49　执行"修整"和"清除"命令

步骤02 系统将修整"姓名"列中"张超"前的空格,清除"刘继业"中的回车符。

步骤03 按住"Ctrl"键,分别选中"First Name"和"Last Name"两列,执行"转换"→"文本列"→"格式"→"小写"命令,将这两列的每个值先转换成小写字母。

步骤04 选中"First Name"和"Last Name"两列,执行"转换"→"文本列"→"格式"→"每个字词首字母大写"命令,将这两列每个值的首字母转换为大写字母,结果如图 2-50 所示。

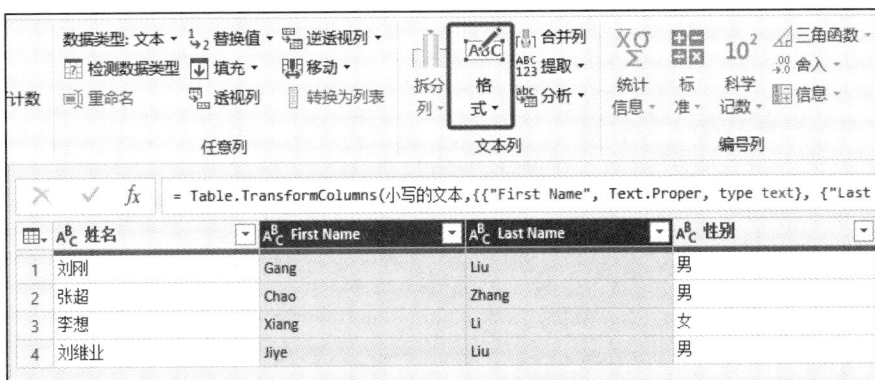

图 2-50 将首字母改为大写字母的结果

步骤05 将"出生年月"字段先变更成文本型,然后执行"转换"→"任意列"→"替换值"→"替换值"命令,在"替换值"对话框中,输入要查找的值为"年",将其替换为空,单击"确定"按钮,如图 2-51 所示。

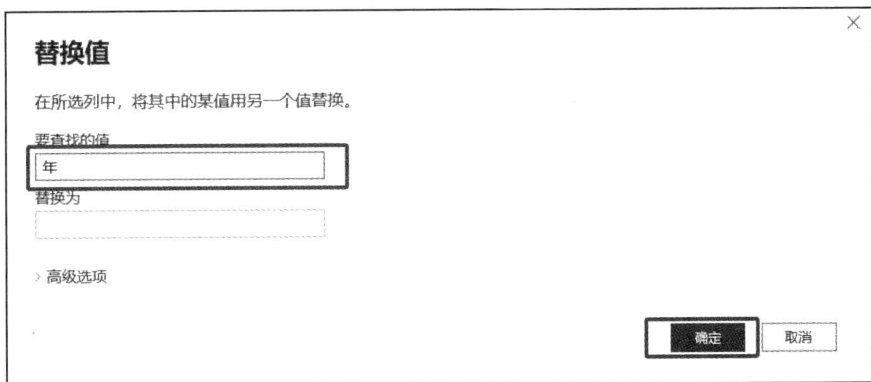

图 2-51 数据替换

步骤06 再将"出生年份"字段变为整数型,数据格式转换后的结果如图 2-52 所示。

图 2-52 数据格式转换后的结果

（五）数据的拆分与合并

在数据整理中经常会用到数据的拆分与合并等操作，从而使数据更加符合数据分析的格式要求。在 Excel 中，用户需要通过函数功能完成数据的拆分与合并操作，而在 Power BI Desktop 中，用户只需通过鼠标操作就能完成。

操作演示

数据的拆分与合并

1. 数据的拆分

Power Query 编辑器提供了对列进行拆分的功能，可以根据条件选择按分隔符、按字符数等条件进行列的拆分，常见的数据拆分操作如表 2-4 所示。

表 2-4   常见的数据拆分操作

序号	具体操作	主要选项
1	按分隔符拆分	最左侧的分隔符
		最右侧的分隔符
		每次出现分隔符时
2	按字符数拆分	一次，尽可能靠左
		一次，尽可能靠右
		重复
3	其他拆分	按照大写到小写（或小写到大写）的转换
		按照数字到非数字（或非数字到数字）的转换

下面以省市名称表（项目二\数据源\数据拆分\省市名称表）为例，介绍数据的拆分操作。

步骤 01 将该表加载到 Power Query 编辑器，执行"转换"→"文本列"→"拆分列"→"按分隔符"命令，在弹出的"按分隔符拆分列"对话框中，选择分隔符"-"后，单击"确定"按钮，如图 2-53 所示。

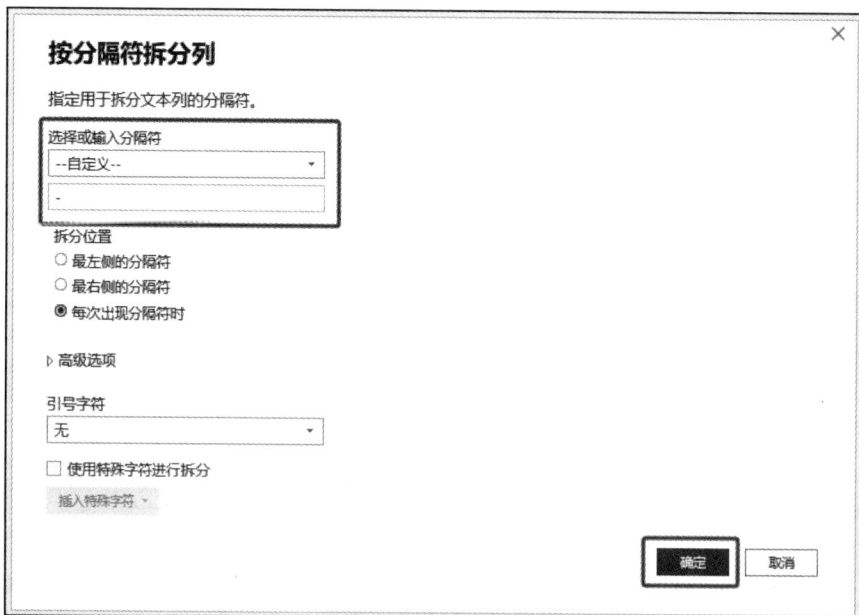

图 2-53　按分隔符拆分数据

步骤 02 执行"转换"→"表格"→"将第一行用作标题"命令，然后将拆分的字段分别改为"省份"和"城市"，数据拆分后的结果如图 2-54 所示。

	省份	城市
	fx = Table.RenameColumns(更改的类型2,{{"	
1	吉林	长春
2	黑龙江	哈尔滨
3	辽宁	沈阳
4	河北	石家庄
5	湖北	武汉
6	湖南	长沙
7	海南	海口
8	江西	南昌
9	陕西	西安
10	山西	太原
11	浙江	杭州
12	江苏	南京
13	山东	济南
14	甘肃	兰州
15	河南	郑州
16	安徽	合肥

图 2-54 数据拆分后的结果

2. 数据的合并

数据的合并是将选中的多列数据合并到一列中。执行"转换"命令合并列后，原来的列被删除；而使用"添加列"菜单合并列后，原来的列被保留。

下面以省市名称表（项目二\数据源\数据合并\省市名称表）为例，介绍数据的合并操作。

步骤 01 将该表加载到 Power Query 编辑器，按住"Ctrl"键，分别选中"省份"和"城市"两列。执行"转换"→"文本列"→"合并列"命令，在"合并列"对话框中，选择"--自定义--"分隔符，输入"-"符号后，单击"确定"按钮，如图 2-55 所示。

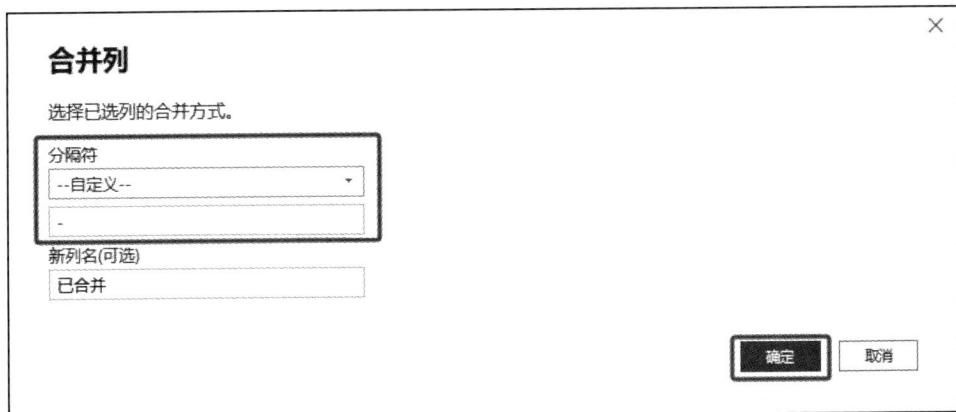

合并列

选择已选列的合并方式。

分隔符

--自定义--

-

新列名(可选)

已合并

确定　取消

图 2-55 合并列

步骤 02 执行"转换"→"表格"→"将第一行用作标题"命令，数据合并后的结果如图 2-56 所示。

	ABC 省份-城市
1	吉林-长春
2	黑龙江-哈尔滨
3	辽宁-沈阳
4	河北-石家庄
5	湖北-武汉
6	湖南-长沙
7	海南-海口
8	江西-南昌
9	陕西-西安
10	山西-太原
11	浙江-杭州
12	江苏-南京
13	山东-济南
14	甘肃-兰州
15	河南-郑州
16	安徽-合肥

图 2-56　数据合并后的结果

（六）数据的转置与反转

数据的转置与反转是 Power BI Desktop 数据整理中常见的操作。

1. 数据的转置

数据的转置能实现数据的行列互换，即行变成列，列变成行。

下面以省市名称表（项目二\数据源\数据转置\省市名称表）为例，介绍数据的转置操作。

> 操作演示
>
> 数据的转置与反转

步骤 01 将该表加载到 Power Query 编辑器，执行"转换"→"表格"→"转置"命令，数据转置结果如图 2-57 所示。

	ABC 123 Column1	ABC 123 Column2	ABC 123 Column3	ABC 123 Column4
1	省份	吉林	黑龙江	辽宁
2	城市	长春	哈尔滨	沈阳

图 2-57　数据转置结果

步骤 02 继续执行"转换"→"表格"→"转置"命令，表格又变回了原来的样式，实现了数据的行列互换。

2. 数据的反转

反转行是将行的顺序颠倒，将最后一行变成第一行，将倒数第二行变成第二行，以此类推。例如，在销售明细表中，想先看到月底的销售记录，则可以反转行。

下面以广明商贸 2 月份销售明细表（项目二\数据源\数据反转\广明商贸 2 月份销售明细表）为例，介绍数据的反转操作。

步骤 01 将该表加载到 Power Query 编辑器，选中"订单日期"列。

步骤 02 执行"转换"→"表格"→"反转行"命令，数据反转结果如图 2-58 所示。

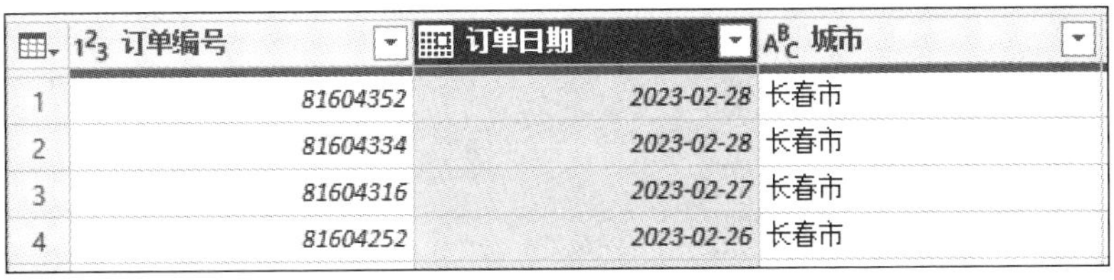

图 2-58 数据反转结果

（七）数据的透视与逆透视

数据的透视与逆透视是 Power Query 编辑器非常重要的功能，主要实现的是二维表和一维表之间的转换。

1. 区分一维表和二维表

进行数据分析的数据多数都是存储在 Excel 工作簿中的，Excel 展现数据的形式分为一维表和二维表两种。

> 💡 **小贴士**
>
> 在运用 Power BI Desktop 进行数据分析时，尽量使用一维表。在实际工作中，如果获得的数据是二维表，可以采用一些方法将其转换成一维表，例如利用 Power BI Desktop 中的逆透视功能。

一维表的每一列就是一个维度，列名就是该列值的共同属性，一维表的每一行就是一条独立的记录，一维表的优点是可以容纳更多的数据，可以让数据更丰富、更详细。这种表格适合用来存储数据，还适合作为数据分析的源数据，数据处理时更方便，一维表如表 2-5 所示。

表 2-5   一维表

地区	季度	销售额/万元
东北地区	第 1 季度	100
东北地区	第 2 季度	150
东北地区	第 3 季度	200
东北地区	第 4 季度	180
华北地区	第 1 季度	120
华北地区	第 2 季度	130
华北地区	第 3 季度	150
华北地区	第 4 季度	140
华中地区	第 1 季度	100
华中地区	第 2 季度	150
华中地区	第 3 季度	200
华中地区	第 4 季度	180

二维表更符合我们日常的阅读习惯，信息更精练，可以让数据看起来更加直观明晰，这种表格一般用来展示数据，二维表如表 2-6 所示。

表 2-6　　　　　　　　　　　　　　　二维表

地区	第1季度	第2季度	第3季度	第4季度
东北地区	100	150	200	180
华北地区	120	130	150	140
华中地区	100	150	200	180

2. 数据的透视与逆透视

数据的透视与逆透视是 Power Query 编辑器非常重要的功能，主要实现的是二维表和一维表之间的转换。透视，也称为列的透视，是把一维表转换为二维表的过程，是对数据分类聚合；而逆透视，也称为列的逆透视，是把二维表转换为一维表的过程。

一般而言，二维表往往用于分类汇总，而一维表更方便分析和计算。在进行数据分析时，往往需使用一维表，因此，Power Query 编辑器最常用的操作之一是逆透视。

下面以销售数据表（项目二\数据源\数据逆透视\销售数据表）为例，介绍数据的逆透视操作。

步骤 01 将该表加载到 Power Query 编辑器后，按住"Ctrl"键，依次选中"第 1 季度"至"第 4 季度"4 列。

步骤 02 执行"转换"→"任意列"→"逆透视列"命令，即可将二维表数据逆透视成一维表数据，如图 2-59 所示。

图 2-59　执行"逆透视列"命令

（八）设置分组依据

Power BI Desktop 中的分组依据类似于 Excel 中的分类汇总，可以按照某一分类对某行数据或某列数据进行聚合运算。分组依据不仅有数据整理功能，还具备一定的数据分析功能。

下面以广明商贸 2 月份销售明细表（项目二\数据源\设置分组依据\广明商贸 2 月份销售明细表）为例，介绍将商品名称设置为分组依据并统计 2 月份各种商品的销售总额。

将该表加载到 Power Query 编辑器，执行"转换"→"表格"→"分组依据"命令，在弹出的"分组依据"对话框中将分组依据设置为"商品名称"，将"新列名"设置为"销售总额"，将"操作"设置为"求和"，将"柱"设置为"销售金额"，并单击"确定"按钮，如图 2-60 所示。

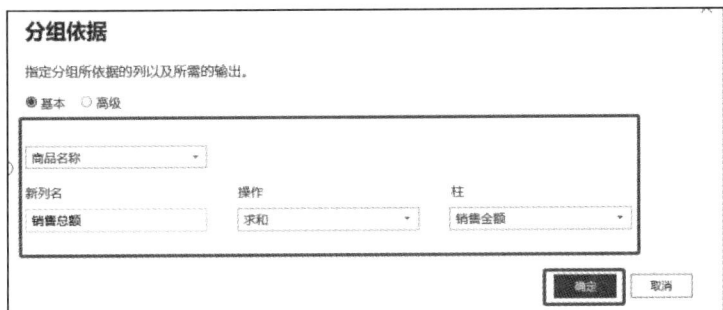

图 2-60　设置分组依据的属性

分组依据后的结果如图 2-61 所示。

图 2-61　分组依据后的结果

（九）添加列

在对数据进行整理时，特别是对财务报表进行数据分析时，有时需要添加一些辅助列，这对后续的数据分析非常有帮助。常用的添加列操作如表 2-7 所示。

操作演示

添加列

表 2-7　　　　　　　　　　　常用的添加列操作

序号	添加列的形式	操作含义
1	示例中的列	使用示例在表中创建新列
2	自定义列	通过公式创建新列
3	条件列	按照某一条件创建新列，类似于 Excel 中的 IF 函数
4	索引列	创建一个新列，其中的索引从某一个数值开始
5	重复列	基于某列复制产生一个新的列

下面以 2024 年日期表（项目二\数据源\添加列\2024 年日期表）为例，介绍数据的添加列操作。对其中的"月份"列创建索引列，并将索引序号作为对"月份"字段排序的依据。

步骤01 将该表加载到 Power Query 编辑器，将"月份"列数据类型更改为文本型，如图 2-62 所示。

	日期	月份	季度
1	2024-01-01	1月	第1季度
2	2024-02-01	2月	第1季度
3	2024-03-01	3月	第1季度
4	2024-04-01	4月	第2季度
5	2024-05-01	5月	第2季度
6	2024-06-01	6月	第2季度
7	2024-07-01	7月	第3季度
8	2024-08-01	8月	第3季度
9	2024-09-01	9月	第3季度
10	2024-10-01	10月	第4季度
11	2024-11-01	11月	第4季度
12	2024-12-01	12月	第4季度

图 2-62　将“月份”列数据类型更改为文本型

步骤 02 执行“添加列”→“常规”→“索引列”→“从 1”命令，将“索引”字段名称改为“月排序依据”，结果如图 2-63 所示。

	日期	月份	季度	月排序依据
1	2024-01-01	1月	第1季度	1
2	2024-02-01	2月	第1季度	2
3	2024-03-01	3月	第1季度	3
4	2024-04-01	4月	第2季度	4
5	2024-05-01	5月	第2季度	5
6	2024-06-01	6月	第2季度	6
7	2024-07-01	7月	第3季度	7
8	2024-08-01	8月	第3季度	8
9	2024-09-01	9月	第3季度	9
10	2024-10-01	10月	第4季度	10
11	2024-11-01	11月	第4季度	11
12	2024-12-01	12月	第4季度	12

图 2-63　添加索引列结果

（十）数据的组合

操作演示

追加查询与合并查询

数据的组合主要包括追加查询和合并查询两种。

1. 追加查询

Power Query 的追加查询是将相同结构的表格拼接在一起，是一种纵向的连接方式，追加查询中的两张表的标题列要一致，追加查询示例如图 2-64 所示。

姓名	得分
张睿	96
陈祺	95

＋

姓名	得分
陈兰	93
李胜	94

＝

姓名	得分
张睿	96
陈祺	95
陈兰	93
李胜	94

图 2-64　追加查询示例

下面以销售订单表（项目二\数据源\追加查询\销售订单表）为例，介绍追加查询。

步骤 01 将该表加载到 Power Query 编辑器后，执行“主页”→“组合”→“追加查询”→

“将查询追加为新查询”命令，在弹出的“追加”对话框中，选择需要合并的两张表格，并单击“确定”按钮，如图 2-65 所示。

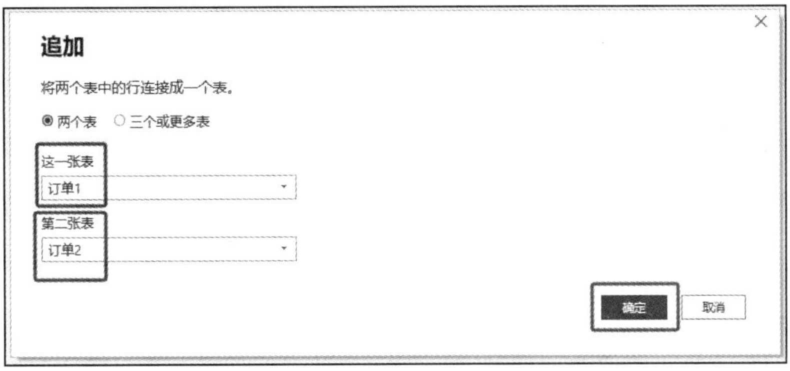

图 2-65　销售订单追加查询

步骤 02　追加查询结果如图 2-66 所示。

	订单编号	客户名称	客户省份	金额
1	ZH19841	长春商贸股份有限公司	吉林	5350
2	ZH19842	四平商贸股份有限公司	吉林	4978
3	ZH19843	松原商贸股份有限公司	吉林	4886
4	ZH19844	济南商贸股份有限公司	山东	14208
5	ZH19845	沈阳商贸股份有限公司	辽宁	6084
6	ZH19846	哈尔滨商贸股份有限公司	黑龙江	18112
7	ZH19847	洛阳商贸股份有限公司	河南	8112
8	ZH19848	开封商贸股份有限公司	河南	14478
9	ZH19849	锦州商贸股份有限公司	辽宁	6036
10	ZH19850	石家庄商贸股份有限公司	河北	11578
11	ZH19851	兰州商贸股份有限公司	甘肃	12560

图 2-66　追加查询结果

2. 合并查询

Power Query 的合并查询是表与表的横向连接，它的功能与 Excel 中 VLOOKUP 函数功能非常相似，需要两张表有相互关联的字段，合并查询示例如图 2-67 所示。

学号	姓名
120221511	张睿
120221523	陈祺
120221525	陈兰

＋

学号	所在地
120221511	北京
120221523	郑州
120221525	长沙

＝

学号	姓名	所在地
120221511	张睿	北京
120221523	陈祺	郑州
120221525	陈兰	长沙

图 2-67　合并查询示例

下面以学生成绩表（项目二\数据源\合并查询\学生成绩表）为例，介绍合并查询。

步骤 01　将该表加载到 Power Query 编辑器后，执行“主页”→“组合”→“合并查询”→“将查询合并为新查询”命令，在弹出的“合并”对话框中同时选中两张表格的“学号”字段，并单击“确定”按钮，即可合并数学成绩和英语成绩，如图 2-68 所示。

步骤 02　单击“数学成绩”右侧按钮，勾选“数学成绩”，单击“确定”按钮，如图 2-69 所示。

图 2-68　学生成绩合并查询

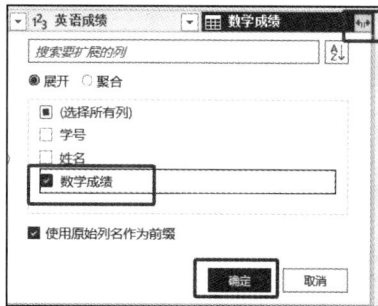

图 2-69　勾选"数学成绩"操作

合并查询结果如图 2-70 所示。

	123 学号	ABC 姓名	123 英语成绩	123 数学成绩
1	120220157	于霄翰	86	63
2	120220511	刘佳鑫	87	64
3	120220648	张宇轩	88	65
4	120221055	魏青萍	89	66
5	120221096	张宁	90	67
6	120221251	靳雨婷	91	68

图 2-70　合并查询结果

（十一）数据替换

数据替换是将原来的值替换为新的值，执行"转换"→"替换值"命令，在弹出对话框中输入要查找的值以及用于替换的新值，即可进行数据替换。

下面以员工信息表（项目二\数据源\替换值\员工信息表）为例，介绍数据替换。

将员工信息表加载到 Power Query 编辑器后，选中"部门"列，执行"转换"→"任意列"→"替换值"命令，在弹出的"替换值"对话框中，将"总裁"替换成"总裁办"，单击"确定"按钮，如图 2-71 所示。

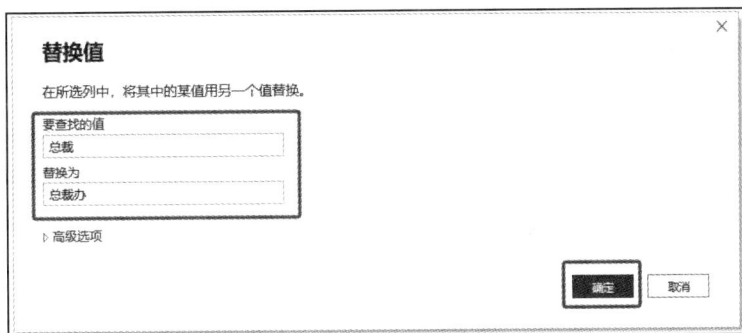

图 2-71 执行数据替换

执行上述操作后，即可将"总裁"替换成"总裁办"。

四、应用步骤区

Power Query 编辑器会自动记录已经操作过的步骤，如要回退某一步骤，可以选中该步骤并单击鼠标右键，从弹出的快捷菜单中选择"删除"选项，或者单击该步骤前的"×"按钮，即可删除操作过的步骤，如图 2-72 所示。

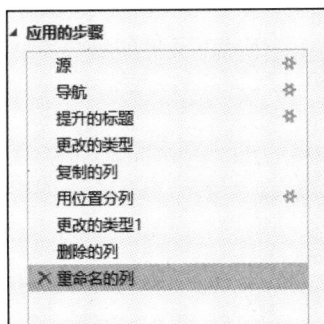

图 2-72 应用步骤区

任务实施

一、资产负债表数据整理

（一）任务要求

利用 Power BI Desktop 获取晴天公司资产负债表（项目二\数据源\资产负债表数据整理\晴天

公司资产负债表），进行数据整理。要求完成将第一行用作标题、删除第一列、删除前两行、删除间隔行、逆透视其他列、修改列标题及数据类型等操作。

（二）实施步骤

步骤 01 获取数据。打开 Power BI Desktop，获取"晴天公司资产负债表"，单击"转换数据"按钮，进入 Power Query 编辑器。

步骤 02 将第一行用作标题。执行"主页"→"转换"→"将第一行用作标题"命令，即可将"报表日期"所在行提升为标题。

步骤 03 删除第一列。选中"说明"列，执行"主页"→"管理列"→"删除列"命令，即可将"说明"一列删除。

步骤 04 删除前两行。执行"主页"→"减少行"→"删除行"→"删除最前面几行"命令，在弹出的"删除最前面几行"对话框中输入"2"，单击"确定"按钮，即可删除前两行，如图 2-73 所示。

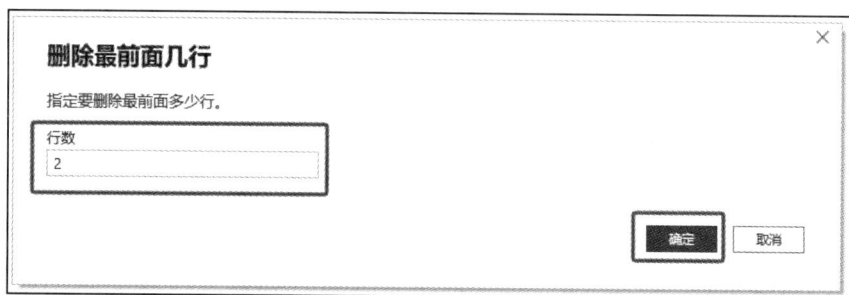

图 2-73 删除前两行

步骤 05 删除间隔行。执行"主页"→"减少行"→"删除行"→"删除间隔行"命令，在弹出的"删除间隔行"对话框中，"要删除的第一行"输入"3"，"要删除的行数"输入"1"，"要保留的行数"输入"2"，单击"确定"按钮，即可删除间隔行，如图 2-74 所示。

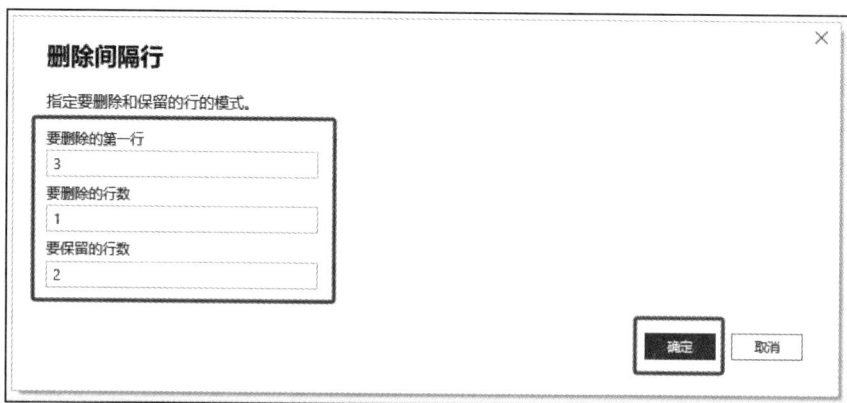

图 2-74 删除间隔行

步骤 06 逆透视其他列。选中"报表日期"列，执行"转换"→"任意列"→"逆透视列"→"逆透视其他列"命令，即可对报表项目的季度值进行逆透视操作。逆透视其他列结果如图 2-75 所示。

	报表日期	属性	值
1	货币资金	20221231	39059.76
2	货币资金	20220930	34664176.7
3	货币资金	20220630	38925840.46
4	货币资金	20220331	28181.26
5	存货	20221231	200506.26
6	存货	20220930	1911536.48
7	存货	20220630	186820340.4
8	存货	20220331	181127.36

图 2–75 逆透视其他列结果

步骤 07 修改列标题及数据类型。双击“报表日期”行标题，将标题重命名为“报表项目”，按照同样的操作，将“属性”重命名为“报表日期”，将“值”重命名为“金额”；将“报表日期”列的数据类型修改为日期型，将“金额”列的数据类型修改为小数型。整理数据后的资产负债表如图 2-76 所示。

	报表项目	报表日期	1.2 金额
1	货币资金	2022-12-31	39059.76
2	货币资金	2022-09-30	34664176.7
3	货币资金	2022-06-30	38925840.46
4	货币资金	2022-03-31	28181.26
5	存货	2022-12-31	200506.26
6	存货	2022-09-30	1911536.48
7	存货	2022-06-30	186820340.4
8	存货	2022-03-31	181127.36
9	交易性金融资产	2022-12-31	340959474.5
10	交易性金融资产	2022-09-30	454055681.9
11	交易性金融资产	2022-06-30	13113724551
12	交易性金融资产	2022-03-31	48465.78

图 2–76 数据整理后的资产负债表

二、费用支出数据整理

操作演示

费用支出数据整理

（一）任务要求

利用 Power BI Desktop 获取费用明细表（项目二\数据源\费用支出数据整理\费用明细表），进行数据整理。要求完成追加查询、修改列标题及数据类型等操作。

（二）实施步骤

步骤 01 获取数据。打开 Power BI Desktop，获取“费用明细表”中的 3 张报表，单击“转换数据”按钮，进入 Power Query 编辑器。

步骤 02 删除列。打开“哈尔滨市”费用表，选中“Column5”列，执行“主页”→“管理列”→“删除列”→“删除列”命令，即可将“Column5”列删除。

步骤 03 追加查询。执行“主页”→“组合”→“追加查询”→“将查询追加为新查询”命令，在弹出的“追加”对话框中分别追加“哈尔滨市”“沈阳市”“长春市”3 张表格，并将新表命名为“合并报表”，如图 2-77 所示。

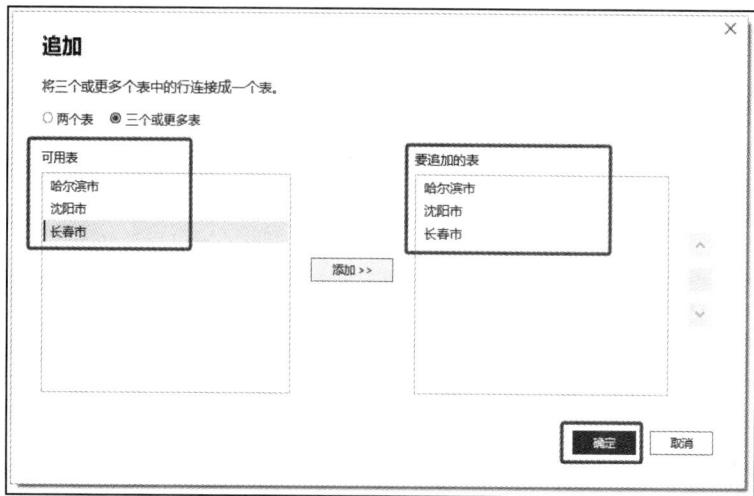

图 2-77　追加查询

步骤 04 修改列标题及数据类型。双击"门店"行标题，将标题重命名为"城市"，按照同样的操作，将"财务日期"重命名为"报表日期"，将"科目"重命名为"费用项目"，将"支出"重命名为"金额"，将"报表日期"列的数据类型修改为日期型。整理数据后的费用明细表如图 2-78 所示。

图 2-78　数据整理后的费用明细表

任务总结

本任务主要讲解了强大的数据整合工具 Power Query 编辑器的应用。Power Query 编辑器主要由常用功能区、数据视图区、应用步骤区 3 个区域组成。在常用功能区应用最多的就是"主页"和"转换"功能区，能够实现数据类型转换、拆分、合并、追加查询和合并查询等数据整理工作，以满足可视化分析的需要。

技能提升

一、单项题

1. 单击下列哪个功能可以进入 Power Query 编辑器界面？（　　　　）

　　A. 输入数据　　　　B. 转化数据　　　　C. 获取数据　　　　D. 新建参数

2. 下列选项中哪一项不是数据获取过程中可能面临的挑战？（　　　）
　　A. 数据不完整　　　　　　　　　　B. 数据质量差
　　C. 数据源多样性　　　　　　　　　D. 数据获取速度极快
3. 数据的透视和逆透视是 Power Query 编辑器中非常重要的功能，可以实现（　　　）。
　　A. 行变列　　　　　　　　　　　　B. 列变行
　　C. 二维表和一维表转换　　　　　　D. 首行和尾行互换

二、多选题

1. Power BI Desktop 可导入的文件格式包括（　　　）。
　　A. Excel　　　　　　B. 文本　　　　　C. CSV　　　　　D. PPT
2. Power BI Desktop 的应用流程包括（　　　）。
　　A. 数据获取　　　　B. 数据整理　　　C. 数据建模　　　D. 数据可视化
3. Power Query 编辑器中的行操作包括（　　　）。
　　A. 删除最前面几行　B. 删除最后几行　C. 删除空行　　　D. 删除重复项

三、判断题

1. Power BI Desktop 只能从 Excel 工作簿中导入数据。　　　　　　　　（　　　）
2. 在 Power BI Desktop 中，使用"获取数据"功能可以导入数据库中的数据。（　　　）
3. Power BI Desktop 不支持从 Web 页面爬取数据。　　　　　　　　　　（　　　）
4. Power BI Desktop 可以自动从数据源中更新数据，但需要设置网关。　　（　　　）
5. Power BI Desktop 中的可视化报表一旦创建，就无法更改数据源。　　　（　　　）

四、实训题

1. 尝试从相关网站下载数据（如国家统计局网站、财政部网站）。
2. 对第 1 题获取的数据进行适当的数据整理，以满足数据建模和可视化要求。

▄▌项目三

数据建模

📺 项目导读

数据整理完成之后，下一步将进行数据建模。通常情况下，多个表格之间是有内在联系的，而将这些联系表示出来的过程，就是数据建模。Power BI Desktop 中的数据建模是通过模型视图来完成的。

▥ 学习目标

知识目标

1. 了解数据模型的基本分类。
2. 熟悉两种关系模型。
3. 掌握 Power BI Desktop 数据建模的方法。
4. 掌握 Power BI Desktop 新建度量值的操作。
5. 掌握 Power BI Desktop 数据分析表达式的用法。

能力目标

1. 能够结合具体案例，通过 Power BI Desktop 创建关系模型。
2. 能够结合具体案例，通过 Power BI Desktop 新建列和新建度量值，使数据符合可视化要求。

素养目标

1. 通过对本项目的学习，领悟关系模型的创建方法，培养良好的辩证思维，切实提升思考和分析问题的能力。

2. 借助新建列和新建度量值等实践操作，逐步养成具体问题具体分析的思维习惯，灵活运用所学知识，不断强化数据分析素养。

📝 **思维导图**

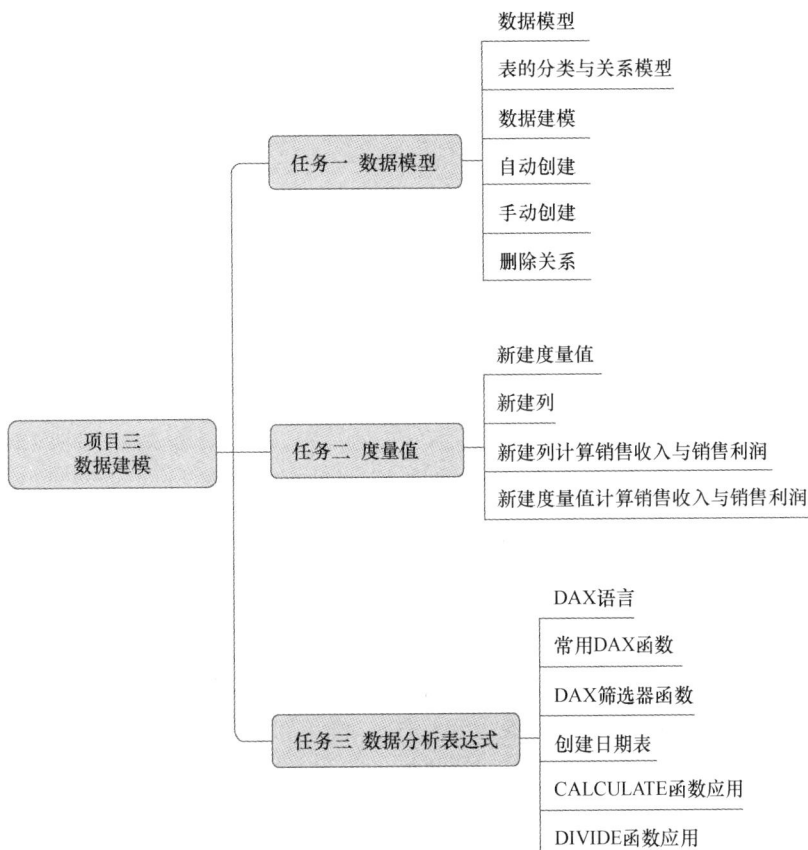

🔍 **引思启智**

在实践中推进企业数字化转型

数字技术是培育新质生产力的重要支撑。近年来，我国数字经济蓬勃发展，数字技术加速赋能千行百业。在实践中，我们一方面要着力提升关键数字技术的自主创新能力，另一方面要贯彻"数实融合"，推动数字技术与实体经济深度融合，加速各行各业数字化转型，最终在整体上推动从传统质态生产力向新质态生产力的深刻变革。

推进企业数字化转型，是我国数字经济发展的重点。国家发展改革委办公厅、国家数据局综合司印发的《数字经济 2024 年工作要点》指出，要"深入推进产业数字化转型，深化制造业智改数转网联，大力推进重点领域数字化转型，营造数字化转型生态"。由此看来，我国数字化转型在不断提速，数字技术与产业实践的融合将更加广泛和深入。

【启示】人工智能、云计算、大数据等数字技术发展带来的众多机遇，为企业数字化转型指明了方向，财务人员需要推动数字技术在财务领域的实施和落地，助力企业数字化转型和智能化改造。

任务一　数据模型

任务情境

数据模型是数据特征的抽象，用于描述数据之间的静态特征、动态行为和约束条件，为数据分析的关系创建与可视化呈现提供依据。创建数据模型可以帮助人们更好地理解和解决现实世界中的数据问题，并在数据分析中发挥关键作用。在学习使用 Power BI Desktop 建模之前，需要了解数据模型和表的分类等知识，为管理各表之间的关系打好基础。

知识准备

一、数据模型

数据模型通常有 3 种分类，分别是算法模型、业务模型和商务智能工具模型。

（一）算法模型

算法模型是一种基于数据和算法的数学模型，用于解决特定问题或执行特定任务，它通过明确的、有序的步骤集合来解决问题或执行任务。在人工智能和机器学习领域，算法模型尤为重要，它是数据挖掘等技术的核心，算法模型包括线性回归、决策树、支持向量机和神经网络等。

通常情况下，算法模型由算法工程师或者数据科学家专门负责，算法模型在工业领域的应用比较多，比如智能驾驶、语音识别、内容推荐等。在企业经营方面，算法模型也有很多应用场景，比如响应率预测、消费能力预测等。财务人员的主要工作是采集数据、整理数据、分析数据，更偏重业务模型和商务智能工具模型的应用，对算法模型无须深入了解。

（二）业务模型

业务模型通常是比较贴近于现实世界的一种模型，可以是在讨论业务流程时，代表公司内部的 KPI（Key Performance Index，关键绩效指标）体系，也可以是从一些经典场景中提炼出来的模型，比如在财务领域非常知名的杜邦分析模型。这些业务模型都可以通过 Power BI Desktop 进行可视化的呈现。

业务模型多数是来自管理学、营销学等学科，与数据的结合度偏低。比如用于企业战略分析的 SWOT 分析模型，主要对企业内部的优势（Strength）与劣势（Weakness）、外部环境的机会（Opportunity）与威胁（Threat）进行综合分析；用于外部宏观环境分析的 PEST 模型，一般是对政治（Political）、经济（Economical）、社会（Social）和技术（Technological）四类影响进行分析；用于外部微观环境分析的波特五力模型；用于市场营销的 4P 模型，主要针对产品（Product）、价格（Price）、渠道（Place）和促销（Promotion）展开分析；用于产品运营管理的 AARRR 模型，即对获取（Acquisition）、激活（Activation）、留存（Retention）、变现（Revenue）和推荐（Referral）等不同阶段的指标进行分析；用于客户分析与评价的 5W2H 模型，主要围绕为什么（Why）、什么事（What）、谁（Who）、什么时候（When）、什么地方（Where）、如何做（How to）以及什么价格（How much）发现解决问题的线索；还有根据客户最近一次消费（Recency）、消费频率（Frequency）和消费金额（Monetary）计算 RFM 值的 RFM 模型等。

（三）商务智能工具模型

商务智能工具模型是指通过使用特定的软件工具和系统，从企业的各种数据源中提取、处理、分析和呈现数据，以支持业务决策制定过程的模型。数据模型是商务智能工具模型的重要组成部分，它定义了如何存储、组织和关联数据，常见的数据模型包括星形模型和雪花模型，这些模型通过维度表和事实表来构建数据之间的关系，使得数据分析更加高效。

二、表的分类与关系模型

在数据建模和数据分析过程中，Power BI Desktop 将表划分为维度表和事实表两种类型。

（一）事实表

事实表，即事实数据表的简称。事实表用于存储在现实世界中的操作型事件所产生的可度量数值。事实表也叫明细表，主要特点是含有多列数值类型的数据，能够提取度量值信息，数据量较大，事实表如表 3-1 所示。

表 3-1　　　　　　　　　　　　　事实表

订单号	订单日期	店铺 ID	产品 ID	会员 ID	数量/个
N2000001	2021/1/1	111	3002	1495	3
N2000002	2021/1/1	104	3002	8769	2
N2000003	2021/1/1	110	3002	3613	5
N2000004	2021/1/1	110	1001	5860	8
N2000005	2021/1/1	104	2002	4684	6
N2000006	2021/1/1	102	3002	9356	5
N2000007	2021/1/1	102	2001	3455	5

（二）维度表

维度表是用户用来分析数据的窗口，是帮助用户汇总数据特性的层次结构。维度表中包含真实数据记录的特性，有些特性提供描述性信息，有些特性指定如何汇总数据，以便为分析者提供有用的信息，维度表的主要特点是包含类别属性信息，数据量较小，维度表如表 3-2 所示。

表 3-2　　　　　　　　　　　　　维度表

产品分类 ID	产品分类名称	产品 ID	产品名称	单价/元
11	雨刷器	1001	途雷森	55
11	雨刷器	1002	博世风翼	65
11	雨刷器	1003	一途	30
12	轮胎	2001	马牌	460
12	轮胎	2002	佳通	260
13	火花塞	3001	NGK	179
13	火花塞	3002	火炬	93

（三）表与表之间的关系

根据关系的不同，可以将表与表之间的关系分为以下 3 类。

1. 一对一关系（1:1）

一对一关系是指一个表（通常是事实表）与另一个表（通常是维度表）的记录有一一对应的关系。

以表 3-3 与表 3-4 为例，"班级表"与"班长表"这两个表中的"班级编号"就是一一对应的关系。

表 3-3   班级表

班级编号	院系	人数	专业名称
2254201	营销学院	28	会计
2254202	营销学院	22	会计

表 3-4   班长表

班级编号	姓名	学号
2254201	王航	221482
2254202	万阳	222785

2. 一对多关系（1 : n）

一对多关系是指一个表中的一条记录可以对应另外一个表中的多条记录，通常是维度表中一条记录对应事实表中的多条记录。以表 3-5 与表 3-6 为例，"班级表"中一条记录对应"学生表"中的多条属于该班级的学生的记录。

表 3-5   班级表

班级编号	班级名称
2254201	会计一班
2254202	会计二班

表 3-6   学生表

班级编号	姓名	学号	专业名称
2254201	王航	221482	会计
2254201	于翰	220157	会计
2254201	苗帅	221485	会计
2254201	刘鑫	220511	会计
2254202	孙琳	221488	会计

3. 多对一（n : 1）关系

多对一关系与一对多关系正好相反，指的是一个表（通常为事实表）中的列具有一个值的多个实例，而与之相关的另一个表（通常为维度表）仅具有一个值的一个实例。

（四）关系模型

关系模型的理论来源于数据仓库的方法论，在实际工作中根据事实表和维度表的关系，可以分为星形模型和雪花模型，本任务主要介绍星形模型。

星形模型的特点是在事实表外侧只有一层维度表，所有维度表都直接与事实表关联，呈现的形状就像星星一样。星形模型属于一种理想化的布局模式，在实际工作中，应尽量使用这种模型，当事实表外侧不可避免地有多层维度表时，再选择雪花模型。

三、数据建模

从 Excel 到 Power BI 是从单表思维到多表思维的转变，在 Excel 中，可以使用数据透视表实现单表的复杂筛选和计算，而在 Power BI 中，表与表之间是互相关联的。Power BI 突破了单表限制，可以从多个表格、多种来源的数据中，根据不同维度、不同逻辑来聚合分析数据，而分析数据的前提是要在这些数据表之间建立联系，这个建立联系的过程就是数据建模。

简单来说，数据建模就是建立维度表和事实表之间关系的过程。数据建模后，可以通过新建列、新建度量值等方式建立各类分析数据，应用于数据可视化。

使用 Power BI 进行数据建模，支持自动创建和手动创建两种方式。在导入数据的过程中，Power BI Desktop 会自动创建关系。如果同时导入两个或多个表格，则 Power BI Desktop 在加载数据时将尝试查找、创建关系，并自动设置基数、交叉筛选器方向和活动属性。Power BI Desktop 会查看表格中正在查询的列名，以确定是否存在任何潜在关系。若存在，则将自动创建这些关系；如果 Power BI Desktop 无法确定存在匹配项，则不会自动创建关系。对于没有创建关系的数据表，可以通过拖曳鼠标或设置属性的方式手动创建关系。

任务实施

本任务以宏达汽车零配件有限责任公司销售表（项目三\数据源\宏达汽车零配件有限责任公司销售表）为案例数据，共有 1 个事实表和 4 个维度表，事实表是销售表，维度表分别是产品表、日期表、门店表和会员表。在 Power BI Desktop 中完成数据建模，可使用自动创建、手动创建两种方式。

一、自动创建

步骤01 打开 Power BI Desktop，单击"从 Excel 导入数据"，获取宏达汽车零配件有限责任公司销售表。

步骤02 在弹出的"导航器"对话框中，勾选"产品表""会员表""门店表""日期表""销售表"5 张表，单击"加载"按钮，如图 3-1 所示，将数据表加载到 Power BI Desktop。

操作演示

自动创建

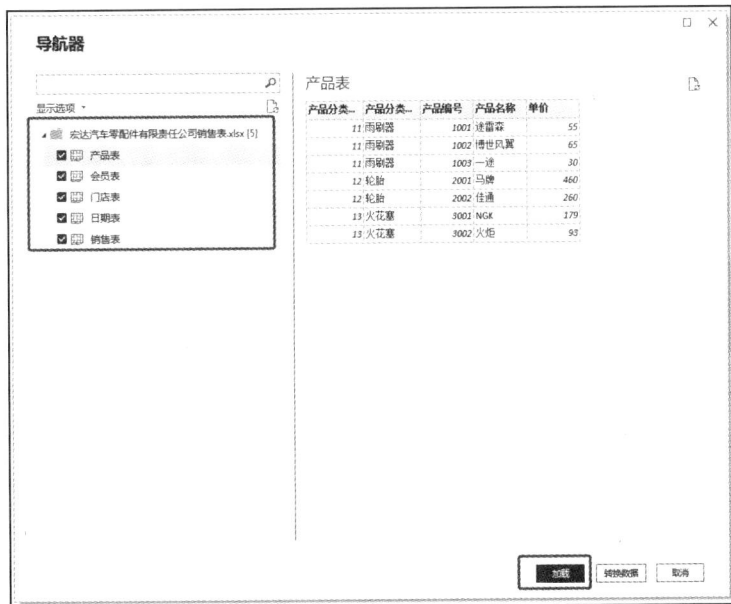

图 3-1 勾选要导入的 5 张表

步骤 03 在 Power BI Desktop 中，单击视图区左侧的"模型视图"按钮，将关系视图呈上下排列，查看自动创建的关系模型，如图 3-2 所示。

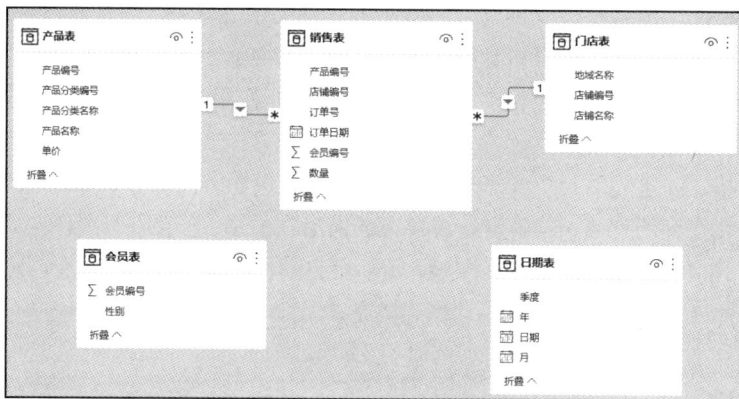

图 3-2 自动创建的关系模型

从图 3-2 可以看出，产品表、门店表与销售表中有相同的字段名称列，所以自动创建了关系；会员表与销售表没有自动创建关系；日期表与销售表没有相同字段名称的列，也没有自动创建关系。如果想要在没有自动创建关系的表之间建立关系，就需要手动创建。

二、手动创建

手动创建的方式有两种：一种方式是通过"管理关系"命令创建，选择表之间相同的字段，还可以设置基数、交叉筛选器方向等；另一种方式是在模型视图中采用"拖曳"的方式，将一个字段与另外一个字段相连。

操作演示

手动创建

（一）通过"管理关系"创建

步骤 01 打开 Power BI Desktop，从"主页"工具栏中单击"从 Excel 导入数据"链接，获取宏达汽车零配件有限责任公司销售表。

步骤 02 在模型视图中，执行"主页"→"关系"→"管理关系"命令，如图 3-3 所示。

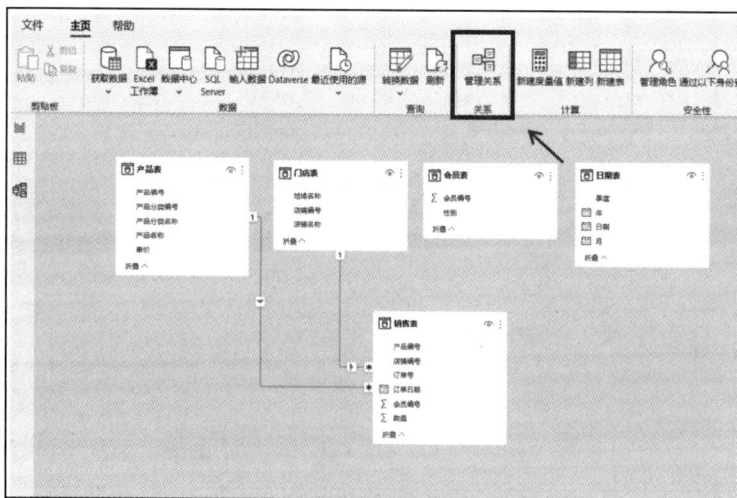

图 3-3 执行"管理关系"命令

步骤 03 在弹出的"管理关系"对话框中单击"新建"按钮，如图 3-4 所示，即可打开"创建关系"对话框。

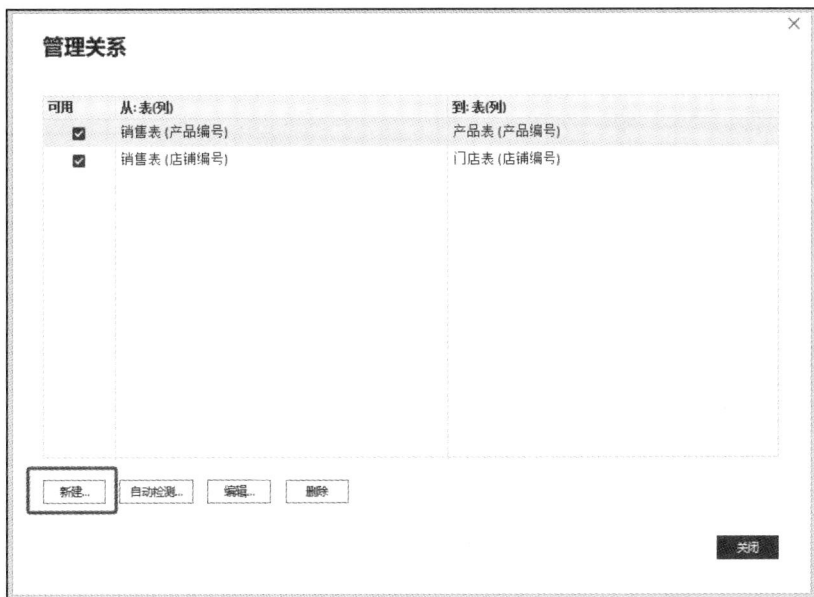

图 3-4 在"管理关系"对话框中单击"新建"按钮

步骤 04 在"创建关系"对话框中选择"会员表"的"会员编号"列，选择"销售表"的"会员编号"列，单击"确定"按钮，如图 3-5 所示。

图 3-5 "创建关系"对话框

步骤 05 在模型视图中，可以查看刚建立的会员表与销售表之间的一对多关系，如图 3-6 所示。

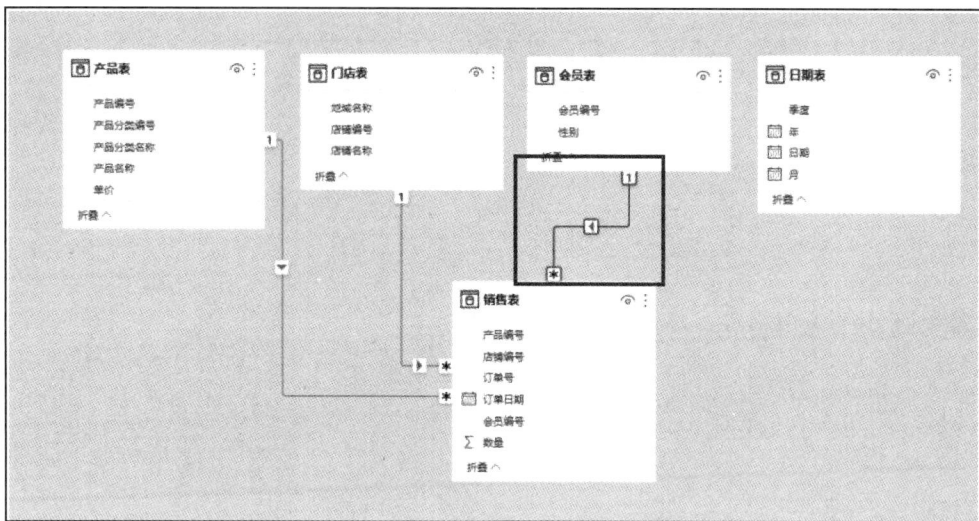

图 3-6　查看会员表与销售表之间的一对多关系

（二）通过"拖曳"创建

在模型视图中，日期表中的"日期"字段与销售表中的"订单日期"字段是可以创建关系的。选中日期表中的"日期"字段，按住鼠标左键，将其拖曳至销售表中的"订单日期"字段，即可手动创建日期表与销售表之间的关系，如图 3-7 所示。

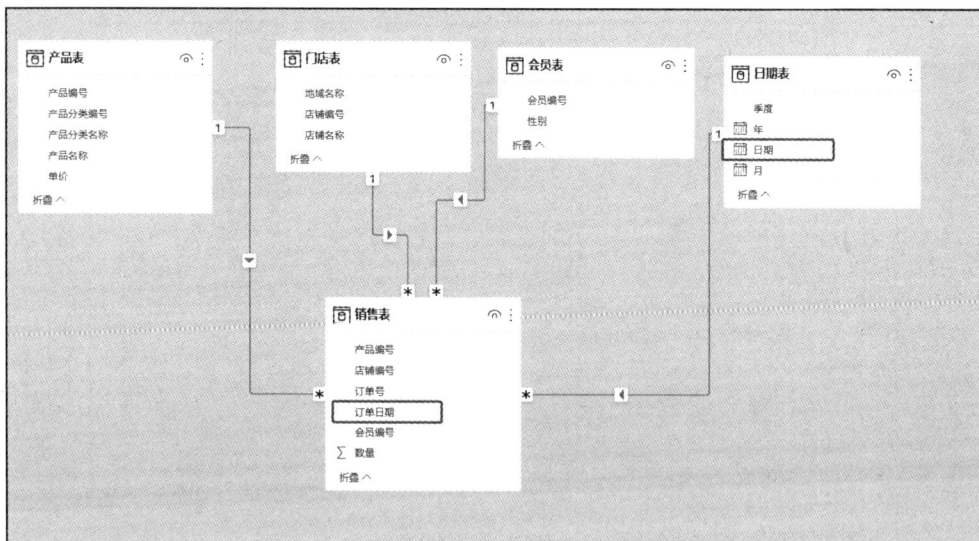

图 3-7　手动创建日期表与销售表之间的关系

三、删除关系

在模型视图中，选中一条关系连接线，单击鼠标右键，从弹出的快捷菜单中选择"删除"选项，即可删除建立的关系，如图 3-8 所示。

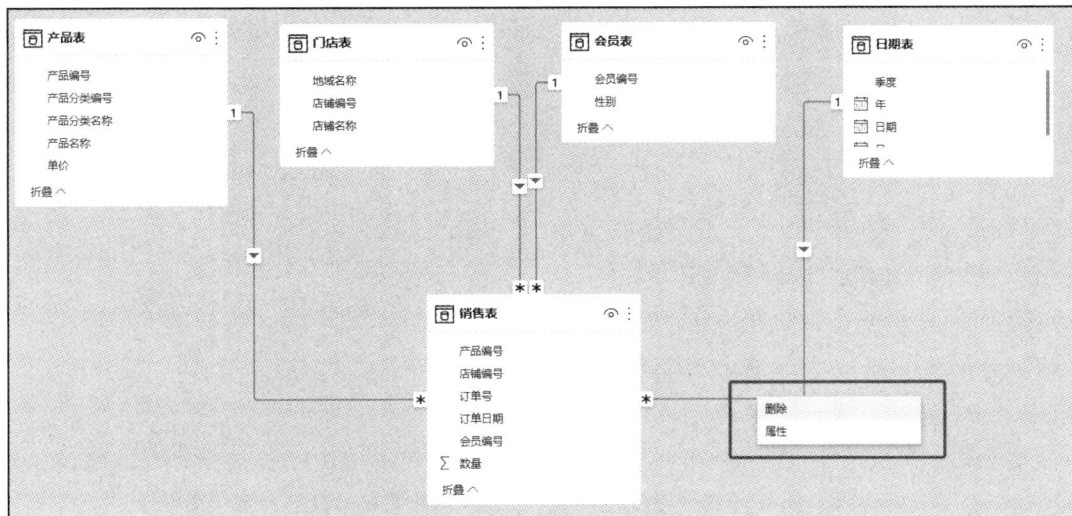

图 3-8　删除建立的关系

任务总结

本任务主要讲解了数据模型的 3 种分类、表的分类与关系模型、数据建模等，并在 Power BI Desktop 的模型视图中，通过自动创建、手动创建两种方式创建了宏达汽车零配件有限责任公司销售表的关系模型。

任务二　度量值

任务情境

度量值是用 DAX（Data Analysis Expressions，数据分析表达式）语言创建的一个虚拟字段的数据值，它是 Power BI 数据建模的核心。新建度量值既不改变数据源，也不改变数据类型，它可以随着不同维度的选择而变化。

知识准备

一、新建度量值

（一）度量值认知

对于初学者来说，度量值是一个全新的概念。简单来说，度量值可以理解为带着漏斗的计算器，它的使用取决于数据建模的需求，一般是用户重点关注的数值或指标。度量值的使用非常广泛，从简单的列聚合到复杂的公式，都有它的身影，它也被称为 Power BI 的"灵魂"。

（二）度量值的特点

度量值可以随着不同维度的选择而变化，一般在报表交互时使用，以便进行快速和动态的数据浏览。商业分析中用到的各类指标，比如销售管理中的销售环比、同比增长率、销售毛利率，财务分析中的营业利润率、资产负债率、应收账款周转率，人力资源管理中的员工离职率，生产制造中的产品合格率等，都可以使用度量值来计算，并且可以任意变换维度实现对多维度的分析。

度量值的功能非常强大，主要在于它拥有以下 4 个特点。

（1）度量值不依赖某个表存在，不改变数据源，也不改变数据模型。

（2）数据可视化图表对象的具体指标。

（3）以公式方式存储，几乎不占用计算机内存。

（4）依赖于 DAX 公式，使用方法十分灵活。

（三）度量值创建方式

度量值的创建是通过 DAX 数据分析表达式实现的，其作用类似于 Excel 中的函数。在 Power BI Desktop 的 3 种视图中都可以"新建度量值"，在公式编辑栏输入 DAX 数据分析表达式，即可创建度量值。

二、新建列

与新建度量值相同的是，新建列也会用到 DAX 数据分析表达式，并且会在原表格中新增一列，因此，新建列有时也可以和新建度量值达到一样的效果。它们之间的区别在于新建列只能在数据视图中完成，而且使用的环境不同。通常情况下，能通过新建度量值解决的问题就尽量不用新建列。新建列有 3 个特点：一是新建列依赖数据表存在；二是新建列用于整理原始数据或者作为辅助列；三是新建列会存储在表中，占用计算机内存空间。

🌱 任务实施

本任务以销售报表（项目三\数据源\销售报表）为例，在 Power BI Desktop 中通过新建列的方式计算销售收入与销售利润。

操作演示

新建列计算销售收入与销售利润

一、新建列计算销售收入与销售利润

步骤 01 打开 Power BI Desktop，切换至数据视图，在右侧数据窗口选择"销售表"，执行"表工具"→"计算"→"新建列"命令。

步骤 02 在公式编辑栏中输入公式，按"Enter"键，如度量值 3-1 所示。

| 单价 = RELATED('产品表'[单价]) | （度量值 3-1） |

销售表即增加了"单价"列。按照相似的步骤继续添加产品成本、销售收入、销售成本、销售利润 4 列，如度量值 3-2 至度量值 3-5 所示。

产品成本 = RELATED('产品表'[产品成本])	（度量值 3-2）
销售收入 = '销售表'[数量]*'销售表'[单价]	（度量值 3-3）
销售成本 = '销售表'[数量]*'销售表'[产品成本]	（度量值 3-4）
销售利润 = '销售表'[销售收入]-'销售表'[销售成本]	（度量值 3-5）

新建列后的结果如图 3-9 所示。

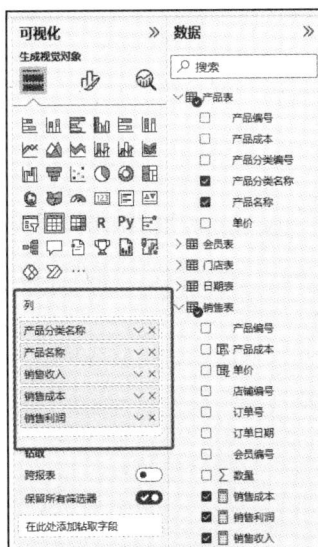

订单号	订单日期	店铺编号	产品编号	会员编号	数量	单价	销售收入	产品成本	销售成本	销售利润
N2000082	2021-01-04	103	3001	4024	4	179	716	90	360	356
N2000092	2021-01-04	102	3001	6721	4	179	716	90	360	356
N2000157	2021-01-06	108	3001	7370	4	179	716	90	360	356
N2000173	2021-01-06	102	3001	3994	4	179	716	90	360	356
N2000284	2021-01-23	111	3001	5779	4	179	716	90	360	356
N2000321	2021-01-25	111	3001	3189	4	179	716	90	360	356
N2000366	2021-01-26	104	3001	4939	4	179	716	90	360	356
N2000386	2021-01-27	105	3001	3062	4	179	716	90	360	356
N2000398	2021-01-27	111	3001	5988	4	179	716	90	360	356
N2000427	2021-01-28	101	3001	1020	4	179	716	90	360	356
N2000481	2021-01-30	106	3001	2799	4	179	716	90	360	356
N2000511	2021-01-31	101	3001	7731	4	179	716	90	360	356

图 3-9　新建列后的结果

二、新建度量值计算销售收入与销售利润

本任务以销售报表（项目三\数据源\销售报表）为例，在 Power BI Desktop 中通过新建度量值的方式计算销售收入与销售利润。

步骤01 在 Power BI Desktop 中，切换至报表视图，在右侧数据窗口选择"销售表"，执行"主页"→"计算"→"新建度量值"命令。

步骤02 在公式编辑栏中输入公式，按"Enter"键，如度量值 3-6 所示。

销售收入 = SUMX('销售表','销售表'[单价]*'销售表'[数量])　　　　（度量值 3-6）

即在销售表增加了销售收入度量值。按照相似的步骤继续添加销售成本、销售利润 2 个度量值，如度量值 3-7 和度量值 3-8 所示。

销售成本 = SUMX('销售表','销售表'[数量]*'销售表'[产品成本])　　（度量值 3-7）

销售利润 = SUMX('销售表','销售表'[销售收入]-'销售表'[销售成本])　（度量值 3-8）

步骤03 在报表视图中选择可视化视觉对象中的"表"，分别将产品表的"产品分类名称""产品名称"拖曳至"列"中，再将销售表的"销售收入""销售成本""销售利润"拖曳至"列"中，如图 3-10 所示。

操作演示

新建度量值计算销售收入与销售利润

图 3-10　创建报表

步骤 04 以上步骤完成后，新建度量值后的销售利润表，如图 3-11 所示。

产品分类名称	产品名称	销售收入	销售成本	销售利润
火花塞	NGK	4913729	2,470,590.00	2,443,139.00
火花塞	火炬	1962672	844,160.00	1,118,512.00
轮胎	佳通	5896540	3,628,640.00	2,267,900.00
轮胎	马牌	12349160	7,785,340.00	4,563,820.00
雨刷器	博世风翼	1714245	1,054,920.00	659,325.00
雨刷器	途雷森	1262525	688,650.00	573,875.00
雨刷器	一途	625890	312,945.00	312,945.00
总计		28724761	16,785,245.00	11,939,516.00

图 3-11　新建度量值后的销售利润表

任务总结

本任务主要讲解了新建度量值和新建列的方法，度量值可以理解为带着漏斗的计算器，功能强大。新建度量值和新建列都可以使用 DAX 公式实现。在任务实施中以宏达汽车零配件有限责任公司销售表的数据为案例，分别通过新建列、新建度量值的方式计算了销售收入、销售成本和销售利润。

任务三　数据分析表达式

任务情境

简单的数据分析在进行数据建模后，可直接进入数据可视化的步骤，但是复杂的数据分析需要多个分析指标，而且这些指标需要使用数据源的数据进行计算才能得到，这时就会用到度量值。度量值的创建是通过数据分析表达式来完成的，那数据分析表达式包含哪些函数，又有哪些计算规则呢？这些正是本任务要讲解的内容。

知识准备

一、DAX 语言

（一）DAX 语言简介

DAX 语言是微软公司推出的一门编程式数据分析语言，其特点在于数据处理灵活，适合完成复杂的计算逻辑以及大量的数据运算。在数据处理方面，Excel 函数处理百万级的数据时可能会出现卡顿，但 DAX 语言编写的 DAX 函数可以轻松处理百万乃至千万的数据。

DAX 函数与 Excel 函数既有联系又有区别，联系在于二者的很多函数都是相通的，基本的时间日期、逻辑、数学和文本函数的用法大致相同；区别在于 DAX 函数处理的是表和列，而 Excel 函数处理的是单元格。

（二）DAX 语法

DAX 语法规定 DAX 表达式由 3 部分组成，从左到右依次是表达式的名称、赋值符号（＝）和表达式的内容。其中，表达式的内容是最重要的部分，一般以 DAX 函数为主体，而且带有常量、数值或运算符等。

下面以度量值 3-6 为例，进一步介绍 DAX 语法。

销售收入 = SUMX('销售表','销售表'[单价]*'销售表'[数量])

这个 DAX 公式中包含如下语法元素。

（1）"销售收入"是表达式的名称。通常情况下，表达式的名称是需要计算的指标，比如财务分析中的流动比率、速动比率、资产负债率等都可以作为表达式的名称。

（2）"="是表达式的赋值符号。它的作用是将表达式右侧的运算结果赋值给表达式左侧的表达式的名称。

（3）"SUMX"是使用 DAX 语言编写的函数。SUMX 函数是一个迭代器函数，它将表或返回表的表达式作为第一个参数，第二个参数是包含要计算总和的数字的列，或计算结果为列的表达式。SUMX 会迭代每一行，计算每一行的值，然后将这些值求和。

（4）函数参数。"销售表"是 SUMX 函数的第一个参数，表示求和运算都在该表中完成，表的名称必须用英文单引号标识；第二个参数是计算公式，"*"表示进行乘法运算，参与计算的数据表中的列必须用英文方括号标识，如"[单价]""[数量]"都是数据表中的列。

> 💡 小贴士
>
> 微软公司在开发 DAX 函数的时候，参考了 Excel 中的很多函数，它们的名称相同，参数用法也类似。因此，在用 DAX 函数的时候，只要理解它的基本原理就能熟练使用，但 DAX 函数的深度应用还需要多加练习才能熟练掌握。

二、常用 DAX 函数

本任务主要介绍一些常用 DAX 函数，如果读者想了解更多的 DAX 函数，可以参考专门介绍 DAX 的图书或者登录 Power BI 官网进行学习。

（一）DAX 运算符

与 Excel 公式一样，DAX 公式也使用加、减、乘、除等符号进行运算，DAX 公式中的运算符如表 3-7 所示。

表 3-7   DAX 公式中的运算符

类别	运算符	含义
算术运算符	+	加法
	−	减法
	*	乘法
	/	除法
比较运算符	=	等于
	<>	不等于
	>/<	大于/小于
	>=	大于等于
	<=	小于等于

续表

类别	运算符	含义
文本连接符	&	连接字符串
逻辑运算符	&&	且（AND）
	||	或（OR）

（二）DAX 函数

1. 聚合函数

聚合函数是用于对一组值进行计算并返回单一值的函数，可用于计数、求和、求平均值、求最小值或求最大值等，聚合函数如表3-8所示。

表 3-8 聚合函数

类别	函数名	说明
聚合函数	AVERAGE	返回列中所有数字的平均值（算术平均值）
	SUM	对某个列中的所有数值求和
	MAX	返回列中或两个标量表达式之间的最大值
	MIN	返回列中或两个标量表达式之间的最小值
	MEDIEN	返回列中或两个标量表达式之间的中位数
	COUNT	统计列中值不为空的单元格的数目
	DISTINCTCOUNT	统计列中值不为空且不重复的单元格的数目

2. 日期和时间函数

日期和时间函数是用于处理与日期、时间相关的数据的函数。DAX 函数中很多日期和时间函数都与 Excel 中的对应函数类似，日期和时间函数如表3-9所示。

表 3-9 日期和时间函数

类别	函数名	说明
时间函数	YEAR/QUARTER	返回日期中的年/季度
	MONTH/DAY	返回日期中的月/日
	HOUR/MINUTE/SECOND	返回时间中的小时/分钟/秒
	TODAY	返回当前日期
	DATE	以日期/时间格式返回指定的日期
	WEEKDAY	返回1~7的数字，指示日期是星期几
	CALENDAR	返回一个表，开始日期和结束日期之间的所有日期位于一个列上
	NOW	返回当前的日期和时间
	TIME	将数值形式的小时、分钟、秒转换为日期/时间格式的时间
	DATEVALUE	将文本格式的日期转换为日期/时间格式
	TIMEVALUE	将文本格式的时间转换为日期/时间格式

3. 逻辑函数

逻辑函数是用于对表达式执行逻辑判断的函数。逻辑函数如表3-10所示。

表 3-10   逻辑函数

类别	函数名	说明
逻辑函数	AND	检查两个参数是否均为 TRUE，如果两个参数都为 TRUE，则返回 TRUE，否则返回 FALSE
	NOT	将 FALSE 更改为 TRUE，或者将 TRUE 更改为 FALSE
	OR	检查某一个参数是否为 TRUE，如果是，则返回 TRUE；如果两个参数均为 FALSE，则返回 FALSE
	FALSE	返回逻辑值 FALSE
	TRUE	返回逻辑值 TRUE
	IF	检查条件，如果为 TRUE，则返回一个值，否则返回第二个值
	SWITCH	数值转换

4. 数学函数

DAX 函数中的数学函数同样与 Excel 中的数学函数非常相似，数学函数如表 3-11 所示。

表 3-11   数学函数

类别	函数名	说明
数学函数	ABS	返回某一数值的绝对值
	ROUND	将数值按指定的位数舍入
	RAND	返回一个大于等于 0 且小于 1 的随机数，随机数满足均匀分布
	DIVIDE	执行除法运算，并在被 0 除时返回备用结果或 BLANK()
	INT	将数值向下舍入为最接近的整数

5. 文本函数

文本函数用于返回部分字符串、搜索字符串中的指定字符或连接字符串，这些函数基于 Excel 中的字符串函数库，主要用于文本的处理，文本函数如表 3-12 所示。

表 3-12   文本函数

类别	函数名	说明
文本函数	LEFT/MID/RIGHT	从文本字符串的开头/中间/结尾取指定数量的字符
	LEN	求文本字符串的长度
	LOWER/UPPER	将文本字符串中所有字母转化为小写/大写
	TRIM	删除文本中除单词之间的单个空格外的所有空格
	VALUE	将表示数值的文本字符串转换为数值
	FORMAT	根据所指定的格式将值转换为文本
	FIND	返回一个文本字符串在另一个文本字符串中的起始位置（区分大小写）
	SEARCH	返回一个文本字符串在另一个文本字符串中的起始位置（不区分大小写）
	REPLACE	替换
	BLANK	返回空值

6. 关系函数

关系函数是 DAX 函数特有的、用于 Power BI 数据建模的函数，可以管理和利用表之间的关系，关系函数如表 3-13 所示。

表 3-13 关系函数

类别	函数名	说明
关系函数	CROSSFILTER	指定用于计算两列之间存在的关系的交叉筛选方向
	RELATED	返回与另一个表相关的值，使用前提是两个表已建立关系
	RELATEDTABLE	在给定筛选器修改的上下文中计算表达式
	USERELATIONSHIP	指定要在特定计算中使用的关系

三、DAX 筛选器函数

DAX 筛选器函数是一组功能强大的函数，用于在数据模型中进行筛选和计算。这些函数提供了不同的筛选级别和方法，以满足各种复杂的数据分析需求。

（一）CALCULATE 函数

CALCULATE 函数是 DAX 中最强大的计算函数之一，其语法格式如度量值 3-9 所示。

```
CALCULATE(表达式,筛选条件1,筛选条件2,…)
```
（度量值 3-9）

CALCULATE 函数的第 1 个参数是表达式，可以执行各种聚合运算；从第 2 个参数开始，都是筛选条件（可以为空），多个筛选条件之间用逗号隔开。以计算利润表中的营业收入为例，使用 CALCULATE 函数的表达式如度量值 3-10 所示。

```
营业收入 = CALCULATE(SUM('利润表'[金额]),'利润表'[报表项目] = "营业收入")
```
（度量值 3-10）

"营业收入"度量值的含义为筛选出利润表中报表项目为"营业收入"的记录，并对"营业收入"的金额列进行求和计算。CALCULATE 函数中所有筛选条件的交集筛选出最终的数据集合，然后根据筛选出的数据集合执行第 1 个参数指定的聚合运算并返回运算结果。需要注意的是，当 CALCULATE 函数的内部筛选条件和外部筛选条件重合的时候，会强制删除外部筛选条件，按照内部筛选条件执行。

（二）FILTER 函数

FILTER 函数是基于特定条件筛选数据的函数，其语法表达式如度量值 3-11 所示。

```
FILTER(表, 条件表达式)
```
（度量值 3-11）

第 1 个参数是表，即需要被筛选数据的表，第 2 个参数是条件表达式，即要为表的每一行计算的布尔表达式。

CALCULATE 函数只能实现对"[列]"进行筛选，而 FILTER 函数可以实现对列、度量值、固定值的筛选。

（三）DIVIDE 函数

DIVIDE 函数也叫安全除法函数，作用是返回安全除法的结果，其语法表达式如度量值 3-12 所示。

DIVIDE(参数1,参数2,参数3,…) （度量值 3-12）

第 1 个参数是被除数，即分子；第 2 个参数是除数，即分母；第 3 个参数是被零除时返回的值，若未指定，则返回 BLANK()。

在 Power BI Desktop 中创建数据模型时，经常要用到"除法"的度量值，尤其是计算任务完成度、销售占比等指标时。如果分母为零，则 Excel 会返回一个错误值 N/A，而使用 DIVIDE 函数可以非常简单地避免这种情况。

任务实施

一、创建日期表

利用 Power BI Desktop 创建 2024 年 1 月 1 日至 2024 年 12 月 31 日的日期表，并返回日期的季度、月份、周、日，利用表格视图展示数据内容。

操作演示

创建日期表

步骤 01 创建日期表。打开 Power BI Desktop，切换至数据视图，执行"主页"→"计算"→"新建表"命令，在公式栏中输入度量值，按"Enter"键，如度量值 3-13 所示。

日期表 = CALENDAR(DATE(2024,1,1),DATE(2024,12,31)) （度量值 3-13）

步骤 02 创建"季度"列。在数据视图下，执行"主页"→"计算"→"新建列"命令，在公式栏中输入度量值，如度量值 3-14 所示。在日期表中创建"季度"列，如图 3-12 所示。

季度 = QUARTER('日期表'[Date]) （度量值 3-14）

步骤 03 创建"月份"列。在数据视图下，执行"主页"→"计算"→"新建列"命令，在公式栏中输入度量值，如度量值 3-15 所示。在日期表中创建"月份"列，如图 3-13 所示。

月份 = MONTH('日期表'[Date]) （度量值 3-15）

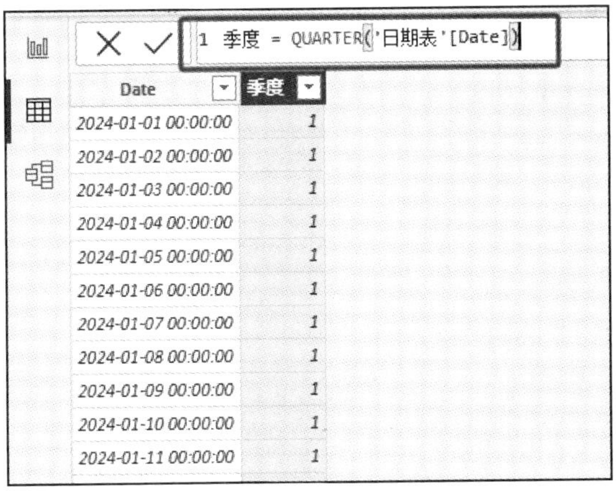

图 3-12 在日期表中创建"季度"列

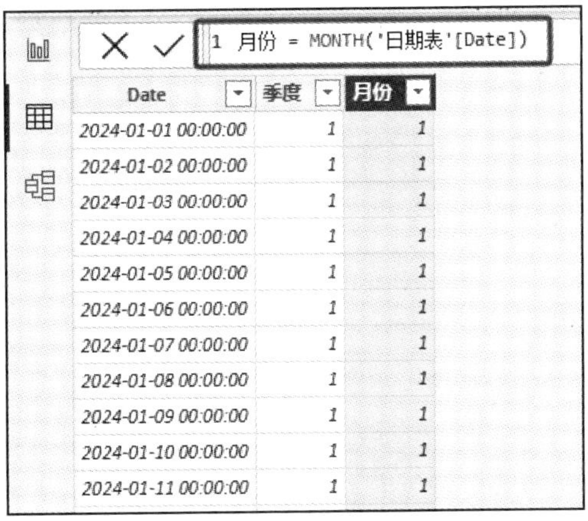

图 3-13 在日期表中创建"月份"列

步骤 04 创建"周"列。在数据视图下，执行"主页"→"计算"→"新建列"命令，在公式栏中输入度量值，如度量值 3-16 所示。

周 = WEEKDAY('日期表'[Date]) （度量值 3-16）

步骤 05 创建"日"列。在数据视图下，执行"主页"→"计算"→"新建列"命令，在公式栏中输入度量值，如度量值 3-17 所示。在日期表中创建“日”列，如图 3-14 所示。

```
日 = DAY('日期表'[Date])
```
（度量值 3-17）

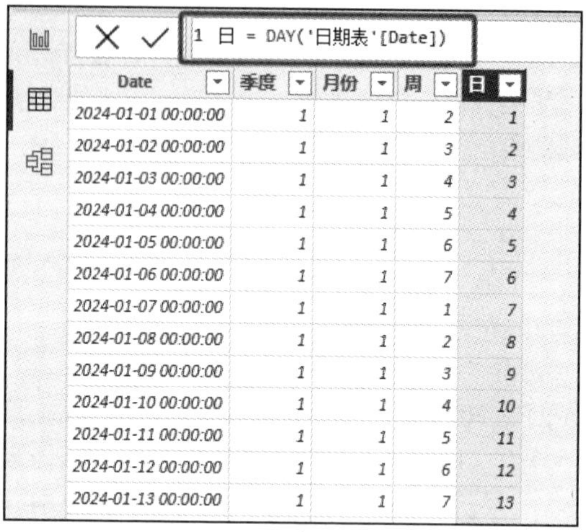

Date	季度	月份	周	日
2024-01-01 00:00:00	1	1	2	1
2024-01-02 00:00:00	1	1	3	2
2024-01-03 00:00:00	1	1	4	3
2024-01-04 00:00:00	1	1	5	4
2024-01-05 00:00:00	1	1	6	5
2024-01-06 00:00:00	1	1	7	6
2024-01-07 00:00:00	1	1	1	7
2024-01-08 00:00:00	1	1	2	8
2024-01-09 00:00:00	1	1	3	9
2024-01-10 00:00:00	1	1	4	10
2024-01-11 00:00:00	1	1	5	11
2024-01-12 00:00:00	1	1	6	12
2024-01-13 00:00:00	1	1	7	13

图 3-14　在日期表中创建“日”列

步骤 06 设置当前日期。切换至报表视图，执行“主页”→“计算”→“新建度量值”命令，在公式栏中输入度量值，如度量值 3-18 所示。

```
当前日期 = TODAY()
```
（度量值 3-18）

步骤 07 展示日期数据。在报表视图下，选择可视化视觉对象中的“表”，将日期表的“Date”拖曳至“列”中；选择可视化视觉对象中的“卡片图”，将度量值“当前日期”拖曳至“字段”中。展示日期数据，如图 3-15 所示。

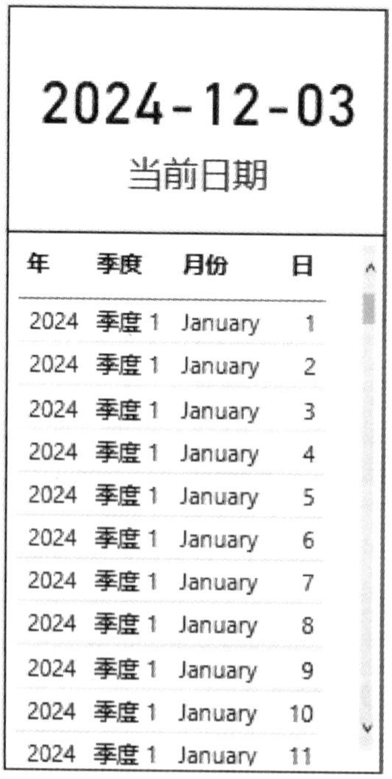

年	季度	月份	日
2024	季度 1	January	1
2024	季度 1	January	2
2024	季度 1	January	3
2024	季度 1	January	4
2024	季度 1	January	5
2024	季度 1	January	6
2024	季度 1	January	7
2024	季度 1	January	8
2024	季度 1	January	9
2024	季度 1	January	10
2024	季度 1	January	11

图 3-15　展示日期数据

二、CALCULATE 函数应用

　　沿用任务一、任务二的案例数据（项目三\数据源\宏达汽车零配件有限责任公司销售表），在 Power BI Desktop 中，通过 CALCULATE 函数创建北京市门店销售金额度量值。

　　步骤01 打开 Power BI 文件"CALCULATE 函数应用（初始表）"，切换至报表视图，选择窗口右侧的"销售表"，执行"表工具"→"计算"→"新建度量值"命令。

　　步骤02 在公式编辑栏输入公式，如度量值 3-19 所示。

北京市门店销售金额 = CALCULATE('销售表'[销售金额],FILTER('门店表','门店表'[店铺名称]="北京市丰台区店"))

（度量值 3-19）

　　步骤03 在报表视图下，选择可视化视觉对象中的"矩阵"，将产品表的"产品分类名称"拖曳至"行"中，将日期表的"年"拖曳至"列"中，将销售表的"北京市门店销售金额"拖曳至"值"中，如图 3-16 所示。

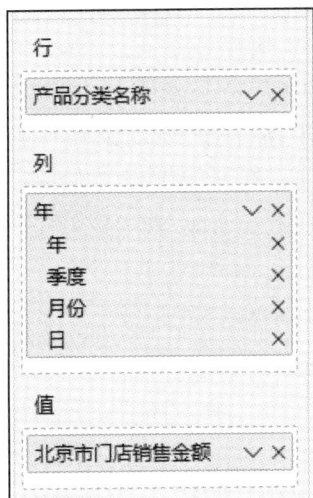

图 3-16　新建矩阵报表

　　步骤04 设置矩阵的列标题和行标题，并将值的文本大小设为"15 磅"，设置矩阵边框等，"北京市门店销售金额"矩阵如图 3-17 所示。

北京市门店销售金额

产品分类名称	2020	2021	总计
火花塞	259951	241188	501139
轮胎	504580	706460	1211040
雨刷器	109950	129970	239920
总计	874481	1077618	1952099

图 3-17　"北京市门店销售金额"矩阵

三、DIVIDE 函数应用

沿用 CALCULATE 函数应用的案例数据（项目三\数据源\宏达汽车零配件有限责任公司销售表），在 Power BI Desktop 中，通过 DIVIDE 函数创建上月销售额和销售金额环比两个度量值。

步骤 01 打开 Power BI 文件"DIVIDE 函数应用（初始表）"，切换至报表视图，选择窗口右侧的"销售表"，执行"表工具"→"计算"→"新建度量值"命令。

步骤 02 在公式编辑栏输入公式，如度量值 3-20 所示。

上月销售额 = CALCULATE('销售表'[销售金额],PREVIOUSMONTH('日期表'[日期]))

（度量值 3-20）

步骤 03 继续新建度量值，在公式编辑栏输入公式，如度量值 3-21 所示。

销售金额环比 = DIVIDE('销售表'[销售金额]-'销售表'[上月销售额],'销售表'[上月销售额])

（度量值 3-21）

需要注意的是，度量值销售金额环比的格式设置为百分比，保留 2 位小数。单击"销售金额环比"度量值，执行"度量工具"→"格式化"→"百分号图标"命令即可。

步骤 04 在报表视图下，选择可视化视觉对象中的"矩阵"，将日期表的"年""月"拖曳至"行"中，将销售表的"销售金额""上月销售额""销售金额环比"拖曳至"值"中，如图 3-18 所示。

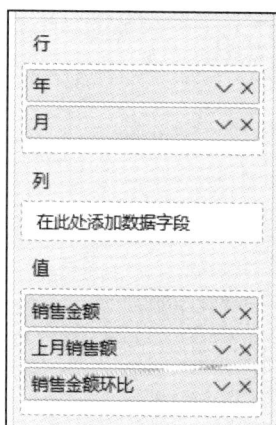

图 3-18　新建矩阵

步骤 05 选中矩阵，单击矩阵上方的"展开层次结构中的所有下移级别"，如图 3-19 所示。

图 3-19　单击"展开层次结构中的所有下移级别"

步骤 06 选中数据窗口中日期表的"月"字段，执行"列工具"→"排序"→"按列排序"→"月份"命令，如图 3-20 所示。

图 3-20 执行"月份"命令

以上操作完成后的矩阵如图 3-21 所示。

年	销售金额	上月销售额	销售金额环比
2020年			
1月	890916		
2月	1072841	890916	20.42%
3月	944722	1037393	-8.93%
4月	1134412	945939	19.92%
5月	1246681	1130529	10.27%
6月	1182898	1259296	-6.07%
7月	1434397	1180960	21.46%
8月	1585409	1412633	12.23%
9月	2115317	1593450	32.75%
10月	1961467	2077610	-5.59%
11月	2105456	1967832	6.99%
12月	2338134	2110407	10.79%

图 3-21 操作完成后的矩阵

任务总结

本任务主要讲解了 DAX 语言、常用 DAX 函数和 DAX 筛选器函数。在任务实施中以宏达汽车零配件有限责任公司销售表的数据为案例，分别通过新建度量值的方式展示了 CALCULATE 函数和 DIVIDE 函数的应用，计算出了北京市门店销售金额、上月销售额、销售金额环比等数值并展示了可视化效果。

技能提升

一、单选题

1. 下列关于维度表和事实表，说法正确的有（　　）。

A. 维度表的主要特点是包含类别属性信息，数据量较大

B. 事实表的主要特点是含有多列数值类型的数据，能够提取度量值信息

C. 维度表不能反映真实数据记录的特征

D. 事实表的数据量通常较小

2. ROUND 函数的含义是（　　　）。

A. 返回某一数字的绝对值　　　　　　B. 将数值按指定的位数舍入

C. 执行除法运算　　　　　　　　　　D. 将数值向下舍入为最接近的整数

3. 在数据表中，"成绩"列的数据值为 50,60,80,90,100，则 MEDIAN([成绩])的结果为（　　　）。

A. 50　　　　　　B. 80　　　　　　C. 76　　　　　　D. 100

4. DIVIDE 函数又叫做（　　　）函数。

A. 聚合　　　　　B. 安全除法　　　　C. 分解　　　　　D. 时间智能

5. 在 Power BI 数据建模中，以下哪种关系类型是最常见的？（　　　）

A. 一对一关系　　B. 一对多关系　　C. 多对多关系　　D. 多对一关系

6. 在 Power BI 数据建模中，关于度量值的说法正确的是？（　　　）

A. 度量值只能基于单个列　　　　　　B. 度量值不能使用函数

C. 度量值可以在不同的表中使用　　　D. 度量值只能在数据透视表使用

二、多选题

1. 在本项目中，创建了"单价=RELATED(产品表"[单价])"，下列说法正确的有（　　　）。

A. 新建了"单价"列　　　　　　　　B. 新建了"单价"度量值

C. 用到了 M 公式　　　　　　　　　D. 用到了 DAX 公式

2. DAX 公式中，"[]"用来引用（　　　）。

A. 表名　　　　　B. 列名　　　　　C. 行名　　　　　D. 度量值名

三、判断题

1. 在 Power BI 中，关系就是两个数据表之间建立在每个表中的一个行的基础上的联系。

（　　　）

2. 在 Power BI 中，可以自动创建关系，也可以手动创建关系。（　　　）

3. 在 Power BI 中，单表也需要创建关系。（　　　）

4. 度量值是 Power BI 数据建模的灵魂。（　　　）

5. DAX 是 Data Analysis Expressions 的缩写，可翻译为"数据分析表达式"。（　　　）

四、实训题

以项目二课后习题中实训题的下载数据为例，解决以下问题。

1. 根据加载的数据表，进行数据建模（创建关系）。

2. 新建合适的度量值，以满足数据可视化要求。

数据可视化

项目导读

　　数据可视化是在数据获取、数据整理、数据建模等步骤完成以后，将复杂的数据以更直观、清晰明了的方式展示出来。数据可视化的主要目的不是把图做得多么"漂亮"，而是要将数据直观地呈现出来，有利于后续的分析和决策。Power BI Desktop 提供许多可视化图表，从简单的折线图、条形图、饼图再到漏斗图、瀑布图和仪表图等；同时，对于可视化图表，Power BI Desktop 还提供图表美化、图表钻取等功能，操作简单并且能让可视化图表具有良好的交互性。

学习目标

知识目标

1. 熟悉 Power BI Desktop 默认的可视化视觉对象。
2. 掌握常用可视化视觉对象的设置操作。
3. 熟悉图表美化操作。
4. 掌握图表钻取、图表筛选操作。
5. 学会制作分析相关图表。

能力目标

1. 能够结合具体案例，设计并选择合适的可视化视觉对象。
2. 能够根据需要进行图表筛选、图表钻取等，满足可视化分析的需求。

素养目标

1. 提高视觉审美能力，用简单快捷的方式制作美观舒适的可视化报表。
2. 通过对数据可视化的学习，培养精益求精、严谨认真的工作作风。
3. 强化对财务大数据可视化的认知，加深对数据价值的理解，初步具备数字化转型意识。

思维导图

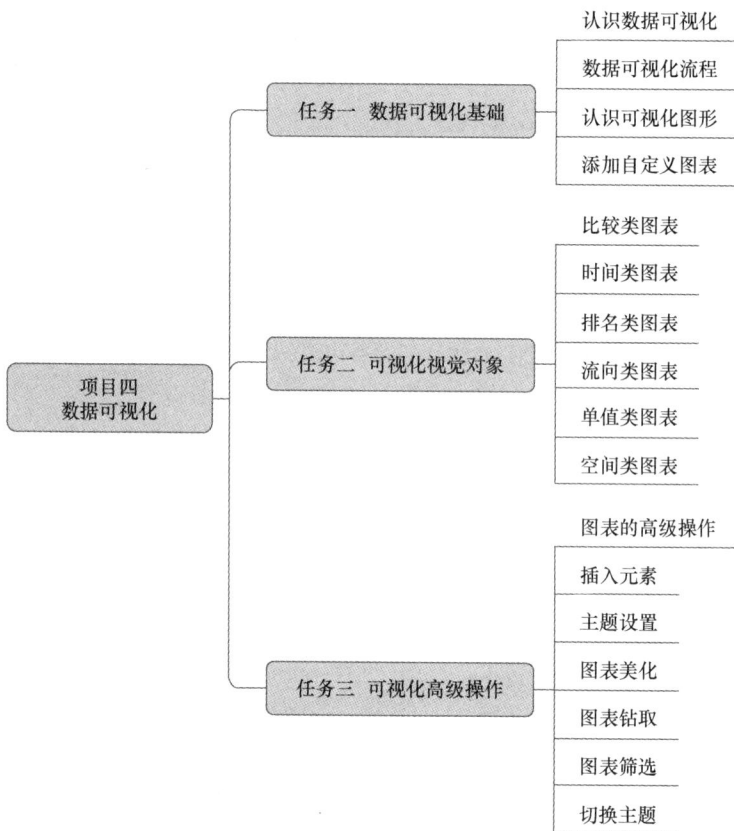

引思启智

弘扬探月精神，锤炼强国之技

2024 年 6 月 25 日，在内蒙古草原的湛蓝天幕下，一项红白相间的大伞缓缓降落——嫦娥六号完成了历时 53 天的太空之旅，携带着 1 935.3g 珍贵的月球背面的月壤回到祖国。嫦娥六号完成了人类历史上首次月球背面采样，突破了多项关键技术，是我国建设航天强国、科技强国取得的又一标志性成果，是我国探月工程的重要里程碑。2024 年是我国探月工程实施 20 周年，20 年来，探月工程聚焦关键核心技术领域持续攻关，在科学发现、技术创新、工程实践、成果转化、国际合作等方面取得丰硕成果，走出一条高质量、高效益的月球探测之路，为我国航天事业发展、为人类探索宇宙空间作出了重大贡献。

弘扬探月精神，锤炼强国之技。我们要顺应时代发展的新要求，学习新知识、掌握新技能、练就真本领，干一行爱一行，钻一行专一行，做到敬业勤业精业，努力成为善于干事创业的岗位能手、行家里手。

【启示】财务人员应积极学习和掌握财务领域的数字化技术，锤炼强国技能，发挥主观能动性，为企业的生产管理和决策贡献力量。

任务一　数据可视化基础

任务情境

在进行数据分析的时候，经常会接收到一些关于数据可视化的需求。这种时候，我们往往会不知从何下手，艰难地做出来之后又觉得哪里都不对劲，那数据可视化有没有科学的理论支撑呢？接收到需求后我们应该从何开始呢？这些正是本任务要讲解的内容。

知识准备

一、认识数据可视化

（一）数据可视化的特点

数据可视化的目的在于正确地反映数据的本质，揭示数据背后所蕴含的现象和规律，其特点主要是交互性、多维性和可视性。

（1）交互性。用户可以方便地以交互的方式管理和开发数据。

（2）多维性。用户可以看到对象或者事件的数据的多个属性或变量，同时，数据可以按照某一维的值进行分类、排序、组合和显示。

（3）可视性。数据可以用图像、三维体和动画来显示，并对其模式和相互关系进行可视化分析。

（二）数据可视化框架

数据可视化的本质是将数据映射到图形，同时将一些附加信息传达给用户，数据可视化框架主要由 4 个模块构成，分别是数据处理、图形映射、图形展示和辅助信息，如图 4-1 所示。

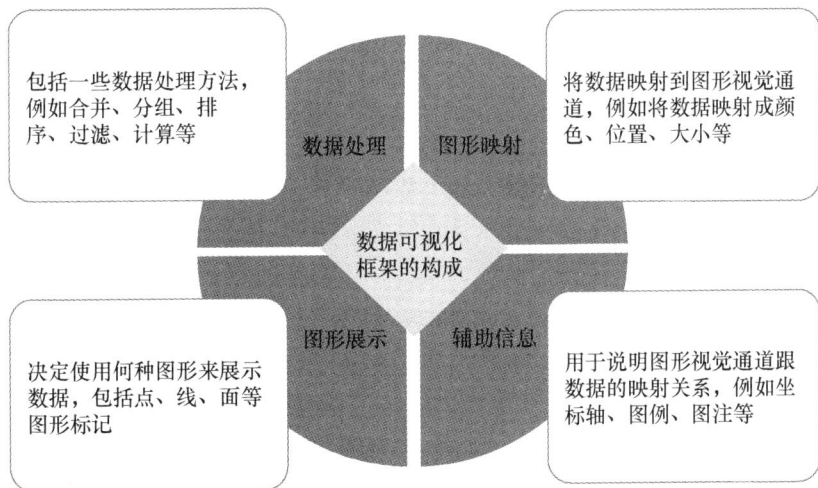

图 4-1　数据可视化框架的构成

（三）数据可视化设计原则

数据可视化旨在准确而高效、精简而全面地传递信息。一般而言，可视化设计应该遵循以下 4 个原则，如表 4-1 所示。

表 4-1　　　　　　　　　　　　　　　　数据可视化设计原则

序号	原则	说明
1	简单直观	使用简单的方式传递准确的信息，节约人们思考的时间
2	充实可靠	一份数据分析报告往往都需要多个指标或者同一指标的不同维度
3	高效准确	让观察者一眼就能洞察事实，管理者能够迅速地作出决策
4	美观舒适	让报表看起来更加美观，可读性更强

二、数据可视化流程

数据获取、数据整理和数据建模为数据可视化做了铺垫，在进行数据可视化之前需要明确其流程，如图 4-2 所示，流程的 4 个环节分别为确定需求、提炼数据、选择图表、布局设计。

确定需求　提炼数据　选择图表　布局设计

图 4-2　数据可视化流程

（一）确定需求

确定需求就是明确进行可视化分析的出发点是什么，即分析的目标，如了解业务需求包括哪些内容，需要处理哪些数据，数据的使用方式有哪些，报表要满足哪些需求，通过可视化分析要展现出哪些具体场景。

（二）提炼数据

提炼数据是基于场景的需求，确定分析指标有哪些，计算分析指标的基础数据有哪些，在可视化分析时，常通过新建列和度量值计算分析指标。例如，要分析某公司的偿债能力，可以通过流动比率、现金比率、资产负债率等指标来衡量。在进行数据可视化时，具体需要选择哪种图表才能更直观地呈现数据背后的含义，根据实际应用对数据之间的关系做了以下总结，如表 4-2 所示。

表 4-2　　　　　　　　　　　　　　　　数据之间的 4 种关系

关系类型	说明
比较	展示数据的排列顺序，实际值与目标值的对比、项目之间的对比等，常用图表包括柱形图、条形图、仪表图等
构成	展示每部分所占整体的百分比，表达的信息有份额、百分比，常用的图表包括饼图、堆积图、百分比堆积图、瀑布图等
描述	展示变量之间是否表达出预期所要证明的模型关系，常用的图表包括卡片图、直方图、散点图、气泡图等
序列	通常为时间序列，展示数据如何随着时间变化而变化，常用的图表包括折线图、面积图、柱形图、漏斗图等

（三）选择图表

Power BI 可视化图表比较多，根据具体需求的应用场景，可分为比较类、时间类、排名类、流向类、单值类、空间类等。每种类型包含多种图表，在具体使用时并无固定限制，图表类型如表 4-3 所示。

表 4-3　　　　　　　　　　　　　　图表类型

图表类型	说明
比较类	对不同数据进行对比呈现，推荐使用柱形图、条形图、矩阵和表
时间类	随时间变化展现数据的变化，推荐使用折线图、组合图、分区图
排名类	对数据的部分和总体进行展现，推荐使用饼图、环形图、丝带图、树状图
流向类	对数据流向进行展现，推荐使用散点图、瀑布图、漏斗图
单值类	对单个数据进行展现，推荐使用卡片图、仪表图、KPI 图
空间类	对数据的空间位置进行展现，推荐使用地图、切片器

（四）布局设计

在进行布局设计时，需要通过将完整的页面分割成不同层次布局的画面来满足信息量的要求，同时需要注意划分信息重要程度。在布局设计中，可以将核心的数据指标放在最重要的位置，占据较大的面积，其余的指标按优先级依次在核心的数据指标周围展开。通常的做法是将数据分为主要信息指标和次要信息指标两个层次，将主要信息指标的数据放到中间位置进行展示反映核心业务，将次要信息指标的数据放到周边位置用于进一步阐述分析，布局设计样式如图 4-3 所示。

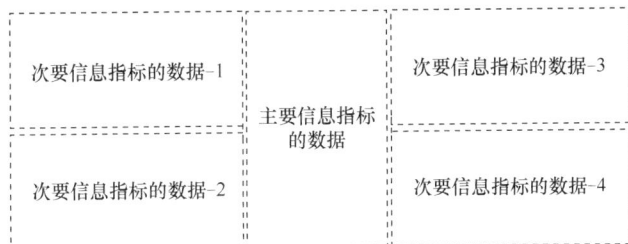

图 4-3　布局设计样式

任务实施

一、认识可视化图形

Power BI 的图形是在"可视化"视图中绘制的，在右侧的可视化区中提供了众多视觉对象，包括常见的条形图、柱形图、折线图、组合图、饼图、树状图、切片器、卡片图等。图表的选择应该尽量能够传达信息的最简单的视觉对象类型，不要为了让报表令人印象深刻而使用更复杂的视觉对象类型。可视化区如图 4-4 所示。

二、添加自定义图表

切换至报表视图，在可视化区单击"获取更多视觉对象"，如图 4-5 所示，登录 Power BI 邮箱，可以根据需求添加更多可视化视觉对象。

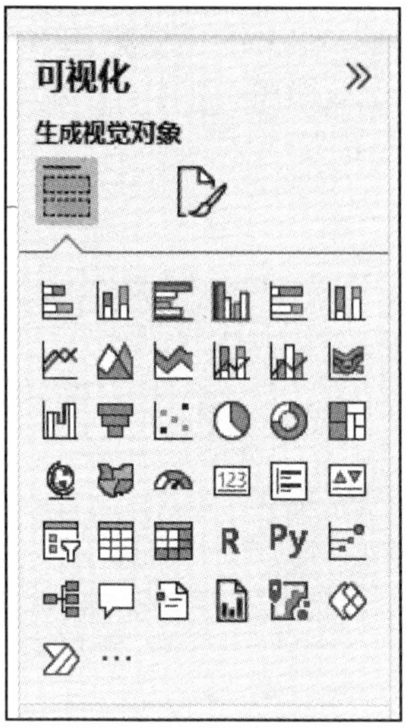

图 4-4　可视化区

图 4-5　单击"获取更多视觉对象"

任务总结

　　大数据时代的到来，让 Power BI 可以处理海量数据而且操作简单的优势进一步展现出来。Power BI 可以对数以万计的数据进行分析，通过拖曳方式就可以实现数据可视化。Power BI 也拥有十分丰富的图库，可以制作交互式报表。本任务主要讲解了数据可视化的特点、框架，数据之间的关系和图表类型，并强调在进行 Power BI 数据可视化时需要先明确需求，再选择合适的图表类型进行可视化呈现。

任务二　可视化视觉对象

任务情境

　　数据可视化就是在 Power BI 报表页插入各种图表等可视化视觉对象来展示数据。Power BI 自带的视觉对象有条形图、柱形图、散点图、折线图、卡片图等，用户也可以从相关网站下载个性化的视觉对象，进行更加美观的可视化展示。

　　数据可视化通过可视化视觉对象准确高效地表达数据的含义。分析需求不同，选择的视觉对象也不同，那么什么样的视觉对象是合适的呢？这正是本任务要讲解的内容。

知识准备

　　虽然 Excel 也可以制作精美的图表，但是和 Power BI 相比，其可视化展现效果还是略逊一筹。Power BI 制作的图表不仅可以交互，还可以钻取，在图表的多样性上大大超越了 Excel。

一、比较类图表

比较类图表主要用于在实际值与目标值之间、不同对象之间或者不同区域之间进行数值结果的对比分析，比较类图表是应用最为广泛的图表类型之一。例如不同产品之间销售数量、销售金额的对比分析就可以用到比较类图表。常用的比较类图表包括条形图、柱形图、矩阵和表。

（一）条形图

条形图利用长条的长度来反映数据的大小，由于条形图适用于多个项目的分类排名比较，并且人们对长度差异的辨识度很好，因此在对比分析中经常被使用。在 Power BI 中，条形图又衍生出 3 种类型，分别是堆积条形图、簇状条形图、百分比堆积条形图。使用条形图的情况为轴标签过长，显示的数值是持续型的等，读者能够容易地看出各个数据的大小，易于比较数据之间的差别。相对于柱形图来说，条形图更适合分类较多的场景。

（二）柱形图

柱形图使用垂直的长条显示和比较不同类别的数值，其中 X 轴表示需要对比的分类维度，Y 轴表示相应的数值。在 Power BI 中，柱形图又衍生出 3 种类型，分别是堆积柱形图、簇状柱形图、百分比堆积柱形图。柱形图用于描述分类数据，回答的是每一个分类中"有多少"这个问题，适合进行分类数据的比较，但是无法显示数据在一个区间内的连续变化趋势。

（三）矩阵和表

1. 矩阵

Power BI 中的矩阵实际上是二维表，表格是以逻辑序列的行和列表示的包含相关数据的网格。矩阵非常适合定量比较，即研究一个类别的多个值。因此，矩阵也可以理解为数据透视表。在矩阵中，用户通过拖曳所关心的指标，可以了解详细的数据，从而实现数据透视表的功能。

2. 表

Power BI 中的表实际上是一维表，可以将任何字段和度量值拖曳到表中，查看它们之间的关系。矩阵和表的最大优点在于，方便寻找对应元素的交点，且不会遗漏，对应元素的关系也很清楚。矩阵和表的特点有 3 个：一是可用于分析成对的影响因素；二是因素之间的关系清晰明了，便于确定重点；三是便于与其他图形结合使用。

二、时间类图表

时间类图表主要用于展示数据随时间变化而变化的动态或趋势，例如，分析某种产品在每个月的销售数量情况。常用的时间类图表包括折线图、组合图和分区图。

（一）折线图

折线图用于显示随时间变化而变化的连续数据，类别数据沿 X 轴均匀分布，所有数据值沿 Y 轴均匀分布，易于显示数据变化趋势。因此，折线图非常适合显示在相等时间间隔下数据的变化趋势，以及各组数据之间的差别。折线图的主要特点如下。

（1）清晰地反映数据是递增还是递减、增减的速率、增减的规律、峰值等特征，可以对未来做简单的预测。

（2）当因变量无序时，不适合使用折线图进行分析。

（3）既可以用于一个数据指标的分析，也可以用于多个数据指标的分析。

（二）组合图

组合图是将折线图和柱形图合并在一起的可视化效果。通过将两个图表合并为一个图表可以更直观地进行数据比较，一般用来比较具有不同值范围的多个度量值。在 Power BI 中，组合图有两种类型，分别是折线和堆积柱形图、折线和簇状柱形图。组合图支持双轴展示不同量级的数据，可以在单坐标轴下同时展示常规折线图和柱形图，其主要特点如下。

（1）可以展示不同数据间的变化趋势。

（2）由于采用了次坐标轴，所以这种图表更容易看懂。

（3）特别适合变化范围较大的数据。

（三）分区图

分区图在折线图的基础上进一步利用了坐标轴和折线之间的区域。分区图强调变化随时间推移的度量值，可以用于吸引人们关注某个区间的总值。分区图的主要特点如下。

（1）适合展示时间维度上的变化，或者用于展示累计数据。

（2）特别适合变化范围较大的数据。

三、排名类图表

排名类图表主要用于展示数据的排名情况，适用于各种分析、对比数据的场景。例如，可以使用排名类图表来展示学生的考试成绩排名，以了解学生的成绩分布情况。常用的排名类图表包括饼图、环形图、丝带图和树状图。

（一）饼图和环形图

饼图显示部分与整体的关系，环形图与饼图类似，区别是环形图的中心为空，可用于添加标签或图标。饼图和环形图广泛应用在各个领域，用于表示不同分类的占比情况，利用扇面的角度来展示比例大小，其主要特点如下。

（1）只有一个数据系列。

（2）数据中的值没有负数。

（3）数据中的值几乎没有零值。

> 💡 **小贴士**
>
> 饼图内的类别不宜设置太多，3 ~ 5 个为宜。类别一般从 12 点时针方向开始，按顺时针方向从大到小排列。如果要显示比例数值，应保证各比例数值的总和为 100%。

（二）丝带图

丝带图用于显示数据排名变化，并快速发现哪个数据类别具有最高排名（最大值），每个时间段内始终将最高排名显示在最顶端，相比简单枯燥的堆积条形图和面积图，丝带图以一种艺术感的呈现形式，来突出特定组的差异变化，给读者带来新鲜感和愉悦感，其主要特点有 3 个：一是数据随时间的变化模式，二是进行比较，三是从部分到整体。

（三）树状图

树状图将分层数据显示为一组嵌套矩形。层次结构中的每个级别都由一个有色矩形表示，其中包含更小的矩形，矩形按大小从左上方（最大）到右下方（最小）排列。树状图具有群组、层级关系展现功能，能够直观体现同级之间的差异，其主要特点如下。

（1）树状图可以清晰地表达层级和归属关系，以父子层次结构来显示数据构成情况。

（2）树状图更适合表示类别少、层级少的数据关系。

四、流向类图表

流向类图表主要用于展示两个或多个事物、情景之间的流动量或流动趋势，这类图表通过线条的粗细、颜色或方向来表示数据点的流动情况。常用的流向类图表包括散点图、瀑布图和漏斗图。

（一）散点图

在直角坐标系中，用两组数据构成多个坐标点，这些点的分布图就是散点图。根据这些点的分布及大致趋势，可以判断两个变量之间是否存在某种关系。散点图可以让一大堆散乱的数据变得简单、直观。在制作散点图时，数据量越大，越能从散点图中看出规律。

散点图具有两个数值轴，包括显示 X 轴上的一组数值数据和 Y 轴上的另一组数值数据，这些数据点可能均衡或不均衡地分布在平面上。散点图通常用于显示趋势和数据集群的形状，以及各数据点的关系，能够有效地说明两个变量之间的相关性，但是并不能有力地证明其中存在因果关系。此外，只有足够多的数据点，并且数据之间有相关性时才能呈现很好的结果。

（二）瀑布图

瀑布图也被称为阶梯图，是由麦肯锡咨询公司所独创的图表类型。瀑布图显示随着值的增加或减少而不断变化的总数，这种图表采用绝对值与相对值结合的方式，适合用来表达多个特定数值之间的数量变化关系或者用来直观地呈现影响总体值的关键维度。瀑布图常用于经营情况分析，解释从一个数值到另一个数值的变化过程。

（三）漏斗图

漏斗图又称倒三角图，是由堆积条形图演变而来的。漏斗图常用于表示逐层分析的过程，是对业务流程最直观的表现形式之一，适用于业务流程环节多、周期长的流程分析，如销售订单转化率分析、网站客户转化率分析等。

五、单值类图表

单值类图表主要用于展示单个指标的数值，适用于需要聚焦单一指标的场景，这种图表的优点是简洁、聚焦，能够直观地展示某个指标的数值。常用的单值类图表包括卡片图、仪表图和 KPI 图。

（一）卡片图

卡片图，也被称为大数字磁贴。卡片图可用来跟踪重要的信息，通常为一个数值，例如总销售额或总销售数量。卡片图能清晰明了地显示单个数值，放在报表中比较醒目，可直观地呈现某一指标或者总值的大小或者数量。

（二）仪表图

仪表图也称仪表盘，用于显示单个值相对于目标的进度，仪表图使用直线（指针）表示目标或目标值，使用弧形的颜色条表示针对目标的进度。仪表图的最左侧表示最小值，最右侧表示最大值。

（三）KPI 图

KPI 图又称为关键绩效指标图，主要用于展示和跟踪关键绩效指标的完成情况。KPI 图通过直观的图形展示，将实际值与目标值进行对比，使用户能够清晰地了解绩效指标的达成情况。同时，KPI 图还可以根据设定的阈值，用不同的颜色或图标来表示不同的绩效状态，如绿色表示达标、黄色表示接近目标、红色表示未达标等。这种直观的展示方式不仅有助于用户快速了解绩效情况，还能够激发团队的积极性和动力，推动大家共同努力实现更高的绩效目标。

六、空间类图表

空间类图表主要用于展示按维度划分或按地理位置划分的数据的分布情况，例如，展示某种产品在不同省份的销售数量和销售金额。常用的空间类图表包括切片器和地图。

（一）切片器

切片器是用于筛选其他视觉对象的独立图表，它可以进行各种维度的动态切换，同一个页面中的所有图表可以同步响应。生成切片器时，不使用事实表中的字段，应该创建独立的类别维度表，用类别维度表中的字段来生成切片器。切片器的作用是筛选，使用率较高的是文本维度的筛选和日期的筛选。

（二）地图

地图作为一种直观的数据可视化手段，能够清晰地展示不同地理位置上的数据分布和变化。通过地图，用户可以一目了然地看到各个地区的数据差异，如销售额、人口密度、气温变化等。这种直观的数据展示方式不仅有助于用户快速理解数据，还有助于数据的深入分析和决策制定。在 Power BI 中，地图支持多种数据类型和展示方式，如气泡地图、着色地图等，能够满足不同场景下的数据可视化需求。

任务实施

本任务沿用项目三的宏达汽车零配件有限责任公司销售表作为案例数据。打开 Power BI 文件，并切换至报表视图。

一、比较类图表

（一）条形图

1. 创建堆积条形图

在可视化区中选择"堆积条形图"，将产品表中的"产品名称"拖曳至"Y轴"中，将销售表中的"销售金额"拖曳至"X轴"中，将产品表中的"产品分类名称"拖曳至"图例"中，结果如图 4-6 所示。

操作演示

创建条形图

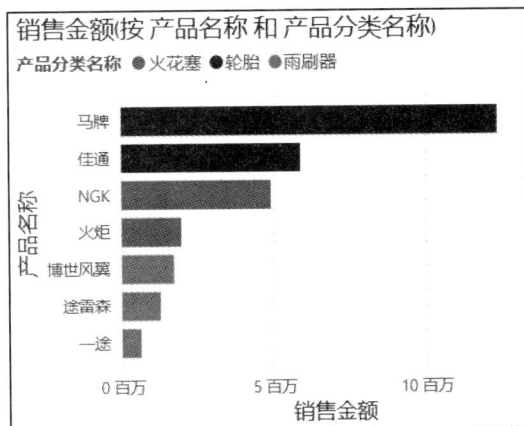

图 4-6 销售金额堆积条形图

2. 创建簇状条形图

在可视化区中选择"簇状条形图"，将产品表中的"产品名称"拖曳至"Y 轴"中，将销售表中的"销售数量"拖曳至"X 轴"中，将产品表中的"产品分类名称"拖曳至"图例"中，结果如图 4-7 所示。

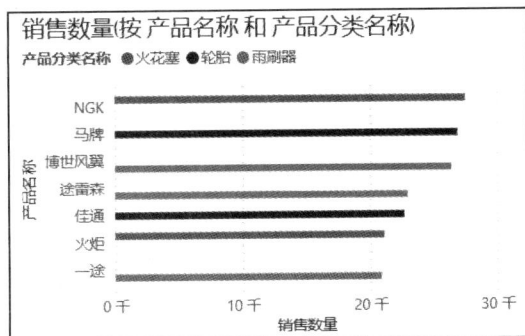

图 4-7 销售数量簇状条形图

3. 创建百分比堆积条形图

在可视化区中选择"百分比堆积条形图"，将产品表中的"产品分类名称"拖曳至"Y 轴"中，将销售表中的"销售数量"拖曳至"X 轴"中，将产品表中的"产品名称"拖曳至"图例"中，结果如图 4-8 所示。

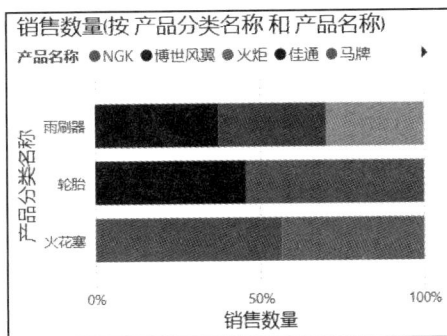

图 4-8 销售数量百分比堆积条形图

（二）柱形图

1. 创建簇状柱形图

在可视化区中选择"簇状柱形图"，将产品表中的"产品分类名称""产品名称"拖曳至"X轴"中，将销售表中的"销售数量"拖曳至"Y轴"中，结果如图4-9所示。

2. 创建堆积柱形图

在可视化区中选择"堆积柱形图"，将门店表中的"地域名称"拖曳至"X轴"中，将销售表中的"销售数量"拖曳至"Y轴"中，结果如图4-10所示。

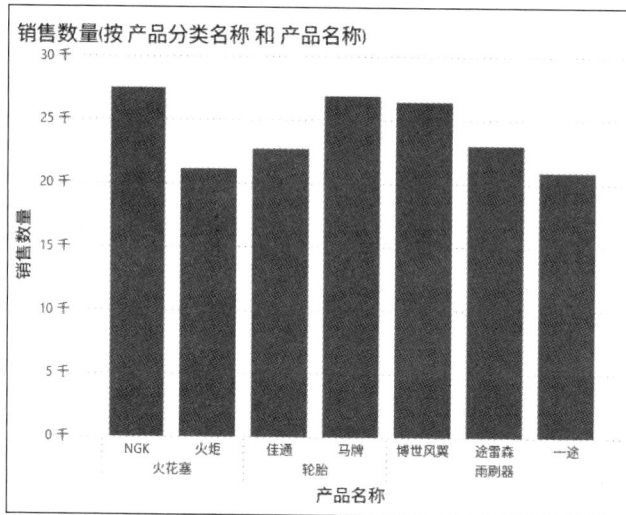

图 4-9　销售数量簇状柱形图

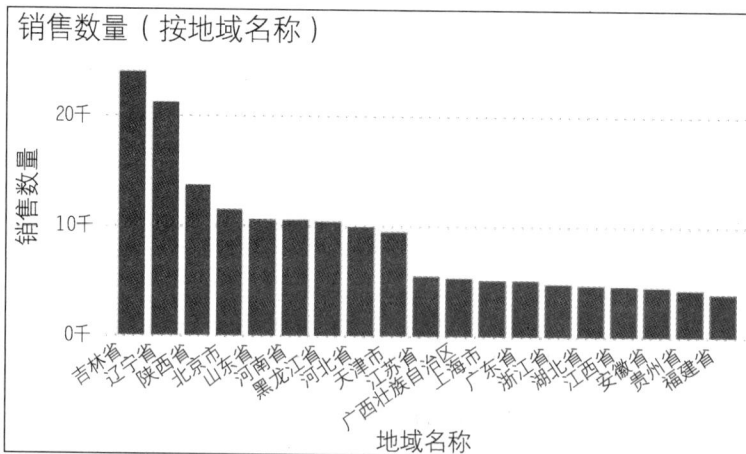

图 4-10　销售数量堆积柱形图

3. 创建百分比堆积柱形图

在可视化区中选择"百分比堆积柱形图"，将产品表中的"产品名称"拖曳至"X轴"中，将销售表中的"销售数量"拖曳至"Y轴"中，将会员表中的"性别"拖曳至"图例"中，结果如图4-11所示。

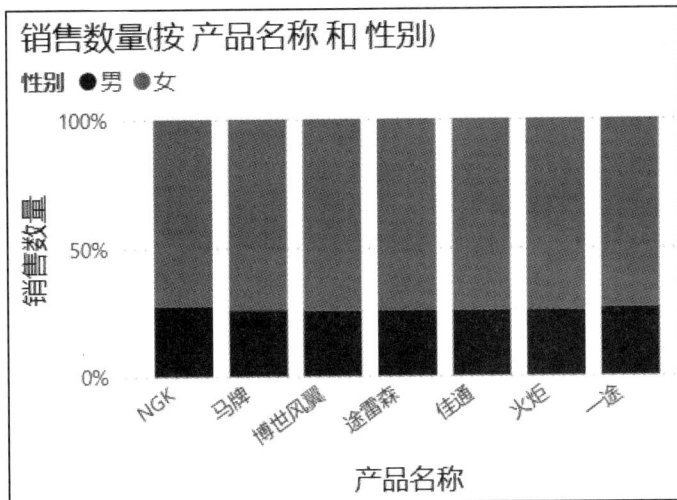

图 4-11　销售数量百分比堆积柱形图

（三）矩阵和表

1. 创建矩阵

在可视化区中选择"矩阵"，将门店表中的"店铺名称"拖曳至"行"中，将产品表中的"产品名称"拖曳至"列"中，将销售表中的"销售数量"拖曳至"值"中，结果如图 4-12 所示。

2. 创建表

在可视化区中选择"表"，将产品表中的"产品编号""产品名称"拖曳至"列"中，将门店表中的"店铺名称"拖曳至"列"中，将销售表中的"销售金额"拖曳至"列"中，结果如图 4-13 所示。

操作演示

创建矩阵和表

店铺名称	NGK	博世风翼	火炬	佳通	马牌	途雷森	一途	总计
北京市丰台区店	2078	1872	1389	1383	1851	1342	1481	**11396**
大连市甘井子店	1682	1564	1549	1314	1687	1411	1233	**10440**
福州市紫薇园店	532	663	439	517	673	636	436	**3896**
广州市中山店	822	850	673	742	763	618	608	**5076**
贵阳市云岩店	683	625	502	578	700	605	553	**4246**
哈尔滨市中海店	1658	1661	1290	1379	1668	1344	1322	**10322**
杭州市同仁医院店	668	766	588	651	824	670	600	**4767**
合肥市万派广场店	606	718	585	565	835	633	553	**4495**
吉林市民主街店	1907	1666	1295	1426	1724	1478	1475	**10971**
济南市燕山小区店	1749	1556	1343	1552	1555	1521	1254	**10530**
南昌市佳景店	637	713	709	693	617	656	584	**4609**
南京市先锋广场店	1010	887	615	607	777	759	777	**5432**
南宁市奥园名店	999	765	711	628	953	671	544	**5271**
上海市万达广场	725	949	665	693	798	647	600	**5077**
沈阳市于洪区店	1692	1729	1370	1274	1835	1405	1411	**10716**
石家庄市蓝山印象店	1697	1661	1093	1371	1422	1472	1182	**9898**
太原市文华苑店	1520	1302	1165	1210	1310	1248	1049	**8804**
天津市可艾多店	1700	1639	1164	1291	1404	1048	1180	**9426**
武汉市武汉理工大学店	639	645	598	575	967	624	594	**4642**
西安市雁塔北路店	735	705	654	595	873	696	585	**4843**
长春市南湖大路店	2160	1832	1465	1964	2025	1791	1684	**12921**
郑州市绿城数码大厦	1552	1605	1242	1671	1585	1680	1158	**10493**
总计	**27451**	**26373**	**21104**	**22679**	**26846**	**22955**	**20863**	**168271**

图 4-12　销售数量矩阵

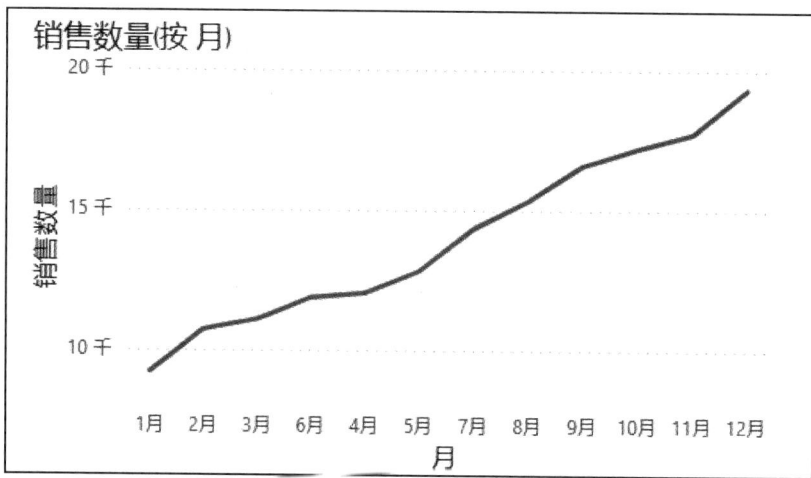

图 4-13　销售金额表

二、时间类图表

操作演示

（一）折线图

在可视化区中选择"折线图"，将日期表中的"月"拖曳至"X轴"中，将销售表中的"销售数量"拖曳至"Y轴"中，结果如图 4-14 所示。

创建时间类图表

图 4-14　销售数量折线图

（二）组合图

1. 创建折线和堆积柱形图

在可视化区中选择"折线和堆积柱形图"，将日期表中的"月"拖曳至"X轴"中，将销售表中的"销售数量"拖曳至"Y轴"中，将销售表中的"销售金额"拖曳至"辅助Y轴"中，结果如图 4-15 所示。

2. 创建折线和簇状柱形图

在可视化区中选择"折线和簇状柱形图"，将产品表中的"产品名称"拖曳至"X轴"中，将销售表中的"销售金额"拖曳至"Y轴"中，将销售表中的"销售数量"拖曳至"辅助Y轴"中，结果如图 4-16 所示。

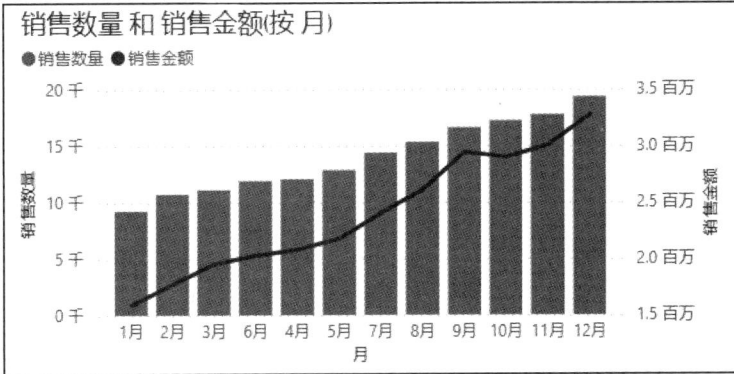

图 4-15 销售数量和销售金额的折线和堆积柱形图

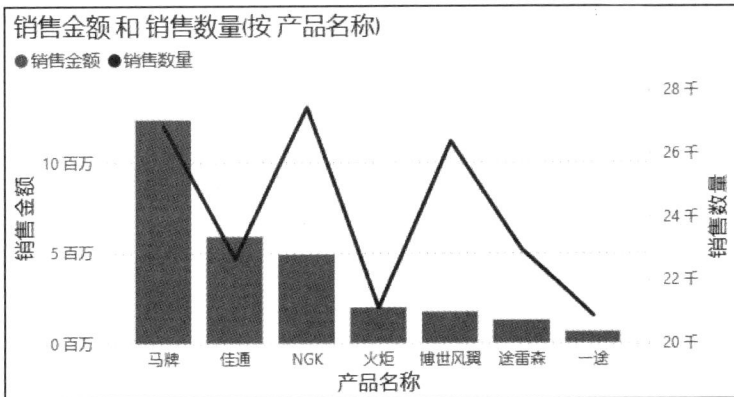

图 4-16 销售金额和销售数量的折线和簇状柱形图

（三）分区图

在可视化区中选择"分区图"，将产品表中的"产品名称"拖曳至"X轴"中，将销售表中的"销售数量"拖曳至"Y轴"中，将销售表中的"销售金额"拖曳至"辅助 Y 轴"中，结果如图 4-17 所示。

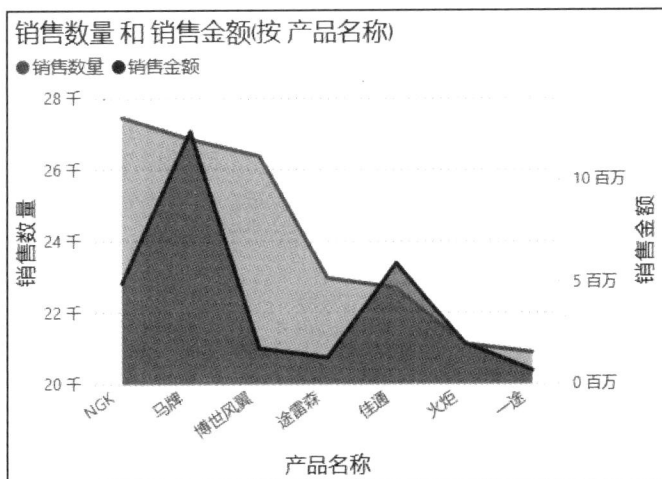

图 4-17 销售数量和销售金额的分区图

三、排名类图表

（一）饼图和环形图

1. 创建饼图

在可视化区中选择"饼图"，将产品表中的"产品名称"拖曳至"图例"中，将销售表中的"销售金额"拖曳至"值"中，结果如图 4-18 所示。

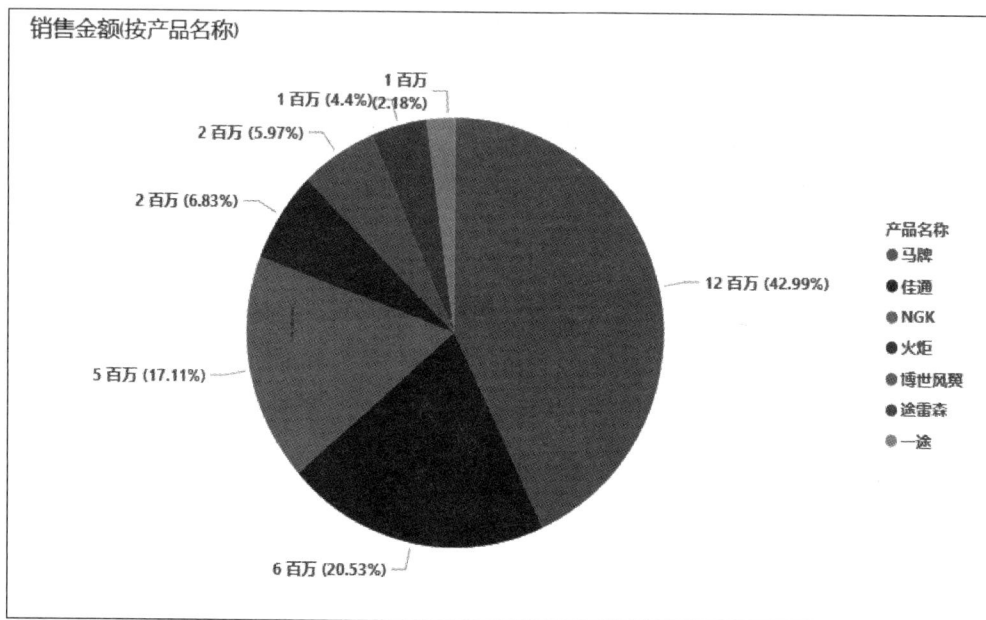

操作演示

创建排名类图表

图 4-18 销售金额饼图

注：因小数位四舍五入，导致总和存在 0.01% 的误差，不影响分析结果。下文同。

2. 创建环形图

在可视化区中选择"环形图"，将产品表中的"产品分类名称"拖曳至"图例"中，将销售表中的"销售数量"拖曳至"值"中，结果如图 4-19 所示。

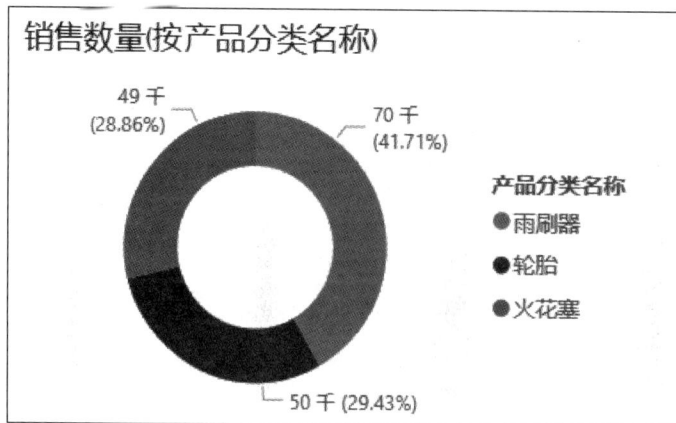

图 4-19 销售数量环形图

（二）丝带图

在可视化区中选择"丝带图"，将日期表中的"月"拖曳至"*X*轴"中，将销售表中的"销售金额"拖曳至"*Y*轴"中，将产品表中的"产品名称"拖曳至"图例"中，结果如图 4-20 所示。

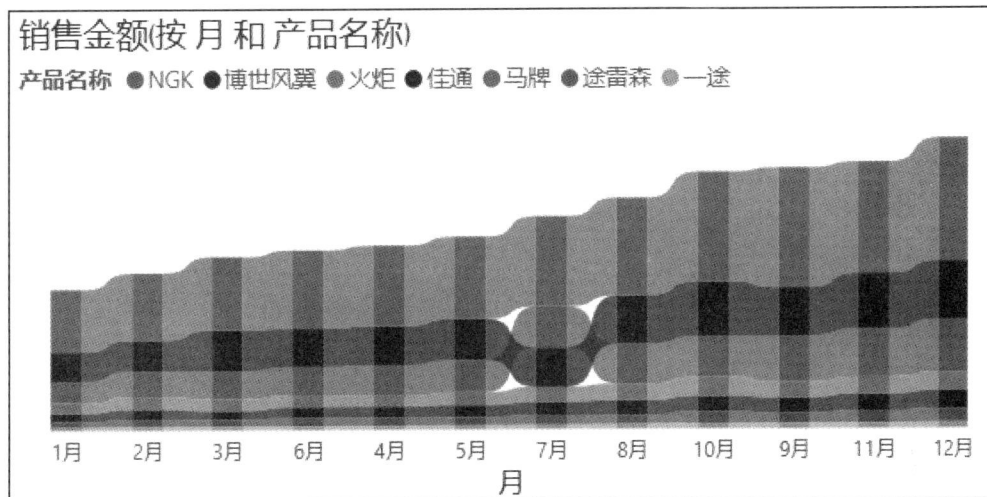

图 4-20　销售金额丝带图

（三）树状图

在可视化区中选择"树状图"，将产品表中的"产品分类名称"拖曳至"类别"中，将产品表中的"产品名称"拖曳至"详细信息"中，将销售表中的"销售数量"拖曳至"值"中，结果如图 4-21 所示。

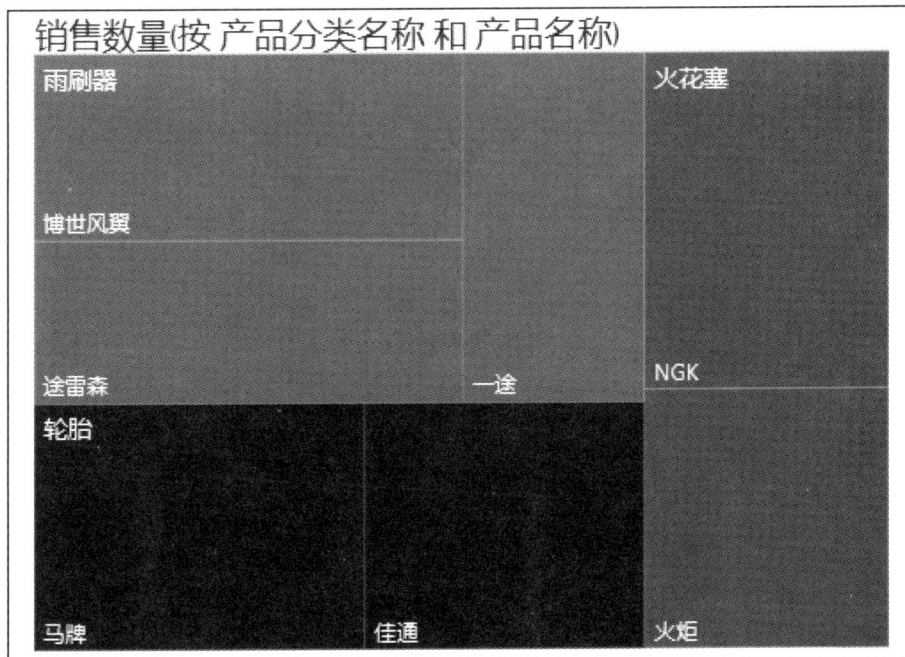

图 4-21　销售数量树状图

四、流向类图表

（一）散点图

操作演示

创建流向类图表

在可视化区中选择"散点图"，将销售表中的"销售金额"拖曳至"X轴"中，将销售表中的"销售数量"拖曳至"Y轴"中，将门店表中的"店铺名称"拖曳至"图例"中，将销售表中的"销售金额"拖曳至"大小"中，将日期表中的"月"拖曳至"播放轴"中，结果如图 4-22 所示。

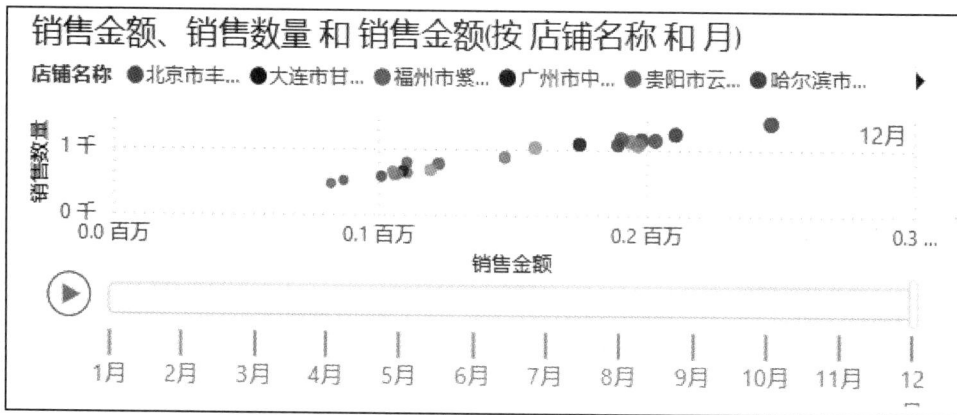

图 4-22　散点图

（二）瀑布图

在可视化区中选择"瀑布图"，将门店表中的"地域名称"拖曳至"类别"中，将销售表中的"销售金额"拖曳至"Y轴"中，结果如图 4-23 所示。

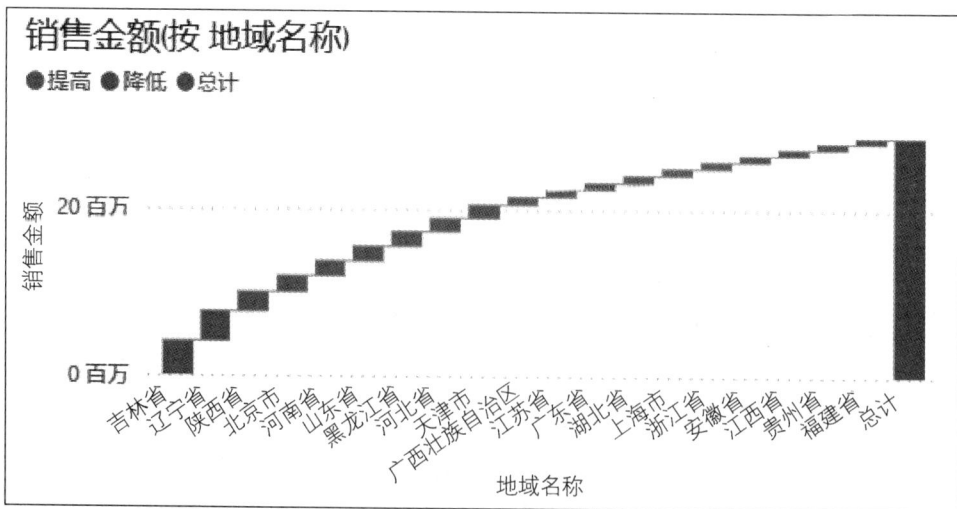

图 4-23　销售金额瀑布图

瀑布图是根据数据的正负值来表示增加和减少的，并以此来调整柱子的上升和下降。通常上升用绿色表示，下降用红色表示，这便于用户快速区分正负值。每个项目的柱子的起始高度是截至前一项目的利润之和（并不是柱子高度之和），最终形成的"总计"柱子的高度即前面一系列柱子的升降变化之和。

（三）漏斗图

在可视化区中选择"漏斗图"，将产品表中的"产品名称"拖曳至"类别"中，将销售表中的"销售金额"拖曳至"值"中，结果如图4-24所示。

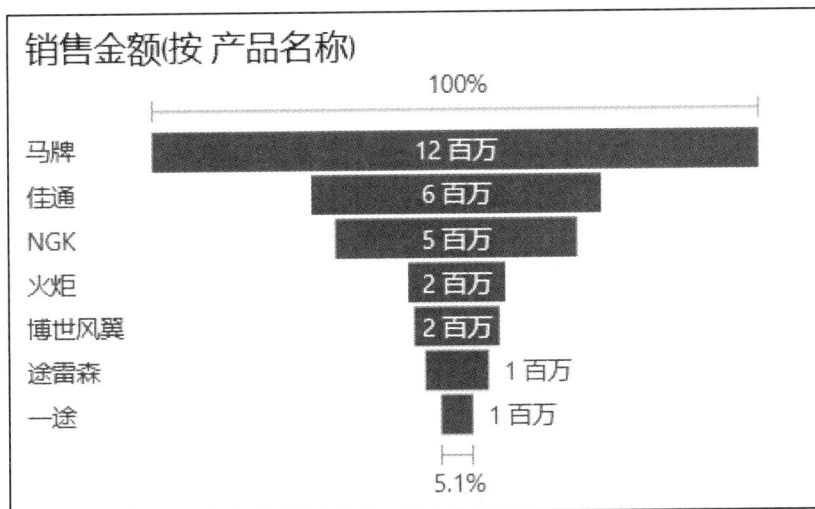

图4-24　销售金额漏斗图

五、单值类图表

（一）卡片图

在可视化区中选择"卡片图"，将销售表中的"销售金额"拖曳至"字段"中，结果如图4-25所示。

（二）仪表图

在可视化区中选择"仪表图"，将销售表中的"销售金额"拖曳至"值"中，然后单击"可视化"窗格中的"格式"按钮，将"测量轴-最大"设为60 000 000，将"测量轴-最小"设为0，将"测量轴-目标"设为50 000 000，结果如图4-26所示。

图4-25　销售金额卡片图

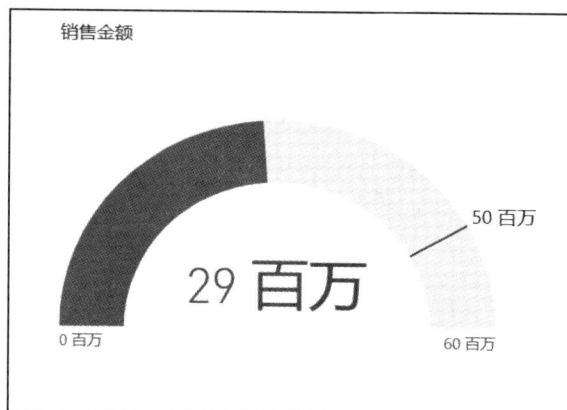

图 4-26　销售金额仪表图

（三）KPI 图

在可视化区中选择"KPI 图"，将销售表中的"销售金额"拖曳至"值"中，将日期表中的"年"拖曳至"走向轴"中，将销售表中的"上年销售额"拖曳至"目标"中，结果如图 4-27 所示。

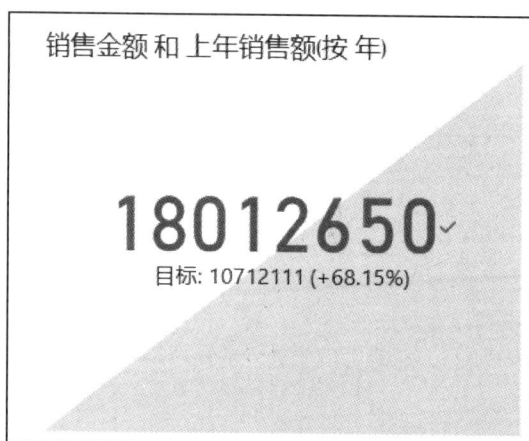

图 4-27　销售金额 KPI 图

六、空间类图表

（一）季度切片器

在可视化区中选择"切片器"，将日期表中的"季度"拖曳至"字段"中，结果如图 4-28 所示。

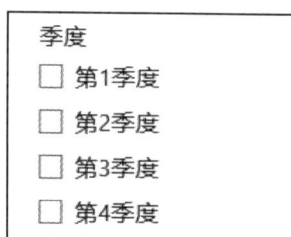

操作演示

创建空间类图表

图 4-28　季度切片器

（二）月份切片器

在可视化区中选择"切片器"，将日期表中的"月"拖曳至"字段"中。执行"可视化"→"设置视觉对象格式"→"视觉对象"命令，在设置视觉对象格式中，将切片器样式设置为"磁贴"。

切换至"报表视图"，选中日期表中的"月"，执行"列工具"→"排序"→"按列排序"→"月份"命令，结果如图4-29所示。

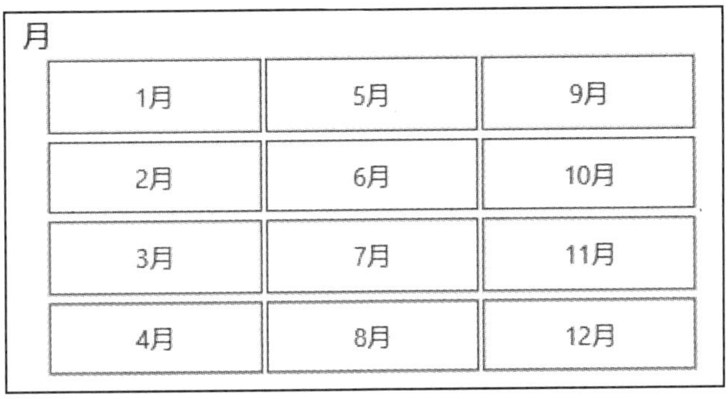

月		
1月	5月	9月
2月	6月	10月
3月	7月	11月
4月	8月	12月

图4-29 月份切片器

任务总结

本任务主要讲解了可视化视觉对象，包括比较类、时间类、排名类、流向类、单值类和空间类6类图表。在任务实施中以宏达汽车零配件有限责任公司销售表为数据案例，创建了6类图表，呈现了数据可视化效果，在实际应用中应根据具体需求场景选择不同的图表类型。

任务三 可视化高级操作

任务情境

Power BI 可视化与传统可视化的一大区别就是可视化分析是动态的，通过自带的筛选、钻取、突出显示等交互功能，用户可以快速发现、探索数据背后的规律。除了预置的可视化图表外，Power BI 还提供了丰富、炫酷的自定义可视化图表。如何使生成的可视化图表更加美观，实现更多的动态效果，从而实现对数据进行更加深入的探索？这些正是本任务要讲解的内容。

知识准备

一、图表的高级操作

（一）图表美化

Power BI 是一个强大的数据分析和可视化工具，能够将复杂的数据转化为直观易懂的图表。

Power BI 图表美化能提升数据可视化效果，从而更好地服务于数据分析。

此外，为了确保报告的易读性，可以使用统一而简洁的字体样式；在设计图表时要考虑到颜色的对比和搭配，避免使用过于刺眼或难以区分的颜色组合；设置的数据标签应清晰且简洁，避免在图表上放置过多不必要的文字信息，以减少视觉干扰。

总的来说，Power BI 图表美化的关键在于细节的处理和整体设计的协调性。从隐藏不必要的视觉元素到挑选颜色主题，每一个环节都需要精心设计和调整，最终的目标是让报告不仅在展示数据时准确无误，而且在视觉上也能给观看者留下深刻的印象。

（二）图表钻取

在进行可视化分析时，如果想查看当前展示数据的下一层数据，可以使用图表钻取功能，在设置好钻取的层级后，可视化对象的上方会出现钻取按钮，如图 4-30 所示。其中"↑"表示向上钻取，"↓"表示向下钻取，"⇅"表示转至层次结构中的下一级别，"⊥"表示转至层次结构中的所有下一级别。

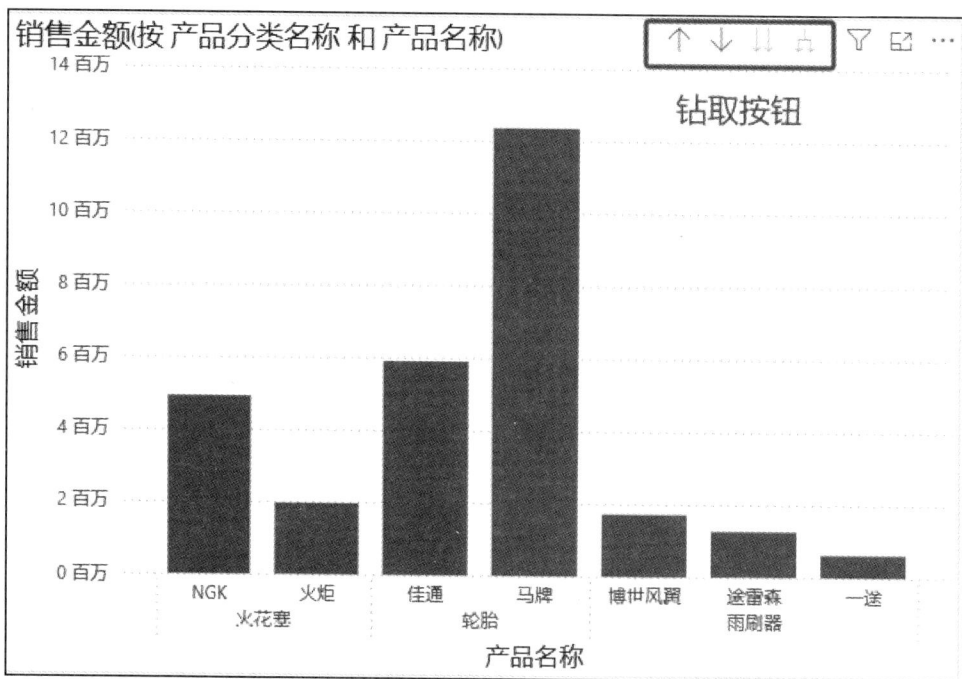

图 4-30　图表的钻取按钮

（三）图表筛选

Power BI 中的图表筛选是指通过可视化对象属性筛选器的设置而完成的筛选，准确地说，切片器和图表钻取也都属于图表筛选。打开"筛选器"对话框，筛选器按照作用的范围可以分为视觉对象级筛选器、页面级筛选器和报告级筛选器 3 种，如图 4-31 所示。

使用视觉对象级筛选器对特定的可视化对象进行筛选后，其他可视化对象不受影响；使用页面级筛选器对特定的可视化对象进行筛选后，本报表页的其他可视化对象也受到影响；使用报告级筛选器对特定的可视化对象进行筛选后，所有报表页的所有可视化对象均受到影响。

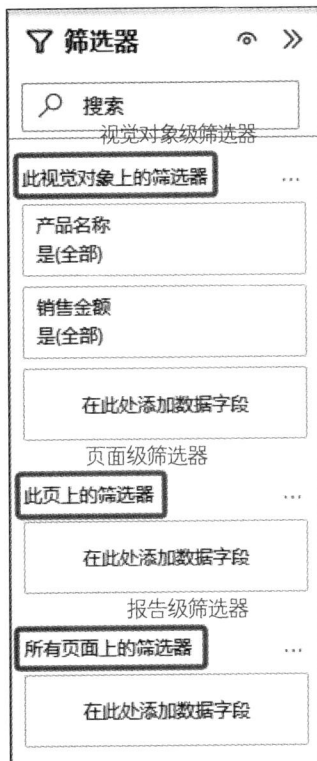

图 4-31　3 种筛选器

（四）图表的编辑交互

当一个页面中存在两个或两个以上图表时，为了避免出现筛选不当的情况，可以使用编辑交互功能。编辑交互一般与筛选器结合使用，Power BI 在默认情况下是可以编辑交互的，筛选条件将应用于该报表上的所有视图，具体操作是先选中页面中的一个图表，执行"格式"→"编辑交互"命令，随后图表的右上角会出现编辑交互按钮，如图 4-32 所示。

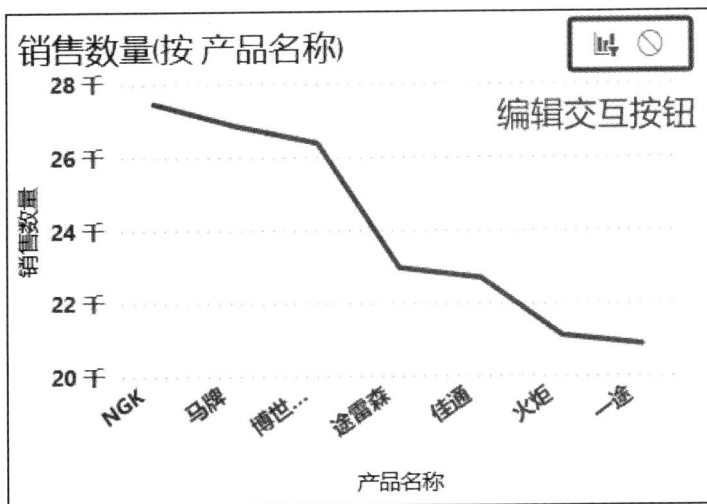

图 4-32　图表的编辑交互按钮

左侧的按钮代表筛选器，如果需要交叉筛选页面上的其他某个可视化效果，可以通过筛选器完成；右侧的按钮为"无影响"，单击该按钮，则筛选器不会对页面上的其他可视化效果产生影响。

二、插入元素

（一）文本框

文本框是一种可移动、可调整大小的文字或图形容器。调整文本框大小可通过选择并拖曳任意边框手柄实现，在文本框中输入文本，可设置字体格式、颜色和文本对齐方式等。执行"插入"→"文本框"命令即可插入文本框。

（二）按钮

按钮可以为页面提供多种方式的操作，按钮类型包括向左键、右箭头、重置、书签、问答、帮助和空白等。将按钮添加到报表后，执行"格式"→"按钮"→"操作"命令，选择不同的"操作"类型，可以设置按钮的功能，为用户提供更方便快捷的交互功能，如图 4-33 所示。

（三）形状和图像

在报表中可以插入各种样式的形状来点缀报表，插入的形状也可以通过"操作"命令设置交互效果。在报表中还可以添加本地图像，执行"插入"→"元素"→"图像"命令即可。

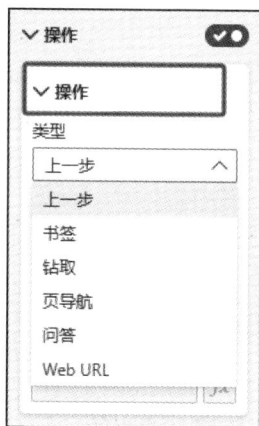

图 4-33　设置按钮的使用功能

三、主题设置

报表主题有内置主题和自定义主题两种类型。

（一）内置主题

一般情况下，报表会应用默认主题，即报表中的所有视觉对象都会使用默认主题中的颜色和格式设置，执行"视图"→"主题"命令，可以查看 Power BI Desktop 内置主题，如表 4-4 所示。

表 4-4　　　　　　　　　　　　　Power BI Desktop 内置主题

默认	开花	城市公园	经典
教室	色盲友好	散开	电气
管理者	边界	高对比度	高大建筑物
创新	太阳光	暴风雨	日落
温度	潮汐	黄昏	兰花

如果想添加更多主题，可以执行"视图"→"主题"→"主题库"命令，打开网页版主题库，选择合适的主题并下载该主题的 JSON 文件，将该主题导入本地的报表中使用，更多主题如图 4-34 所示。

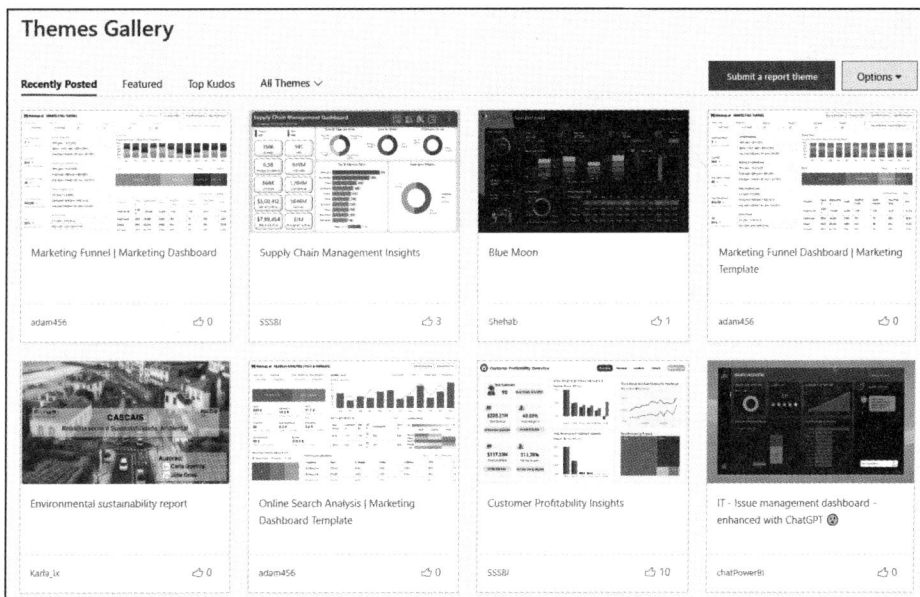

图 4-34　更多主题

（二）自定义主题

执行"视图"→"主题"→"自定义当前主题"命令，弹出"自定义主题"对话框，如图 4-35 所示。

图 4-35　"自定义主题"对话框

在"自定义主题"对话框中，可以在"名称和颜色""文本""视觉对象""页码""筛选器窗格"5 个选项卡中完成主题名称和颜色设置、文本设置、视觉对象设置、页码设置、筛选器窗格设置等操作。

![] 任务实施

本任务沿用宏达汽车零配件有限责任公司销售表作为案例数据。打开 Power BI 文件，切换至报表视图。

一、图表美化

选中页面中的"堆积条形图"，执行"可视化"→"设置视觉对象格式"→"视觉对象"命令，设置 X 轴和 Y 轴的字体和颜色，打开数据标签，设置值的单位为"无"，添加标题"产品销售金额"并设置字体大小、颜色，添加条形图的边框，图表美化效果如图 4-36 所示。

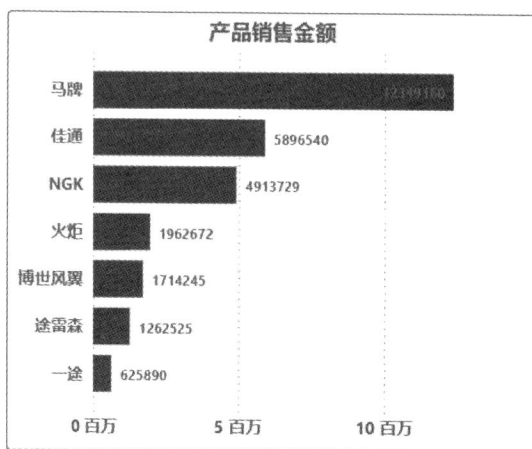

图 4-36　图表美化效果

二、图表钻取

打开"图表钻取"页面，对柱形图中的"轮胎"数据向下钻取，查看其下级的产品数据信息。单击柱形图右上方的"↓"向下钻取按钮，再单击柱形图中的"轮胎"数据，如图 4-37 所示。

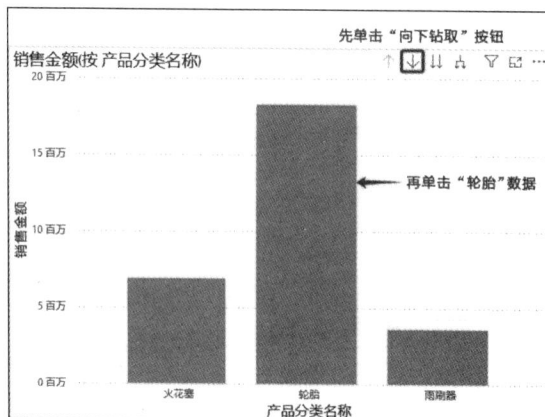

图 4-37　向下钻取"轮胎"数据

操作完成后，将展示"轮胎"下级的产品数据信息，如图 4-38 所示。

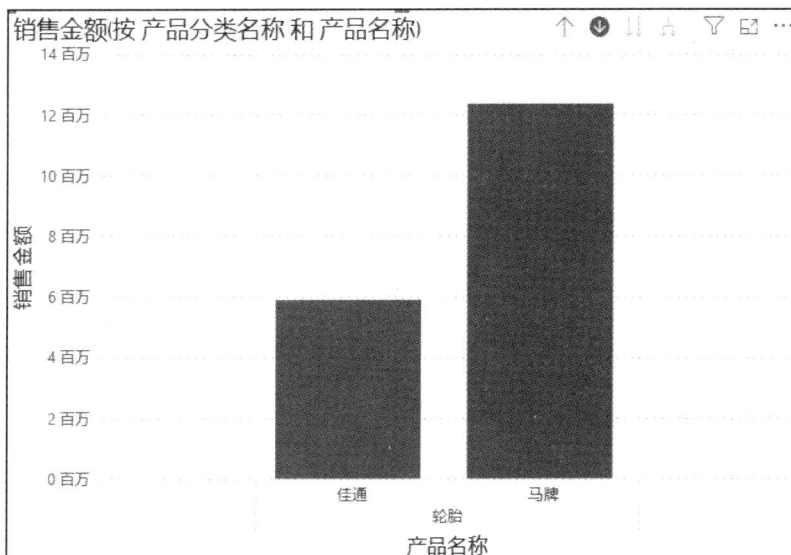

图 4-38　"轮胎"下级的产品数据信息

三、图表筛选

（一）视觉对象级筛选器

打开"视觉对象级筛选器"页面，选中"条形图"，在筛选器窗口的"此视觉对象上的筛选器"框中，将"产品名称"下的"火炬"和"马牌"去掉，其他产品名称保留。筛选后的条形图中已经没有"火炬"和"马牌"的数据，但是同一页面中的折线图仍然显示所有产品的销售数据。筛选后的条形图如图 4-39 所示。

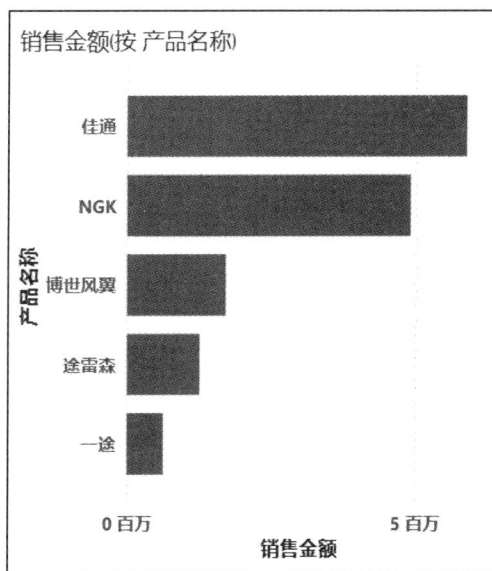

图 4-39　筛选后的条形图

（二）页面级筛选器

打开"页面级筛选器"页面，选中"条形图"，将产品表中的"产品名称"拖曳至筛选器窗口中的"此页上的筛选器"框中，将"产品名称"下的"佳通"和"一途"去掉，其他产品名称保留。筛选后的条形图和折线图中已经都没有"佳通"和"一途"的数据，如图 4-40 所示。

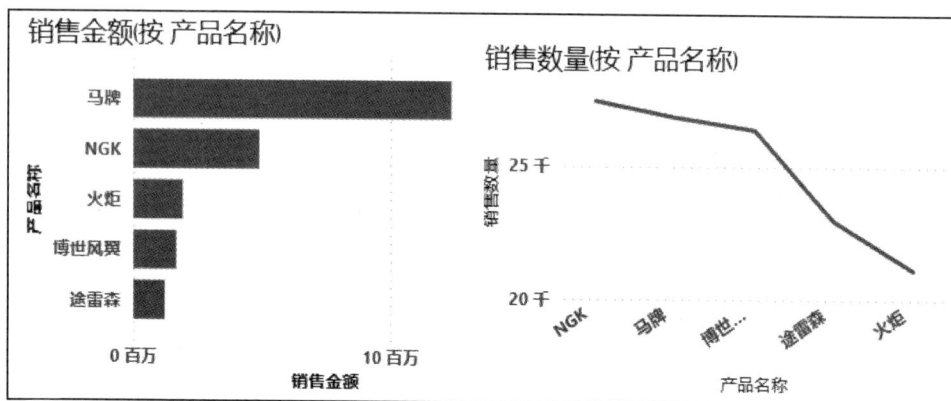

图 4-40　筛选后的条形图和折线图

四、切换主题

打开"切换主题"页面，执行"视图"→"主题"→"太阳光"命令；然后执行"可视化"→"设置视觉对象格式"→"视觉对象"命令，设置 X 轴和 Y 轴的字体、颜色和边框等，效果如图 4-41 所示。

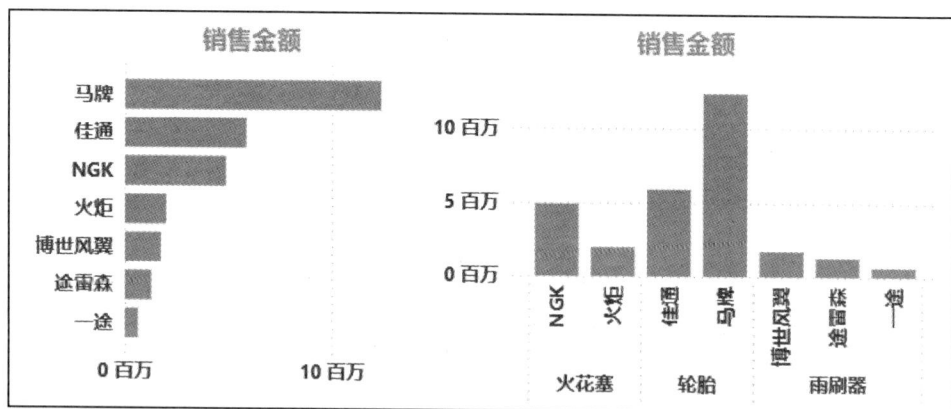

图 4-41　切换主题后的条形图和柱形图

任务总结

本任务主要讲解了可视化高级操作，包括图表的高级操作、插入元素、主题设置等。在任务实施中以宏达汽车零配件有限责任公司销售表作为案例数据，对图表美化、图表钻取、图表筛选和切换主题等进行了实操练习。可视化高级操作使得图表的可视化效果不仅美观而且更实用。请多加练习以更好地掌握这些操作。

技能提升

一、单选题

1. 数据可视化的特点不包括哪一项？（　　）

　　A. 交互性　　　　　　B. 多维性　　　　　　C. 可视性　　　　　　D. 系统性

2. 哪种类型的图表最适合展示地理位置数据？（　　）

　　A. 折线图　　　　　　B. 饼图　　　　　　　C. 地图　　　　　　　D. 漏斗图

3. 当想要在 Power BI 中突出显示关键绩效指标（KPI）的当前状态与目标之间的对比时，选择哪种图形最适合？（　　）

　　A. 仪表盘　　　　　　B. 散点图　　　　　　C. 瀑布图　　　　　　D. 矩阵

4. 当想要展示数据在不同类别间的分布比例，且这些类别的总和为 100%时，哪种图表类型最合适？（　　）

　　A. 条形图　　　　　　B. 折线图　　　　　　C. 饼图　　　　　　　D. 地图

二、多选题

1. 数据可视化设计原则包括（　　）。

　　A. 简单直观　　　　　B. 充实可靠　　　　　C. 高效准确　　　　　D. 美观舒适

2. 数据可视化流程包括（　　）。

　　A. 确定需求　　　　　B. 提炼数据　　　　　C. 选择图表　　　　　D. 布局设计

3. 比较类图表包括（　　）。

　　A. 条形图　　　　　　B. 柱形图　　　　　　C. 矩阵　　　　　　　D. KPI 图

4. 在 Power BI 中，哪些可视化对象可以用于展示数据的趋势变化？（　　）

　　A. 折线图　　　　　　B. KPI 图　　　　　　C. 饼图　　　　　　　D. 散点图

5. 在 Power BI 中，哪些元素可用于实现交互式数据筛选和分析？（　　）

　　A. 切片器　　　　　　B. 过滤器　　　　　　C. 图表　　　　　　　D. 文本框

三、判断题

1. 在 Power BI 报表中，不能添加自定义的图表类型。　　　　　　　　　　　（　　）

2. 在 Power BI 报表中，不能直接对可视化对象进行排序。　　　　　　　　　（　　）

3. 在 Power BI 报表中，不能添加文本框或图像等非数据元素。　　　　　　　（　　）

4. Power BI 报表中的可视化对象，只能基于单个数据表创建。　　　　　　　（　　）

5. Power BI 中的散点图，只能用于展示两个数值变量之间的关系。　　　　　（　　）

四、实训题

以项目三课后习题中实训题的数据为例解决以下问题。

1. 选择适当的可视化对象，进行数据可视化展示。

2. 设计至少两张可视化报表页。

项目五

分析企业经营数据

项目导读

企业经营数据是制定企业战略和执行监控的重要工具，旨在通过对企业各类数据的综合分析支持经营决策、优化经营策略、提高经营效率，从而提高企业的市场竞争力。在进行企业经营数据分析时，不仅需要关注数据本身的收集和处理，更要注重数据分析结果的商业价值和战略价值。本项目基于财务数字化转型背景，以企业的客户结构、采购业务、销售业务为分析对象，运用 Power BI Desktop 进行企业经营数据分析，分析过程包括数据获取、数据整理、数据建模、数据可视化等，为后续深入学习企业财务报表分析打通 Power BI Desktop 学习的逻辑思维。

学习目标

知识目标

1. 掌握客户结构分析的基本内容和主要方法。
2. 掌握采购业务分析的基本内容和主要方法。
3. 掌握销售业务分析的基本内容和主要方法。

能力目标

1. 能够结合企业经营数据，掌握 Power BI Desktop 数据分析的一般流程。
2. 能够对企业客户结构进行分析，并实现数据可视化呈现。
3. 能够对企业采购业务进行分析，并实现数据可视化呈现。
4. 能够对企业销售业务进行分析，并实现数据可视化呈现。

素养目标

1. 通过对本项目的学习，了解企业客户管理、采购、销售等经营过程，树立全局观念，把握好局部和全局、微观和宏观的关系。
2. 在进行数据分析时，培养团队协作精神和严谨认真的工作作风。

思维导图

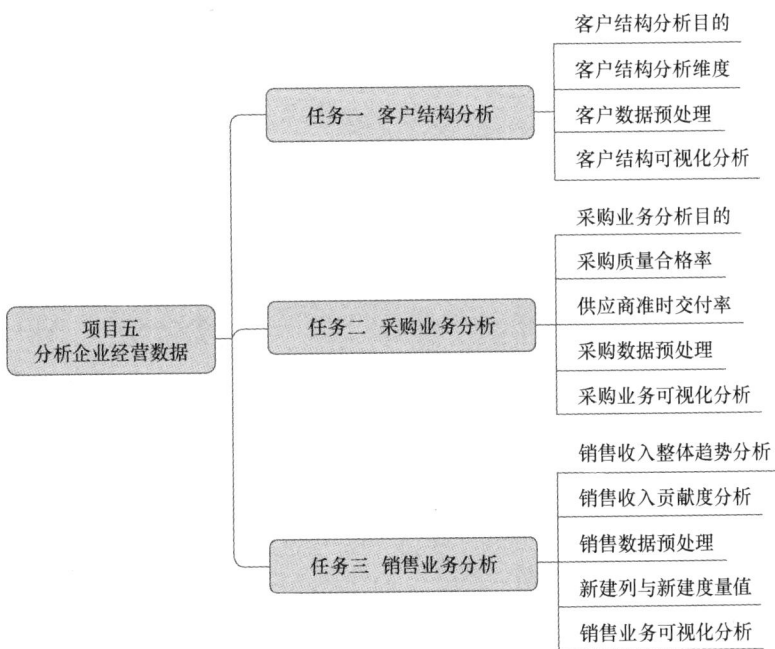

项目五
分析企业经营数据

任务一　客户结构分析
- 客户结构分析目的
- 客户结构分析维度
- 客户数据预处理
- 客户结构可视化分析

任务二　采购业务分析
- 采购业务分析目的
- 采购质量合格率
- 供应商准时交付率
- 采购数据预处理
- 采购业务可视化分析

任务三　销售业务分析
- 销售收入整体趋势分析
- 销售收入贡献度分析
- 销售数据预处理
- 新建列与新建度量值
- 销售业务可视化分析

引思启智

尊重客观事实，彰显数据价值

2024年1月1日，财政部制定印发的《企业数据资源相关会计处理暂行规定》正式实施，明确提出将企业数据资源纳入资产负债表进行核算。这一举措标志着国家正式承认了数据资源的经济价值，为数据资源的发展提供了坚实的制度保障。此项规定带来的深远意义体现在，企业能够通过账面确认及披露数据资源，更精确地进行资产评估和管理，充分挖掘数据资源在提升生产力方面的巨大潜力。数据资源入表体现了财政部针对数字经济发展对会计准则所做出的重大改革举措。这一举措定将推动数字资产产权制度的完善，充分释放数据资源的价值，并为数字经济的快速增长奠定坚实的基础。

企业经营数据分析的质量取决于经营数据的数量和质量，从企业获取的经营数据存在数据冗余、数据缺失、数据异常等问题，会导致分析结果失真。为提高数据分析质量，发现并纠正数据中出现的各种错误，财务人员必须善于透过现象看本质，扎实做好数据格式、缺失值、异常值等方面的数据整理工作。

【启示】财务人员应秉承谨慎的态度，树立知敬畏、守底线的职业观念，尊重客观事实数据，如实展现企业的经营状况。

任务一　客户结构分析

🔍 任务情境

中汇汽车销售有限公司是一个全国性的汽车经销集团（以下简称"中汇集团"），在全国 12 个省份共拥有 12 家经销店，主要销售红旗汽车，其销售的车型包括红旗 H5、红旗 H7 和红旗 H9，销售车型明细如表 5-1 所示。

表 5-1　　　　　　　　　　　　　　销售车型明细

序号	车型	分类
1	红旗 H5	红旗 H5-1.5T
		红旗 H5-2.0T
		红旗 H5-混动
2	红旗 H7	红旗 H7-1.8T
		红旗 H7-2.0T
3	红旗 H9	红旗 H9-2.0T
		红旗 H9-3.0T

中汇集团从公司总部客户管理系统中提取了客户信息，截至目前，全国客户人数超 2 万。为了对已有客户进行更好的服务，分析不同客户的特征，中汇集团决定对客户进行分类统计，以更好地了解客户的地区分布、年龄分布，为集团即将开展的客户回馈、亲子车园等营销活动提供有参考价值的数据。

📝 知识准备

一、客户结构分析目的

企业提供的服务、生产的产品都是有目标客户的，当目标客户为企业的产品和服务买单时，企业便能获得收益。但不是所有人都能被视为目标客户，不同的人之间存在着不同的需求，企业也不可能满足所有人的需求，为此企业要对目标客户进行定位，并找准自己的目标客户进行客户结构分析。

二、客户结构分析维度

客户结构分析是多维度的，本任务主要介绍 3 个维度，分别是客户的性别、年龄和职业，并基于这 3 个维度进行分析。

（一）客户性别维度

从产品研发设计角度分析，企业在进行产品定位和研发设计时需要分析客户性别结构，作为提升产品功能性的依据，比如在进行产品设计时，可以用独特的女性专属卖点、别具一格的色彩、潮流的外观设计，迎合女性客户的消费习惯，增加女性客户对产品的需求。以汽车行业为例，在行业技术、产品功能同质化的情况下，企业可以围绕客户性别结构进行产品局部创新，同时也需要优化营销模式，创新营销策略。

从产品营销策略角度分析，不同性别的人在思维观念、审美偏好、行为方式等方面都存在明显的差异，在制定营销策略的时候，性别结构是非常重要的一个维度。因此，企业可根据区域客户的性别结构等统计数据来制定产品营销策略。

（二）客户年龄维度

不同年龄阶段的客户对产品或服务的需求侧重点存在差异。通过分析年龄结构能够帮企业找到细分市场，也能为企业的目标客户定位提供重要方向，找到新蓝海、新需求，实现企业的可持续发展。

企业可按特定的年龄段来进行目标群体定位，也可结合人口统计数据来制订产品计划，还可直接根据目标客户的年龄进行产品的设计，同时，需要注意年龄结构会受到政策、经济和社会因素等方面的影响，在不同政策、经济和社会背景下会有一定的动态变化。只要企业找准了目标群体，进行了有效的产品需求的匹配，采用一种适合的切入方式及相应的商业模式，就很可能为企业带来足够的收益，从而为企业带来新的发展空间。

（三）客户职业维度

职业也是影响客户消费行为的一大因素，虽然每个人对产品的需求不一样，但从事类似职业的人会有一些相似的消费观念。这是因为每种职业都存在一种独特的职业文化，这种职业文化影响了人的消费习惯和偏好差异。同时，不同职业的收入水平也影响着人的消费水平。

本任务从消费水平角度把客户分为金卡会员、银卡会员和普通会员。金卡会员一般具有较高的消费水平，他们的消费观念及购买支出倾向于选择高端、具有高附加值的商品；普通会员则倾向于购买物美价廉的商品。目标客户的职业属性可帮助企业进行产品的设计与定位，针对高消费能力的群体，企业不仅要对产品精细打磨，确保产品设计经典、用料考究、做工精细，还要赋予产品独特的品牌内涵，充分彰显品牌带给消费者的价值感受。

🌱 任务实施

下面以中汇集团会员信息表（项目五\数据源\会员信息表\中汇集团会员信息表）为例，对客户结构进行数据分析。

一、客户数据预处理

（一）数据获取与整理

打开 Power BI Desktop，单击"从 Excel 导入数据"，在弹出的"导航器"对话框中勾选"会员分类表"与"会员信息表"，单击"加载"按钮，如图 5-1 所示。

操作演示

客户数据预处理

（二）数据建模

切换至模型视图，删除原有的表之间的关系，创建会员分类表与会员信息表之间的模型，通过"会员门店"形成一对多的关系，如图 5-2 所示。

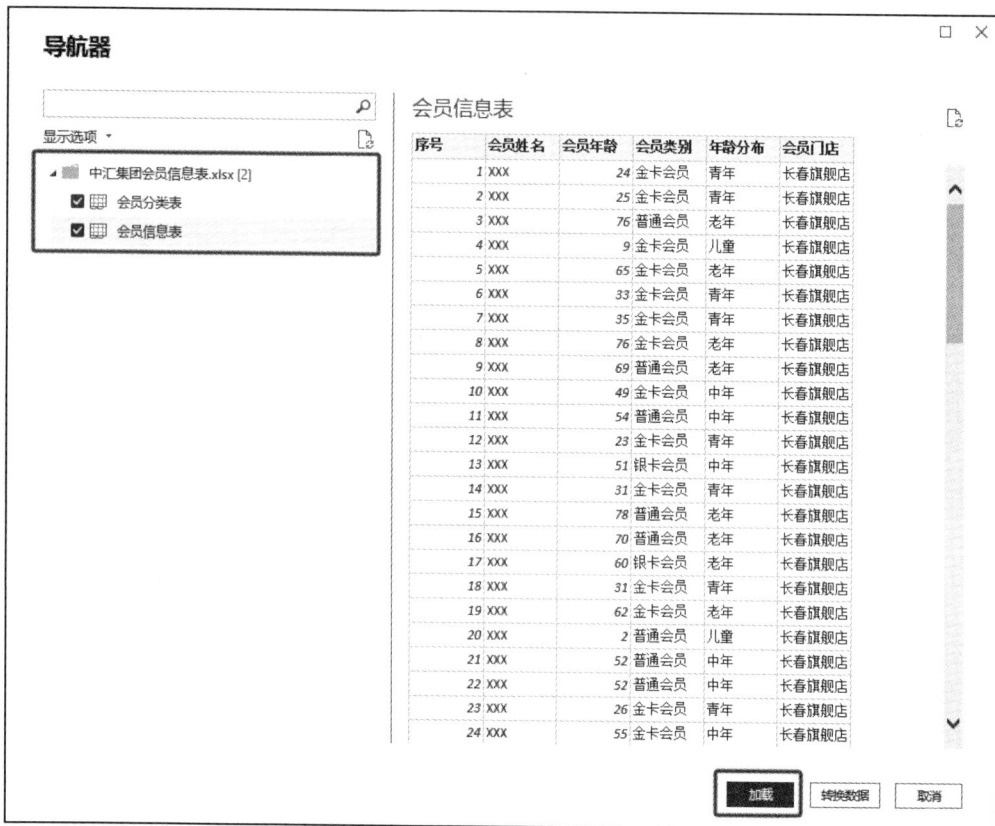

图 5-1　加载"会员分类表"与"会员信息表"

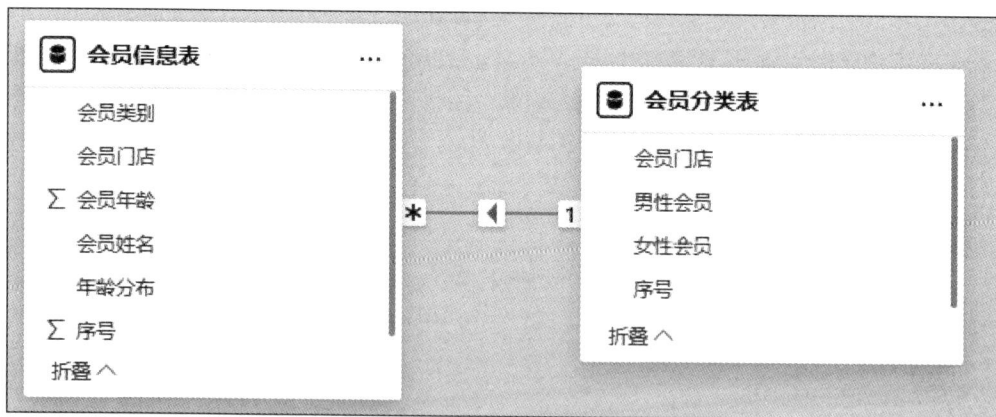

图 5-2　创建会员分类表与会员信息表之间的模型

（三）新建度量值

切换至模型视图，选中会员分类表，执行"主页"→"新建度量值"命令，新建会员总数、男性客户、女性客户 3 个度量值，如度量值 5-1 至度量值 5-3 所示。

会员总数 = COUNT('会员信息表'[序号])　　　　　　　　　　　　　　　　　（度量值 5-1）

男性客户 = SUM('会员分类表'[男性会员])　　　　　　　　　　　　　　　　（度量值 5-2）

女性客户 = SUM('会员分类表'[女性会员])　　　　　　　　　　　　　　　　（度量值 5-3）

二、客户结构可视化分析

（一）会员数量统计

1. 会员总数统计

切换至报表视图，选择可视化视觉对象中的"卡片图"，将会员信息表中的"会员总数"拖曳至"字段"。执行"可视化"→"设置视觉对象格式"→"视觉对象"命令，设置标注值的字体大小、颜色，关闭类别标签；添加标题"会员总数"并设置字体大小、颜色，添加卡片图的边框，结果如图 5-3 所示。

操作演示

客户结构可视化
分析

会员总数

20051

图 5-3　会员总数卡片图

2. 各门店会员数量统计

选择可视化视觉对象中的"堆积柱形图"，将会员信息表中的"会员门店"拖曳至"X轴"，将"会员总数"拖曳至"Y轴"。执行"可视化"→"设置视觉对象格式"→"视觉对象"命令，设置 X 轴和 Y 轴的字体大小、颜色；打开数据标签并添加网格线；标题文本设置为"各门店会员数量统计"，字体大小设置为"12"，加粗并居中；添加堆积柱形图的边框等，结果如图 5-4 所示。

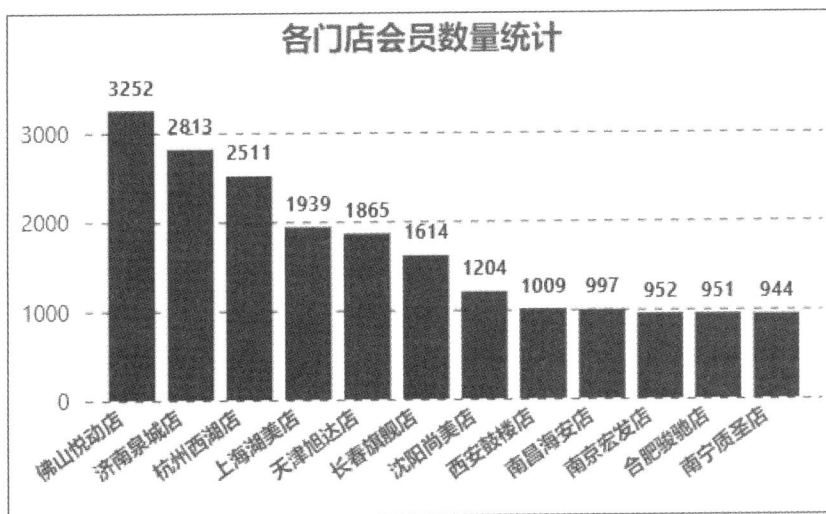

图 5-4　各门店会员数量统计堆积柱形图

（二）客户性别结构分析

1. 会员性别总体结构分析

选择可视化视觉对象中的"饼图"，将会员分类表中的"男性客户""女性客户"拖曳至"图例"中。执行"可视化"→"设置视觉对象格式"→"视觉对象"命令，关闭图例；将详细信息

标签内容设置为"所有详细信息标签"，值的大小设置为"10"并加粗；标题文本设置为"会员性别总体结构"，字体大小设置为"12"，加粗并居中；添加饼图的边框等，结果如图5-5所示。

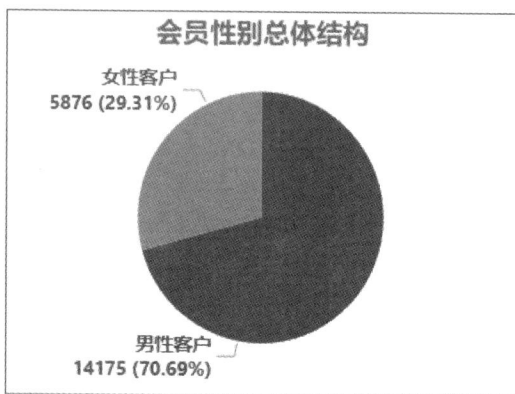

图 5-5　客户性别总体结构饼图

2. 各门店会员性别分析

选择可视化视觉对象中的"堆积柱形图"，将会员分类表中的"会员门店"拖曳至"X 轴"，将"男性客户""女性客户"拖曳至"Y 轴"。执行"可视化"→"设置视觉对象格式"→"视觉对象"命令，设置 X 轴和 Y 轴的字体大小、颜色；打开数据标签并添加网格线；标题文本设置为"各门店会员性别结构"，字体大小设置为"12"，加粗并居中；添加堆积柱形图的边框等，结果如图 5-6 所示。

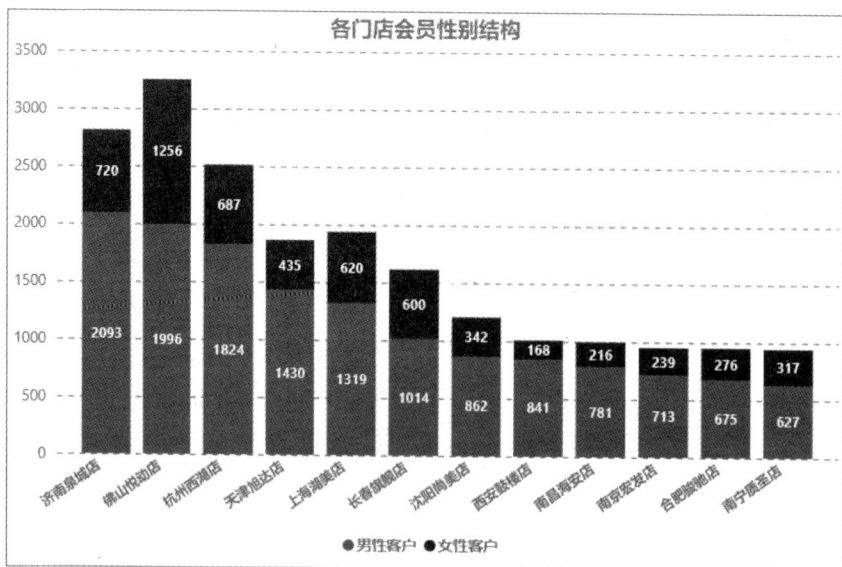

图 5-6　各门店会员性别结构堆积柱形图

（三）客户年龄结构分析

选择可视化视觉对象中的"环形图"，将会员信息表中的"年龄分布"拖曳至"图例"中，将"会员总数"拖曳至"值"中。执行"可视化"→"设置视觉对象格式"→"视觉对象"命令，将详细信息标签内容设置为"数值，总百分比"，值的大小设置为"10"并加粗；标题文本设置为"会员年龄结构"，字体大小设置为"12"，加粗并居中；添加环形图的边框等，结果如图 5-7 所示。

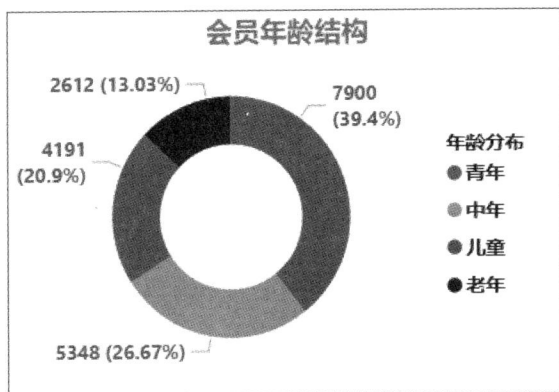

图 5-7　会员年龄结构环形图

（四）客户类别分析

选择可视化视觉对象中的"环形图"，将会员信息表中的"会员类别"拖曳至"图例"中，将"会员总数"拖曳至"值"中。执行"可视化"→"设置视觉对象格式"→"视觉对象"命令，将详细信息标签内容设置为"数值，总百分比"，值的大小设置为"10"并加粗；标题文本设置为"会员类别结构"，字体大小设置为"12"，加粗并居中；添加环形图的边框等，结果如图 5-8 所示。

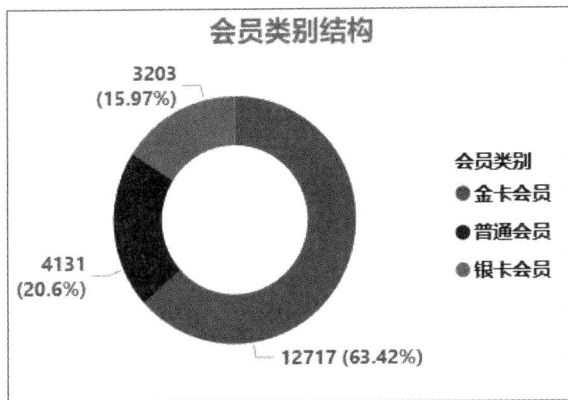

图 5-8　会员类别结构环形图

注：因小数位四舍五入，导致会员类别总和存在 0.01% 的误差，不影响分析结果，下同。

（五）各门店会员信息

在可视化区域中选择"切片器"，将会员信息表中的"会员门店"拖曳至字段中，执行"可视化"→"设置视觉对象格式"→"视觉对象"命令，在设置视觉对象格式中，将切片器样式设置为"磁贴"，切片器标头选择"否"，在"值"对话框中调整字体大小和边框颜色，颜色自选。在"常规"对话框中添加标题"门店查询"，设置字体颜色并加粗，结果如图 5-9 所示。

图 5-9　门店查询切片器

（六）客户结构分析结果整体布局

执行"主页"→"文本框"命令，插入文本框，输入"中汇集团-客户结构分析"，文本大小设置为"24"，加粗并居中，并添加一种字体颜色；最后将客户结构分析的所有可视化视觉对象进行布局设计，注重报表整齐和美观，结果如图 5-10 所示。

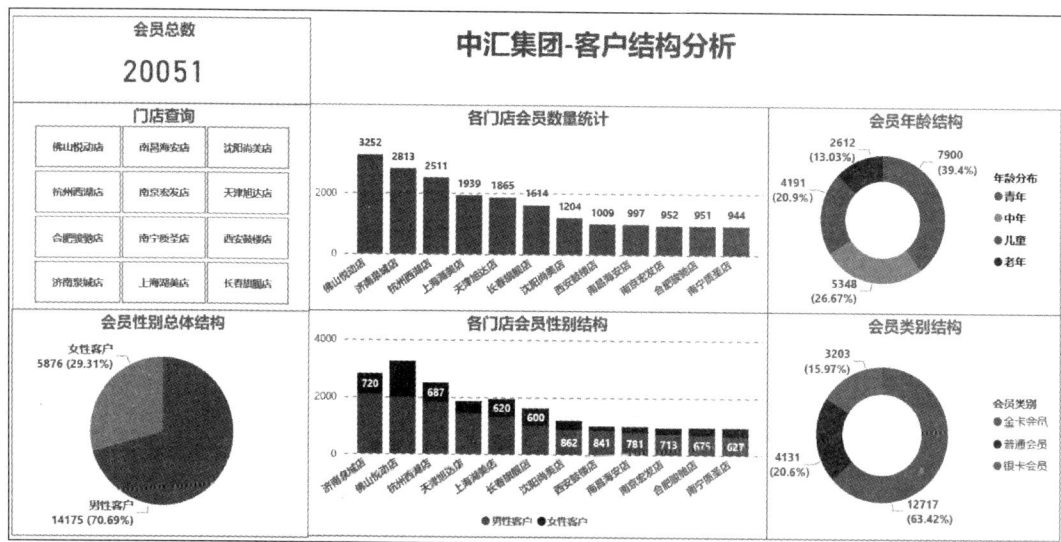

图 5-10　客户结构分析结果整体布局

任务总结

本任务主要讲解了客户结构分析的目的和分析维度，通过客户结构分析，不仅能帮助企业对目标客户和产品进行定位，找准供需的最佳匹配，而且能清晰描述出目标用户的特征以及产品与他们之间的关系。因此，在客户结构分析的过程中需要综合考虑客户的性别、年龄、职业等维度，综合分析客户结构才可能对目标客户和产品定位做出更准确的判断。

从分析结果来看，中汇集团的客户总体结构良好，拥有较强的消费能力。客户以男性为主，占客户总数的 70% 以上，年龄分布主要集中在中、青年；从类别来看，金卡会员占比接近三分之二，主要原因是会员多数集中在广东佛山、山东济南、浙江杭州等经济发达地区。因此，中汇集团可以针对位于经济发达地区的客户开展更优质的服务，为集团树立良好的口碑，增加集团的销售收入。

任务二　采购业务分析

任务情境

中汇集团从公司总部供应链管理系统中提取了 2023 年的汽车精品附件的采购报表，现需要对集团的采购业务进行分析，从而更好地提升集团采购环节的质量管理。根据集团精品附件采购业务报表计算并分析采购质量合格率与供应商准时交付率，并对其采购业务进行总体分析。

知识准备

采购业务是企业从供应市场获取产品或服务作为企业资源，以保证企业生产经营活动正常开展的一项业务。采购管理是企业供应链管理的重要环节，有效的采购管理可以降低成本、提高效率，保障生产经营活动的顺利进行。

一、采购业务分析目的

采购业务分析的目的包括优化供应链管理、提高采购效率、控制企业成本、保障质量和供应等方面。

（一）优化供应链管理

采购业务分析可以帮助企业更好地理解市场变化，预测供需趋势，从而更精准地制订采购计划和库存管理策略。通过对采购数据的多维度分析，可以发现供应链中的薄弱环节，及时对供应商进行评估和调整。

通过采购业务分析，可分析供应商的采购质量合格率和准时交付率，有助于维护生产稳定性，并避免因供应问题导致生产线停工。通过科学的数据分析，可以构建更灵活、响应更迅速的供应链体系，以适应不断变化的市场需求。利用数据挖掘技术，发掘潜在的优质供应商，减少供应商过度集中的风险，确保供应链多元化。

（二）提高采购效率

分析采购流程中的每一环节，找出容易延误或效率低下的环节，提出改进措施，减少不必要的等待时间。采用电子化采购系统收集数据，实现采购信息的快速传递和处理，提升整体采购效率。对采购人员的工作效率进行分析，识别工作瓶颈，并提供培训和自动化工具以提高其工作效率。

（三）控制企业成本

企业通过分析采购价格与市场均价的差异，确定采购成本的合理性，避免过高的支出。对原材料采购价格进行趋势分析，预测未来的价格波动，制定相应的成本控制策略。执行供应商成本分析，比较不同供应商的报价、产品和服务质量，以合理化成本支出。分析成交最低价变化情况，防止恶性竞争导致的质量下降和成本不实的问题发生。运用留存分析和用户分群研究，寻找最优的供应商组合，降低长期合作成本。

（四）保障质量和供应

企业通过原材料质量控制分析，监测不同供应商提供的原材料合格率，保证原材料质量。监控准时交付率，对供货不及时的供应商采取必要措施，确保生产材料供应的稳定性。利用数据分析工具，比如图表和数据看板，实时监控关键供应商的风险状况。建立供应商评分系统，定期评估供应商的质量与交货表现，督促其持续改进。通过精细化的数据分析，发现潜在的供应风险并提前应对，保障生产和运营不受影响。

二、采购质量合格率

采购质量合格率是企业供应链管理中的一个重要指标，它直接关系到企业的生产成本、产品质量和市场竞争力。通过对采购质量合格率的分析，企业可以更好地控制原材料质量，优化供应商选择，并采取相应措施提高整体产品的质量。

（一）采购质量合格率的重要性

1. 质量管理

采购质量合格率是衡量原材料或组件是否符合企业生产标准和质量要求的指标，直接影响最终产品的质量和性能。

2. 成本管理

制造业企业往往会采用精益生产方式，例如，生产不合格的原材料可能导致生产线停工，增加返工和退货成本，从而影响企业的整体成本管理。

3. 供应链管理

通过分析采购质量合格率，企业可以评估供应商的可靠性和质量控制能力，进而优化供应链管理。

（二）采购质量合格率的计算方法

采购业务需要收集的关键数据包括采购订单详情、到货记录、质量检验报告等，这些数据可以通过企业资源计划（Enterprise Resource Planning，ERP）系统或供应链管理系统获取。采购质量合格率计算公式为：

$$采购质量合格率 = \frac{合格产品的数量}{采购产品的数量} \times 100\% \qquad （公式 5\text{-}1）$$

采购质量合格率越高，表明采购产品的质量越好。企业采购部门应当严格执行企业产品采购程序和管理办法，做好供应商的年度评估工作，加强入库验收和产品库存管理，保证企业采购产品的质量。

三、供应商准时交付率

供应商准时交付率是衡量供应商在约定时间内完成订单的能力，它是供应链管理中的关键指标，直接影响企业的生产进度和市场反应速度，其计算公式为：

$$供应商准时交付率 = \frac{准时到货数量}{采购数量} \times 100\% \qquad （公式 5\text{-}2）$$

在实际应用时，企业的供应链管理中的准时交付率又分为两类指标：一是 OTDC（On Time Delivery to Commitment，承诺准时交付率）指标，指按承诺满足企业需求的准时交付率，强调按照供应商的承诺来满足企业需求；二是 OTDD（On Time Delivery to Demand，需求准时交付率）指标，指满足企业原始需求的准时交付率，更侧重于企业最初需求的满足。企业应与供应商建立长期的合作关系，保持清晰明确的沟通，确保所有需求和期望都传达给供应商，并定期进行评估，帮助其改进生产和交货流程。

> 💡 **小贴士**
>
> 采购业务分析还包括总体采购金额趋势分析、总体采购金额占营业收入比重分析、重要原材料采购价格与市场价格偏离度分析等。

🌱 任务实施

下面以中汇集团采购报表（项目五\数据源\采购数据表\中汇集团采购报表）为例，对采购业务进行数据分析。

操作演示

采购数据预处理

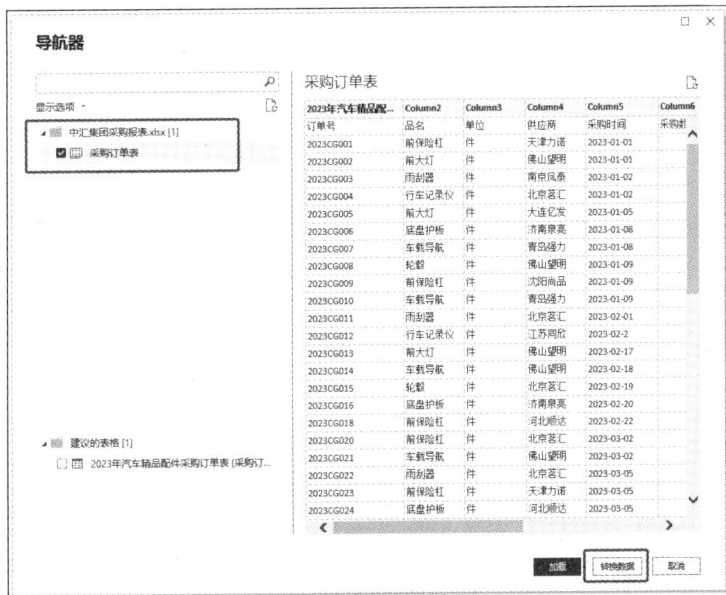

一、采购数据预处理

（一）数据获取

打开 Power BI Desktop，单击"从 Excel 导入数据"，在弹出的"导航器"对话框中勾选"采购订单表"，单击"转换数据"按钮，如图 5-11 所示，进入 Power Query 编辑器。

图 5-11 获取采购订单表

（二）数据整理

在 Power Query 编辑器中，执行"主页"→"转换"→"将第一行用作标题"命令，设置完成后，执行"主页"→"关闭并应用"命令，退出 Power Query 编辑器。

（三）新建度量值

切换至报表视图，选中采购订单表，执行"主页"→"新建度量值"命令，新建采购总数量、采购总金额、合格总数量、准时交付数量、采购质量合格率、供应商准时交付率 6 个度量值，如度量值 5-4 至度量值 5-9 所示。

$$采购总数量 = SUM('采购订单表'[采购数量]) \tag{度量值 5-4}$$
$$采购总金额 = SUM('采购订单表'[采购金额]) \tag{度量值 5-5}$$
$$合格总数量 = SUM('采购订单表'[合格数量]) \tag{度量值 5-6}$$
$$准时交付数量 = SUM('采购订单表'[及时到货数量]) \tag{度量值 5-7}$$
$$采购质量合格率 = [合格总数量]/[采购总数量] \tag{度量值 5-8}$$
$$供应商准时交付率 = [准时交付数量]/[采购总数量] \tag{度量值 5-9}$$

需要注意的是，采购质量合格率和供应商准时交付率两个度量值的格式设置为百分比，保留 2 位小数。

二、采购业务可视化分析

（一）采购金额统计

1. 采购总金额统计

在报表视图下，选择可视化视觉对象中的"卡片图"，将"采购总金额"拖曳至"字段"。执行"可视化"→"设置视觉对象格式"→"视觉对象"命令，设置标注值和类别标签的字体大小、颜色，添加卡片图的边框，结果如图 5-12 所示。

操作演示

采购业务可视化分析

57 百万
采购总金额

图 5-12 采购总金额卡片图

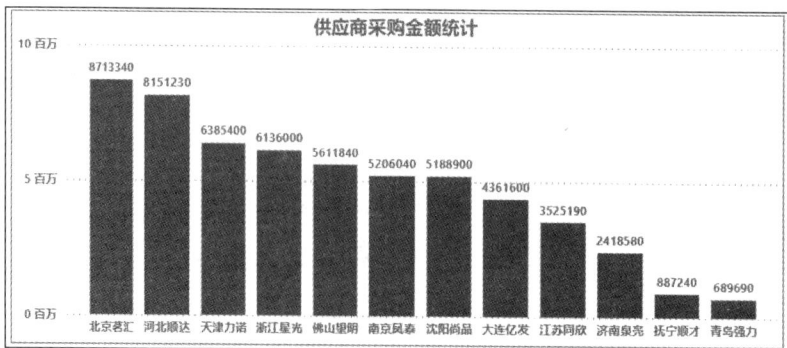

2. 供应商采购金额统计

选择可视化视觉对象中的"堆积柱形图"，将"供应商"拖曳至"X 轴"，将"采购总金额"拖曳至"Y 轴"。执行"可视化"→"设置视觉对象格式"→"视觉对象"命令，设置 X 轴和 Y 轴的字体大小、颜色；打开数据标签并添加网格线；标题文本设置为"供应商采购金额统计"，字体大小设置为"12"，加粗并居中；添加堆积柱形图的边框等，结果如图 5-13 所示。

图 5-13 供应商采购金额统计堆积柱形图

（二）采购数量统计

选择可视化视觉对象中的"折线和堆积柱形图"，将"供应商"拖曳至"X 轴"，将"采购总数量"拖曳至"Y 轴"，将"供应商准时交付率"拖曳至"辅助 Y 轴"。执行"可视化"→"设置视觉对象格式"→"视觉对象"命令，设置 X 轴和 Y 轴的字体大小、颜色；打开数据标签并添加网格线；标题文本设置为"采购总数量和供应商准时交付率统计"，字体大小设置为"12"，加粗并居中；添加图形边框等，结果如图 5-14 所示。

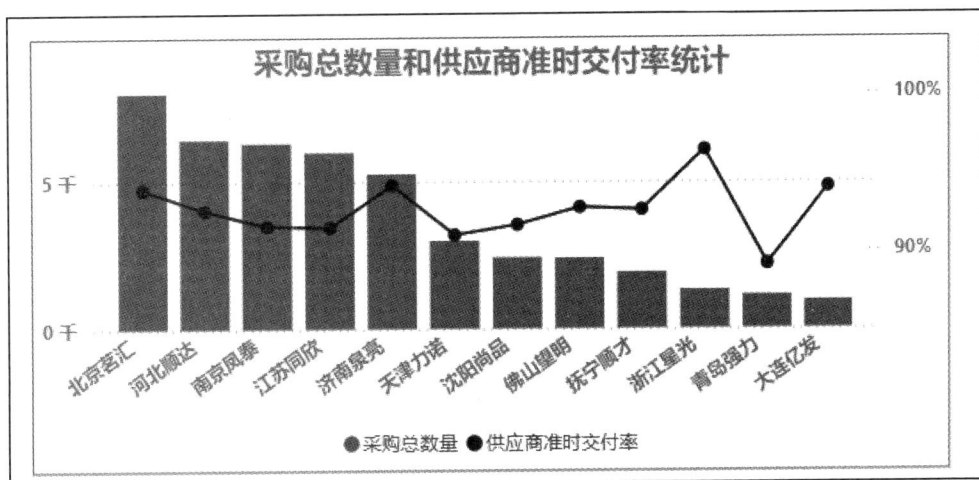

图 5-14　采购总数量和供应商准时交付率统计折线和堆积柱形图

（三）采购质量合格率统计

选择可视化视觉对象中的"折线图"，将"供应商"拖曳至"X 轴"，将"采购质量合格率"拖曳至"Y 轴"。执行"可视化"→"设置视觉对象格式"→"视觉对象"命令，设置 X 轴和 Y 轴的字体大小、颜色；打开标记和数据标签；标题文本设置为"采购质量合格率统计"，字体大小设置为"12"，加粗并居中；添加图形的边框等，结果如图 5-15 所示。

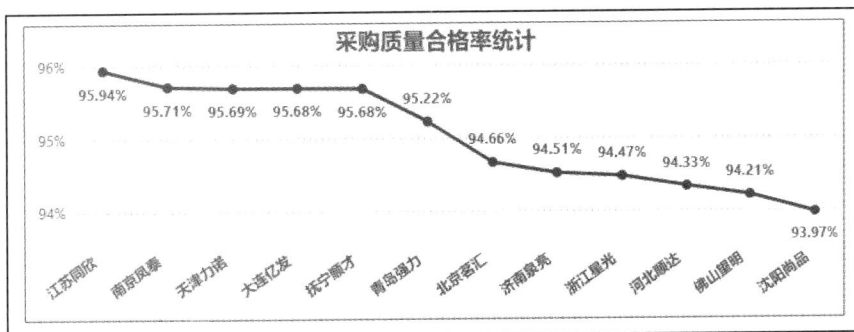

图 5-15　采购质量合格率统计折线图

（四）采购业务分析结果整体布局

执行"主页"→"文本框"命令，插入文本框，输入"中汇集团-采购业务分析"，文本大小设置为"24"，加粗并居中，并添加一种字体颜色；最后将采购业务分析的所有可视化视觉对象进行布局设计，注重报表整齐和美观，结果如图 5-16 所示。

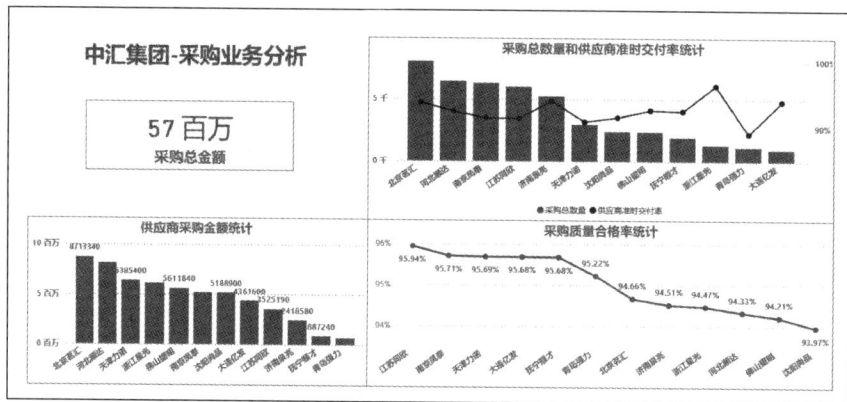

图 5-16　采购业务分析结果整体布局

任务总结

本任务主要讲解了采购业务分析的目的、采购质量合格率和供应商准时交付率等内容。从分析结果来看，中汇集团 2023 年的采购总金额为 5 700 多万元，采购金额排前三名的供应商分别是北京茗汇、河北顺达、天津力诺；采购质量合格率排在后三名的供应商是沈阳尚品、佛山望月、河北顺达；供应商准时交付率后三名的供应商为青岛强力、天津力诺、江苏同欣。

总体来看，采购质量合格率和供应商准时交付率是供应链管理中的重要指标，通过对这两个指标进行分析，可以更好地了解供应商的表现并采取相应的管理决策。因此，中汇集团应采取提高采购质量合格率的措施，加强与供应商的沟通，定期进行供应商评估和审查，督促表现不佳的供应商采取改进措施或更换供应商，以保证集团供应链的整体效率。

任务三　销售业务分析

任务情境

中汇集团从公司总部销售系统中提取并整理了 2023 年销售数据表，包括门店表、日期表、产品表和销售表等。公司销售总监希望利用 Power BI Desktop 的可视化分析功能，通过各门店相关数据的横向纵向对比分析，如销售收入贡献度分析，发现新的销售增长点。

知识准备

销售业务分析是企业财务管理中的重要环节，它能帮助企业了解销售活动的效果，评估市场策略的成效，并为未来的业务决策提供数据支持。

一、销售收入整体趋势分析

（一）总销售额分析

观察不同时间段（如季度、年度）的总销售额表现，识别销售额增长或下降的周期性模式。

使用移动平均或趋势线来平滑季节性波动，能够更准确地判断长期趋势。

（二）产品或服务类别分析

分析不同产品或服务类别的销售表现，确定哪些类别是销售收入增长的驱动力，哪些类别可能需要调整或淘汰，以达到与市场趋势和消费者偏好变化相匹配。

（三）客户群体分析

对销售收入按客户群体进行划分，识别最有价值或消费增长最快的客户段。分析不同国家和地区的客户动态，以定位市场扩展或收缩的战略。

二、销售收入贡献度分析

销售收入贡献度分析是一项关键的商业活动，它能帮助企业识别收益更高的产品或服务、市场区域以及销售渠道，从而使得资源分配和策略制定更精准有效。这种分析方法通常依赖于数据分析技术，如分布分析、描述性统计分析以及更为重要的贡献度分析，这些都是衡量不同维度对总销售收入贡献的重要手段。以下是关于销售收入贡献度分析的介绍。

（一）时间维度分析

通过对不同时间段内销售收入的分析，企业可以了解销售业务的季节性、周期性以及长期发展趋势。季节性分析可显示产品或服务在不同季节的销售表现，这对于制定季节性促销活动和库存管理至关重要。通过识别销售高峰期和低谷期，公司可以优化库存水平，避免库存过剩或短缺，同时根据季节性需求调整价格策略以最大化利润。而周期性和长期发展趋势分析则可揭示销售收入的整体变化趋势和周期性变动规律，为预测未来销售收入并制定相应的销售策略提供依据。

（二）产品维度分析

产品维度分析有助于公司了解各类产品在总销售收入中的占比和贡献度。通过对不同产品销售收入的排名，公司能够识别出销售的优势产品和短板产品，据此调整产品组合和定价策略。例如，根据帕累托法则（又称"二八定律"），可以发现往往是少数产品的销售产生了大部分的销售收入。对于多产品企业来说，单一产品收入占比的变动分析可以帮助企业识别重点产品，为产品研发、市场营销和供应链管理提供参考。同时，对比产品的利润率判断产品的盈利能力，及时调整销售策略以提升企业利润水平。

（三）地域维度分析

地域维度分析评估销售收入的发生地，帮助企业了解不同地区的销售业绩。通过对比不同地区的销售额，公司可洞悉各地区的市场容量和销售竞争态势，为拓展新市场、调整布局提供依据；通过分析各地区的销售收入增长率和构成，可以判断市场的饱和度、增长潜力以及消费者需求的地区差异，进而制定有针对性的市场策略。

（四）计划完成度分析

计划完成度分析是一项关键的企业活动，它是用来检查、监督计划执行情况的相对指标，帮助企业评估实际销售表现与计划目标之间的差异，并采取相应措施调整策略以完成计划。这种分析不仅涉及对已实现销售额的量化，还包括对影响计划完成度的内外部因素的深入分析。

计划完成度是企业在某时期内实际销售收入与计划销售收入的比值，一般用百分数来表示，其计算公式为：

$$销售收入计划完成度 = \frac{实际销售收入}{计划销售收入} \times 100\% \qquad （公式 5\text{-}3）$$

任务实施

下面以中汇集团销售报表（项目五\数据源\销售数据表\中汇集团销售报表）为例，对销售业务进行数据分析。

一、销售数据预处理

（一）数据获取

打开 Power BI Desktop，单击"从 Excel 导入数据"，在弹出的"导航器"对话框中勾选"产品表""门店表""日期表""销售表"4 张表，单击"转换数据"按钮，如图 5-17 所示，进入 Power Query 编辑器。

操作演示

销售数据预处理

图 5-17　获取中汇集团销售报表

（二）数据整理

1. 更改数据类型

在 Power Query 编辑器中，选中"日期表"，单击"年"字段前的 ▦ 按钮，从下拉菜单中选中"文本"选项，弹出"更改列类型"对话框，单击"替换当前转换"按钮，即可将"年"字段的数据类型转换为文本型，如图 5-18 所示。按照类似的步骤，将"月"字段的数据类型转换为文本型。

2. 添加排序依据列

单击"月"字段的下拉按钮，可以看到"月"字段当前是按文本排序的。正确的排序方式应为 1 月—12 月，因此需要对"月"字段设置排序依据列，实现正确排序。

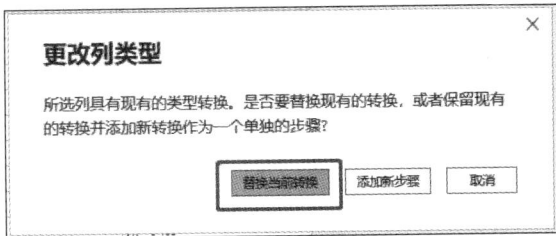

图 5-18　更改数据类型

步骤01 在 Power Query 编辑器中，选中"月"字段，执行"添加列"→"重复列"命令，Power Query 编辑器会自动添加与"月"字段相同的一列。

步骤02 选中"月-复制"一列，执行"转换"→"拆分列"→"按字符数"命令，会弹出"按字符数拆分列"对话框，输入字符数"1"，并单击"一次，尽可能靠右"选项，然后单击"确定"按钮，如图 5-19 所示。

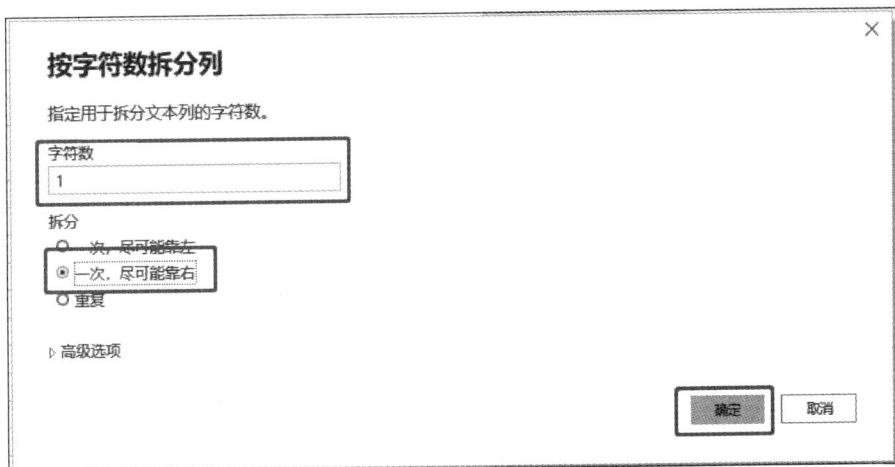

图 5-19　设置按字符数拆分列

步骤03 Power Query 编辑器会将复制的"月"列拆分成两列：数字单独一列，"月"字单独一列。选中"月-复制 2"列，单击鼠标右键，从弹出的快捷菜单中选择"删除"选项，删除该列。然后双击"月-复制 1"的列名，将其重命名为"月份"。

在 Power Query 编辑器中完成设置后，可以执行"主页"→"关闭并应用"命令，退出 Power Query 编辑器。

（三）数据建模

本任务将建立事实表（销售表）和维度表（产品表、日期表、门店表）之间的模型，有相同字段的两张表会自动建立关系。

步骤01 切换至模型视图，即可显示各表之间的关系。产品表和销售表、门店表之间已自动建立关系，将上述 3 个维度表拖曳到事实表的下方。Power BI Desktop 自动建立的模型如图 5-20 所示。

步骤02 将日期表中的"日期"字段拖曳到销售表的"订单日期"字段，即可建立日期表和销售表之间的关系。销售数据完整模型如图 5-21 所示。

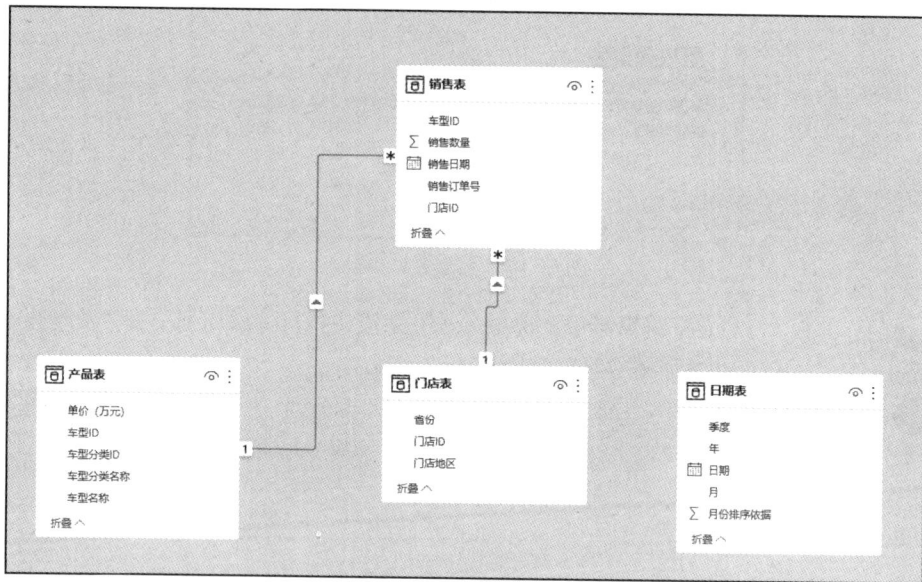

图 5-20　Power BI Desktop 自动建立的模型

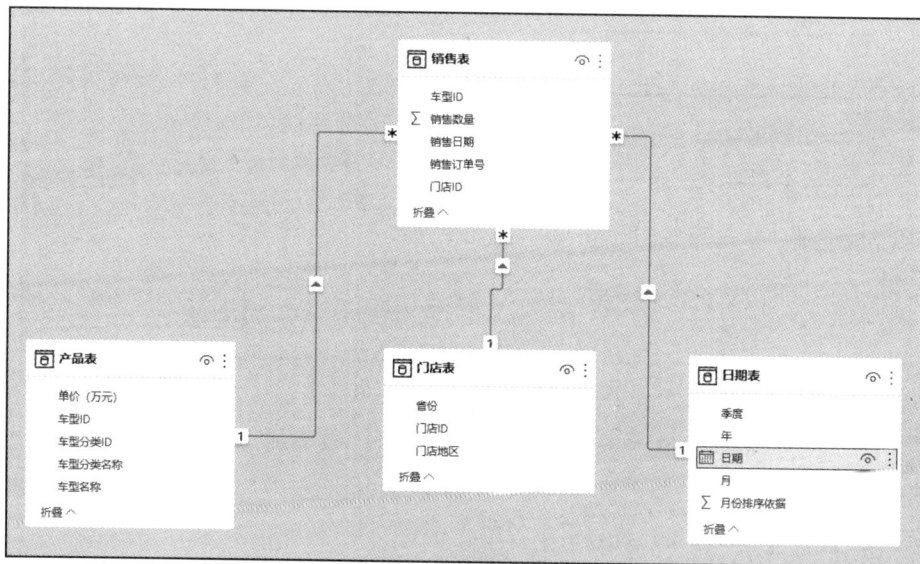

图 5-21　销售数据完整模型

二、新建列与新建度量值

（一）新建列

步骤 01　切换至报表视图，选择窗口右侧的"销售表"，然后单击"销售订单号"字段右侧的下拉按钮，从弹出的下拉菜单中选择"以升序排序"选项，如图 5-22 所示。

为了便于计算销售金额，可将产品表中的"单价"列引入销售表并新建"销售金额"列，从而计算每笔订单的销售金额，新建的两列均需设置 DAX 公式。

操作演示

新建列与新建度量值

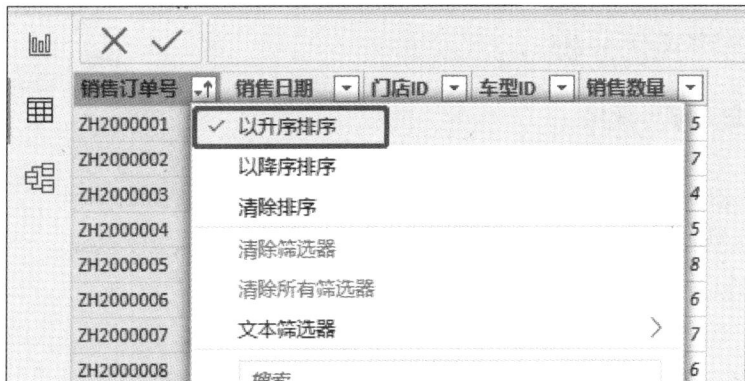

图 5-22　设置"销售订单号"字段以升序排列

步骤 02 引入"单价"列。执行"表工具"→"计算"→"新建列"命令，在公式编辑栏输入公式，如度量值 5-10 所示。在销售表中引入"单价列"如图 5-23 所示。

单价 = RELATED('产品表'[单价（万元）])　　　　　　　　　　　　　　　　　（度量值 5-10）

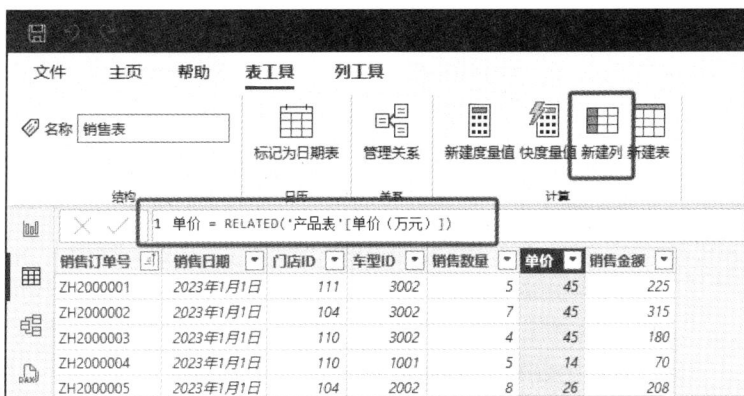

图 5-23　在销售表中引入"单价列"

按类似的步骤，继续新建"销售金额"列，在公式编辑栏输入公式，如度量值 5-11 所示。

销售金额 = '销售表'[销售数量]*'销售表'[单价]　　　　　　　　　　　　　　（度量值 5-11）

（二）新建度量值

本任务共新建 4 个度量值，分别是销售总金额、销售总数量、门店数量总和、单店平均销售额。

切换至报表视图，选择销售表，执行"表工具"→"计算"→"新建度量值"命令，在公式编辑栏输入公式，如度量值 5-12 所示。

销售总金额 = SUM('销售表'[销售金额])　　　　　　　　　　　　　　　　　（度量值 5-12）

按类似的步骤，可以设置销售总数量、门店数量总和、单店平均销售额对应的 3 个度量值公式，如度量值 5-13 至度量值 5-15 所示。

销售总数量 = SUM('销售表'[销售数量])　　　　　　　　　　　　　　　　　（度量值 5-13）

门店数量总和 = DISTINCTCOUNT('销售表'[门店 ID])　　　　　　　　　　　（度量值 5-14）

单店平均销售额 = [销售总金额]/[门店数量总和]　　　　　　　　　　　　　（度量值 5-15）

设置完成后，可以在右侧"数据"窗口的"销售表"中看到新增的 4 个度量值。

三、销售业务可视化分析

（一）销售总金额可视化

在报表视图下，选择可视化视觉对象中的"卡片图"，将销售表中的"销售总金额"拖曳至"字段"。执行"可视化"→"设置视觉对象格式"→"视觉对象"命令，设置标注值和类别标签的字体大小、颜色；添加卡片图的阴影，结果如图 5-24 所示。

1028984
销售总金额

图 5-24　销售总金额卡片图

卡片图通常用于突出显示可视化分析的关键数据，比如收入、利润、完成率等指标。按照类似的操作将"销售总数量""门店数量总和""单店平均销售额"3 个度量值以卡片图的形式呈现。

（二）时间维度分析

下面将在折线和簇状柱形图中显示不同月份的销售金额和销售数量。

步骤 01　选择可视化视觉对象中的"折线和簇状柱形图"，将日期表中的"月"拖曳至"X 轴"，将销售表中的"销售金额"拖曳至"Y 轴"，将"销售数量"拖曳至"辅助 Y 轴"。

步骤 02　单击"折线和簇状柱形图"图形右上角的"更多选项"，从弹出的菜单中选择"排列 轴"，排序方式选择"以升序排列"，如图 5-25 所示。

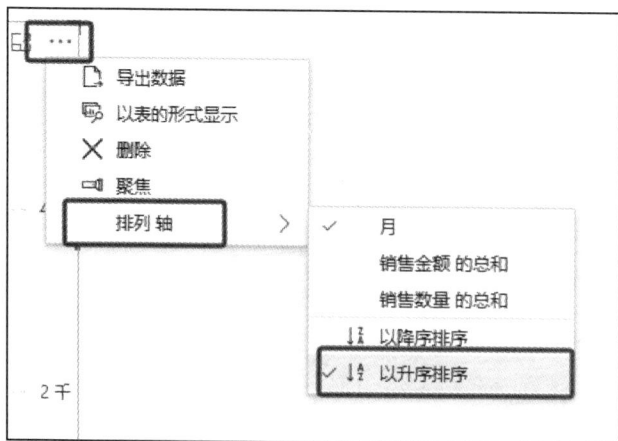

　　导出数据
　　以表的形式显示
✕　删除
　　聚焦
　　排列 轴　　　＞　　✓　　月
　　　　　　　　　　　　　　销售金额 的总和
　　　　　　　　　　　　　　销售数量 的总和
　　　　　　　　　　　　↓↑　以降序排序
　　　　　　　　　　　✓　↓↑　以升序排序

2 千

图 5-25　设置排序方式

步骤 03　选中日期表中的"月"字段，执行"列工具"→"排序"→"按列排序"→"月份"命令。然后执行"可视化"→"设置视觉对象格式"→"视觉对象"命令，设置 X 轴和 Y 轴的字体颜色，图例的位置为"靠下居中"，添加标题和边框等，结果如图 5-26 所示。

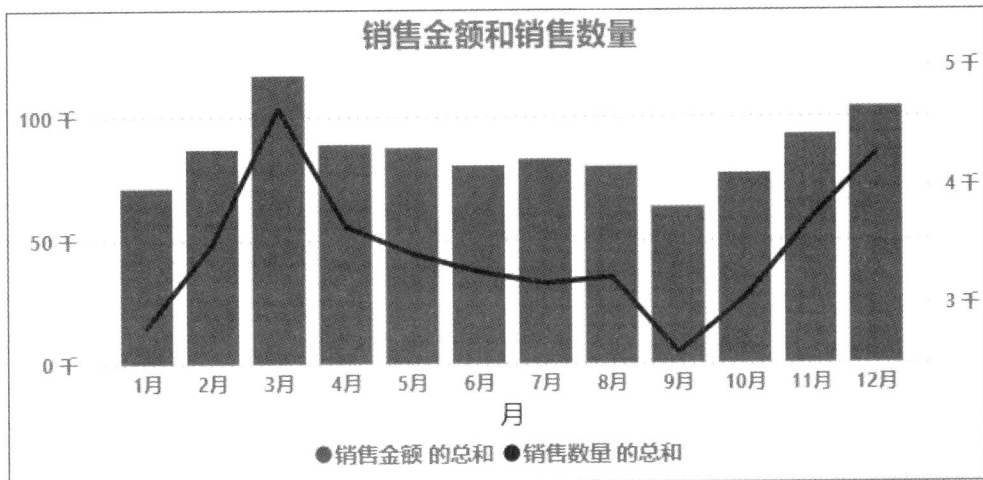

图 5-26 销售金额和销售数量的折线和簇状柱形图

（三）产品维度分析

1. 产品销售金额维度

步骤 01 选择可视化视觉对象中的"条形图"，将销售表中的"销售金额"拖曳至"X轴"，将产品表中的"车型名称"拖曳至"Y轴"。

步骤 02 执行"可视化"→"设置视觉对象格式"→"视觉对象"命令，设置 X 轴和 Y 轴的字体颜色，打开数据标签，添加标题和边框等，结果如图 5-27 所示。

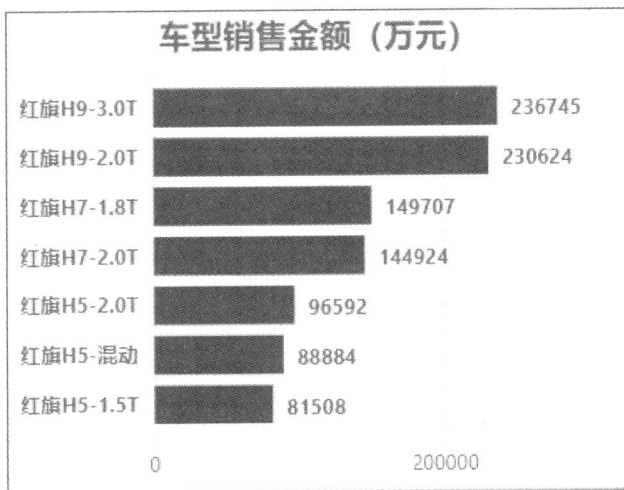

图 5-27 车型销售金额条形图

2. 产品销售数量维度

步骤 01 选择可视化视觉对象中的"饼图"，将销售表中的"销售数量"拖曳至"值"，将产品表中的"车型名称"拖曳至"图例"中。

步骤 02 执行"可视化"→"设置视觉对象格式"→"视觉对象"命令，设置图例和详细信息标签的字体颜色，添加标题和边框等，结果如图 5-28 所示。

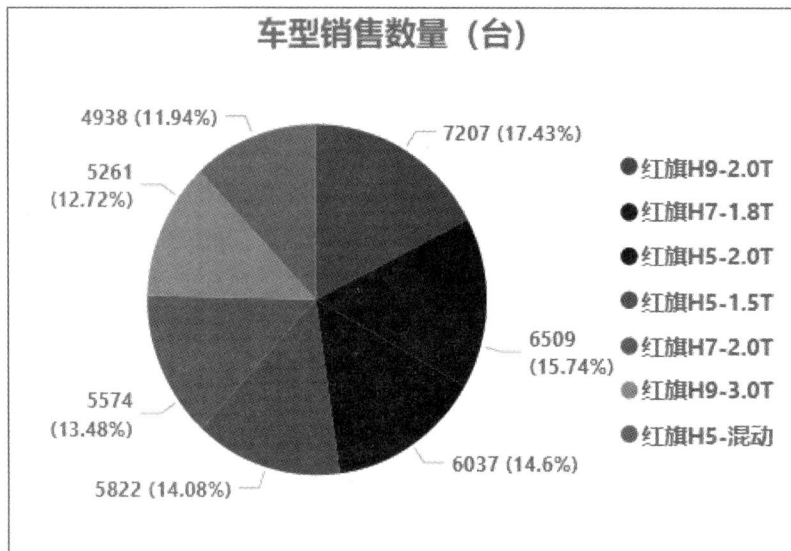

图 5-28　车型销售数量饼图

（四）地域维度分析

下面将设置"店铺名称"切片器，通过选择切片器中的不同门店来展示该门店的各类分析数据。

步骤 01　选择可视化视觉对象中的"切片器"，将门店表中的"门店"拖曳至"字段"中。

步骤 02　执行"可视化"→"设置视觉对象格式"→"视觉对象"命令，设置切片器样式为"磁贴"，设置字体颜色，添加标题，结果如图 5-29 所示。

图 5-29　地区门店查询切片器

（五）插入图像

下面将插入"红旗"商标图像和文字图像，图像文件和本项目案例数据来自同一个文件夹。

步骤 01　执行"插入"→"元素"→"图像"命令，选择两张图像，即可插入。

步骤 02　设置图像的格式为"阴影"，结果如图 5-30 所示。

图 5-30　插入图像

（六）销售业务分析结果整体布局

执行"主页"→"文本框"命令，插入文本框，输入"中汇集团-销售业务分析"，文本大小设置为"24"，加粗并居中，并添加一种字体颜色；最后将销售业务分析的所有可视化视觉对象进行布局设计，注重报表整齐和美观，结果如图 5-31 所示。

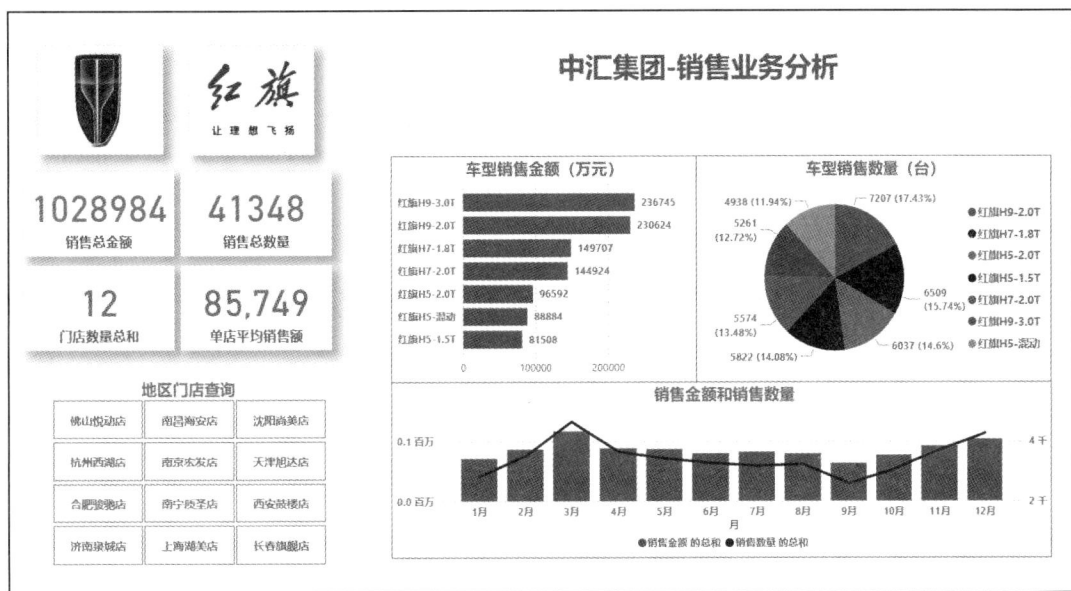

图 5-31　销售业务分析结果整体布局

任务总结

本任务主要讲解了销售收入整体趋势分析、销售收入贡献度分析，分别从时间、产品、地域 3 个维度进行了销售业务可视化分析。从分析结果来看，中汇集团 2023 年的销售总金额为 1 028 984 万元，销售数量最多的是红旗 H9-2.0T 车型，销售了 7 207 台，销售金额最高的是红旗 H9-3.0 T 车型，销售了 236 745 万元。

通过对多个维度的综合分析，集团不仅能够深入了解销售业务的情况，而且能够为制定科学的销售策略和提升销售收入提供强有力的支持。持续的销售业务分析使集团能够把握市场动态，及时进行调整，以实现持续增长和良好的集团发展。

技能提升

一、单选题

1. 采购质量合格率属于哪种业务分析？（　　　）
    A. 客户结构分析　　B. 采购业务分析　　C. 销售业务分析　　D. 财务报表分析
2. 销售收入计划完成度属于哪种业务分析？（　　　）
    A. 客户结构分析　　B. 采购业务分析　　C. 销售业务分析　　D. 财务报表分析
3. 在 Power BI 中，哪个选项用于设置数据的默认日期格式？（　　　）
    A. 格式化窗格　　　　　　　　　　B. 字段窗格
    C. 设置菜单　　　　　　　　　　　D. 数据视图中的列属性
4. 以下哪个不是 Power BI 中的数据类型？（　　　）
    A. 整数　　　　　　　　　　　　　B. 浮点数
    C. 货币　　　　　　　　　　　　　D. 布尔值（True / False）
5. 要在 Power BI 中创建一个新的列，应该在哪种视图下进行操作？（　　　）
    A. 报表视图　　　B. 数据视图　　　C. 模型视图　　　D. 字段窗格

二、多选题

1. 客户结构分析涉及哪几个维度？（　　　）
    A. 客户性别维度　　B. 客户年龄结构　　C. 客户职业维度　　D. 客户收入维度
2. 采购业务分析的目的包括（　　　）。
    A. 优化供应链管理　　B. 提高采购效率　　C. 控制企业成本　　D. 保障质量和供应
3. 销售收入整体趋势分析的内容包括（　　　）。
    A. 总销售额分析　　B. 产品类别分析　　C. 服务类别分析　　D. 客户群体分析
4. 销售收入贡献度分析的内容包括（　　　）。
    A. 时间维度分析　　B. 产品维度分析　　C. 地域维度分析　　D. 计划完成度分析
5. 企业经营数据分析的内容包括（　　　）。
    A. 客户结构分析　　B. 采购业务分析　　C. 销售业务分析　　D. 新入职员工分析

三、判断题

1. Power BI 报表可以在 Power BI Desktop 中查看。　　　　　　　　　　　　（　　　）
2. 在 Power BI 中，不能创建包含多个页面的报表。　　　　　　　　　　　　（　　　）
3. 在 Power BI 中，不能直接与可视化对象中的数据点进行交互。　　　　　　（　　　）
4. Power BI 报表中的可视化对象只能基于整个数据集创建。　　　　　　　　（　　　）
5. 在 Power BI 中，不能创建自定义的列或度量值。　　　　　　　　　　　　（　　　）

四、实训题

从汽车之家官网下载并整理 2024 年前三季度销量前 10 的汽车数据，并对数据进行可视化分析。

项目六

分析企业财务报表

项目导读

　　财务报表分析是对企业的财务状况、经营成果和现金流量的综合、系统评估。需要对资产负债表、利润表、现金流量表及附注等不同财务报表深入剖析，以获得对公司的财务健康状况、盈利能力、资本结构和现金流动情况的全面认识。对财务报表进行分析涉及很多的指标计算与对比，多数情况下企业都会运用 Excel 对财务报表进行分析，那么，是否也可以借助 Power BI Desktop 进行财务报表分析呢？这正是本项目要解决的问题，运用 Power BI Desktop 进行企业财务报表分析不仅方便快捷，而且可以快速实现分析结果的可视化。

学习目标

知识目标

1. 了解编制资产负债表、利润表与现金流量表的目的。
2. 理解财务报表分析的目的和方法。
3. 掌握财务报表分析与可视化的思路。
4. 掌握复杂度量值的具体含义及表示方法。
5. 掌握财务数据期末占比和环比增长率的应用方法。

能力目标

1. 能够运用 Power BI Desktop 进行资产负债表可视化分析。
2. 能够运用 Power BI Desktop 进行利润表可视化分析。
3. 能够运用 Power BI Desktop 进行现金流量表可视化分析。

素养目标

1. 通过本项目的学习，深入理解财务报表分析在企业管理决策中的核心作用，培养系统性思维和辩证思维能力，建立整体性、全局性的科学分析框架。
2. 在财务报表分析实践中，培养严谨求实的职业态度，恪守客观公正的职业操守，养成良好的财务报表分析素养。

📋 **思维导图**

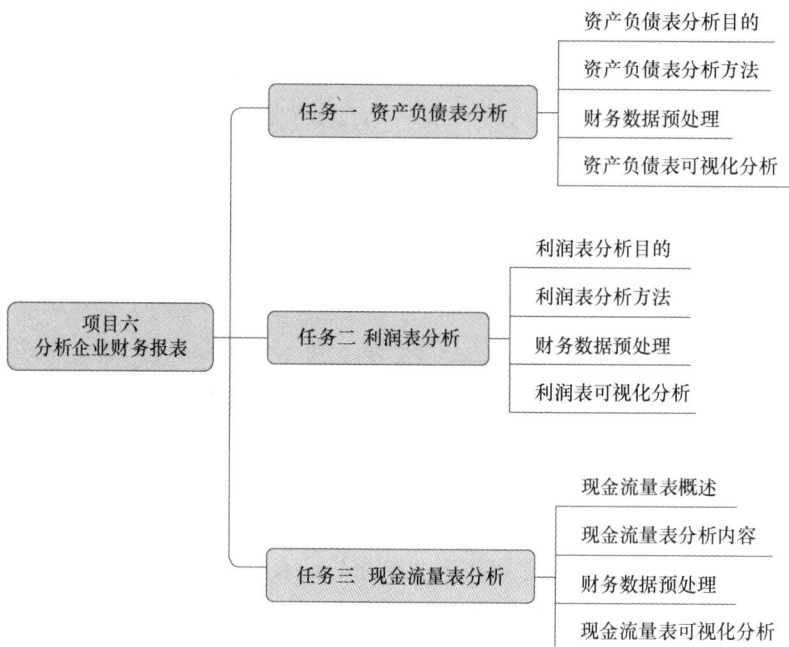

🔍 **引思启智**

坚持系统观念，强化全局意识

党的二十届三中全会提出进一步全面深化改革必须贯彻的"六个坚持"重大原则，其中之一是"坚持系统观念，处理好经济和社会、政府和市场、效率和公平、活力和秩序、发展和安全等重大关系，增强改革系统性、整体性、协同性"。

"不谋全局者，不足谋一域。"全局意识和系统观念，是具有基础性的思想和工作方法，强调的是从运行之"形"和发展之"势"上思考问题、推动改革。财务报表是企业财务状况和经营成果的综合反映，我们在进行财务报表分析时，不能只看某项指标本身，而是要从指标的来源、与其他指标及整个报表的关系等多个视角进行考量，强化全局意识，这样才能做好财务分析工作。我们的每项工作，都是企业经营发展中必不可少的部分，爱岗敬业是实现工作目标的落脚点，要严格履行岗位职责，强化担当作为。

【启示】在进行财务报表分析时，要坚持系统观念，强化全局意识，以负责的态度对企业的资产负债表、利润表与现金流量表等报表进行财务分析，为企业经营者决策提供依据，帮助信息使用者做出正确评价。

任务一 资产负债表分析

任务情境

使用 Power BI Desktop 获取中汇集团 2020—2022 年资产负债表与资产负债结构表，并对其进行可视化分析。

知识准备

资产负债表是反映企业在某一特定日期（如月末、季末、年末）全部资产、负债和所有者权益情况的会计报表，是企业经营活动的静态体现。它以"资产=负债+所有者权益"这一会计等式为依据，按照一定的分类标准和次序，反映企业在某一特定日期资产、负债及所有者权益的基本状况。

一、资产负债表分析目的

对资产负债表进行分析是为了揭示资产负债表中各项目的内涵、了解企业财务状况的变动情况及变动原因、评价企业会计对企业经营状况的反映程度和企业的会计政策等。

通过对资产负债表的分析，不仅可以揭示报表项目的内涵，例如通过分析流动资产和流动负债的关系，理解企业的偿债能力和流动性状况。还可以帮助使用者了解企业财务状况的变动及其原因，比如通过对比不同时间点的资产总额和负债结构的变化，可以观察到企业资产的增减和负债的调整情况。

二、资产负债表分析方法

资产负债表分析方法主要包括水平分析、垂直分析和项目分析 3 种方法。

（一）水平分析

水平分析是通过比较资产负债表中各项目在不同时间点（通常为两个会计年度）的数据来分析资产、负债和所有者权益的增减变化情况。例如，通过对比今年和去年的货币资金、应收账款、存货等项目的数据，可以了解企业的流动资产规模是否发生变化，进而评估企业的支付能力和资金运用效率。

（二）垂直分析

垂直分析是通过计算资产负债表中各项目占资产总额的比例来分析企业的资产结构和负债结构。例如，计算流动资产与非流动资产的比例，可以评估企业资产的流动性；计算有息负债与总负债的比例，则可以评估企业的偿债风险。

（三）项目分析

项目分析是对资产负债表中的特定项目进行详细分析，如货币资金、应收账款、存货和固定资产等。比如，对应收账款进行分析时，需要评估其规模、账龄的合理性和坏账准备的充分性；对存货的分析则涉及其规模、结构和计价方法是否合理。

总体来说，资产负债表分析是了解企业财务状况的重要手段。通过综合运用水平分析、垂直分析和项目分析 3 种方法，投资者和管理者可以全面评估企业的资产负债结构、偿债能力和整体的财务健康状况。在分析过程中，应结合企业的实际情况和行业特点，进行客观、动态的评估，以便做出合理的投资和管理决策。

任务实施

一、财务数据预处理

（一）数据整理

下面以中汇集团财务报表（项目六\数据源\中汇集团财务报表）为例，该报表包含资产负债表、利润表、现金流量表 3 张报表，将报表数据加载至 Power Query 编辑器中进行数据处理，资产负债表如图 6-1 所示。

报表项目	2022-12-31	2021-12-31	2020-12-31
货币资金	19215	2455	6692
结算备付金	—	—	—
拆出资金	—	—	—
交易性金融资产	159	185	170
衍生金融资产	—	—	—
应收票据	6754	4215	1458
应收账款	58652	75241	93214
预付款项	725	304	74

图 6-1　资产负债表

步骤 01　在 Power Query 编辑器中，选中资产负债表，执行"主页"→"将第一行用作标题"命令。

步骤 02　选中"报表项目"一列，执行"转换"→"任意列"→"逆透视列"→"逆透视其他列"命令，将资产负债表从二维表转换为一维表。

步骤 03　将"属性"一列的列名更改成"报表日期"，数据类型变更为日期型；将"值"一列的列名更改成"金额"，执行"转换"→"替换值"命令，在弹出的对话框中将空值替换为 0，如图 6-2 所示，数据类型变更为整数型。

步骤 04　执行"关闭并应用"命令将数据加载至 Power BI Desktop。

步骤 05　通过 Power BI Desktop 获取结构表，分别将 3 个报表的结构表和杜邦分析结构表加载至 Power Query 编辑器中进行数据处理。选中资产负债表结构表，执行"主页"→"将第一行用作标题"命令，执行"关闭并应用"命令将数据加载至 Power BI Desktop。资产负债表结构表如图 6-3 所示。

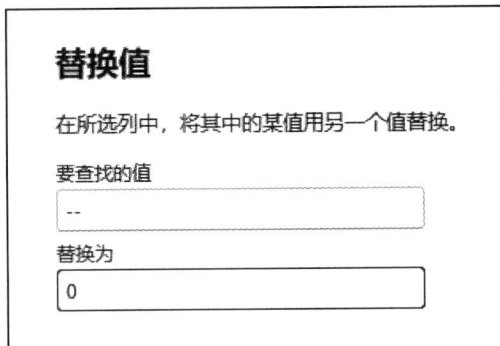

图 6-2 将空值替换为 0

图 6-3 资产负债表结构表

步骤 06 切换至模型视图，删除原有的表之间的关系，建立资产负债表与资产负债表结构表之间的模型，"项目名称"和"报表项目"之间形成一对多的关系，如图 6-4 所示。

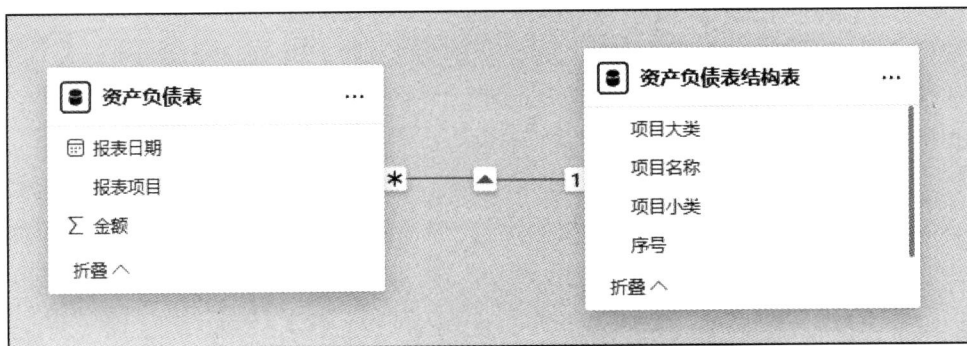

图 6-4 建立资产负债表与资产负债表结构表之间的模型

（二）新建度量值

在进行资产负债表分析之前需新建相关的度量值，分别是资产负债表排序、期末余额、期末占比、环比增长率，如度量值 6-1 至度量值 6-4 所示。

资产负债表排序 = MIN('资产负债表结构表'[序号])　　　　　　　　　　　　　（度量值 6-1）

```
期末余额 = SUM('资产负债表'[金额])                              （度量值 6-2）
期末占比 =
DIVIDE(CALCULATE(SUM('资产负债表'[金额])),CALCULATE(SUM('资产负债表'[金
额]),ALLSELECTED('资产负债表')))                               （度量值 6-3）
环比增长率 =
var a = CALCULATE(SUM('资产负债表'[金额]))
var b = CALCULATE(SUM('资产负债表'[金额]),SAMEPERIODLASTYEAR('资产负债表'[报表日期]))
return DIVIDE(a-b,b)                                          （度量值 6-4）
```

需要注意的是，期末占比和环比增长率两个度量值的格式设置为百分比，保留 2 位小数。

二、资产负债表可视化分析

（一）资产负债表各项目金额和期末占比可视化

1. 添加矩阵

切换至报表视图，在可视化区域中选择"矩阵"，将资产负债表结构表中的"项目大类""项目小类""项目名称"拖曳至"行"中，顺序从上到下依次排列，如果顺序排列错误会导致项目显示的层级错误。执行"矩阵"→"展开层次结构中的所有下移级别"命令，如图 6-5 所示。

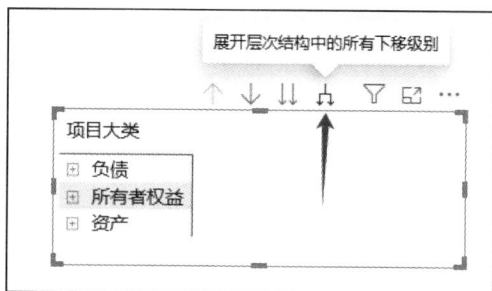

操作演示

资产负债表可视化分析

图 6-5　执行"展开层次结构中的所有下移级别"命令

资产负债表展开后，报表项目的排列是错乱的，需要通过"资产负债表排序"进行排序，把度量值"资产负债表排序"放入"值"字段中，单击"资产负债表排序"标题，按照升序进行排列。选中矩阵，执行"可视化"→"设置视觉对象格式"→"视觉对象"→"关掉行小计"命令；在可视化区搜索"自动换行"，关闭所有自动换行，从右向左拖曳资产负债表排序行进行隐藏。

依次把"期末余额""期末占比""环比增长率"3 个度量值拖曳至"值"中。度量值的放置顺序如图 6-6 所示。

2. 格式设置

选中矩阵，执行"可视化"→"设置视觉对象格式"→"视觉对象"命令，矩阵的布局和样式预设设置为"差异最小"，值的大小设置为"12"，列标题和行标题值的大小设置为"12"，加粗；在单元格元素内，为"环比增长率"添加数据条颜色，颜色自选；添加矩阵的边框等设置。

3. 筛选数据

选中矩阵，打开"筛选器"对话框，对"期末余额"筛选出显示值不等于 0 的项目，单击"应用筛选器"，如图 6-7 所示。

图 6-6 度量值的放置顺序

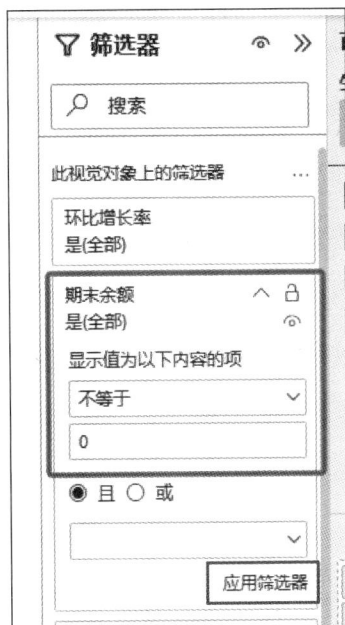

图 6-7 筛选数据

（二）资产负债表项目不同年份可视化

在可视化区域中选择"切片器"，将资产负债表中的"报表日期"拖曳至"字段"中，执行"可视化"→"设置视觉对象格式"→"视觉对象"命令，在设置视觉对象格式中，将切片器样式设置为"磁贴"；切片器标头选择"否"；在"值"对话框中调整字体颜色和边框颜色，颜色自选。在"常规"对话框中添加标题"年度查询"，设置字体颜色并加粗，设置完成后，结果如图 6-8 所示。

图 6-8 年度查询切片器

（三）资产负债表各项目结构可视化

1. 资产负债表总体结构

选择可视化视觉对象中的"饼图"，将资产负债表结构表的"项目大类"拖曳至"图例"中，将资产负债表的"金额"拖曳至"值"中。打开筛选器对话框，对"项目大类"进行数据筛选，筛选出"负债"和"所有者权益"的项目。

执行"可视化"→"设置视觉对象格式"→"视觉对象"命令，关闭图例；将详细信息标签内容设置为"类别，总百分比"，值的大小设置为"10"并加粗；标题文本设置为"总体结构"，字体大小设置为"12"，加粗并居中；添加饼图的边框等设置，结果如图 6-9 所示。

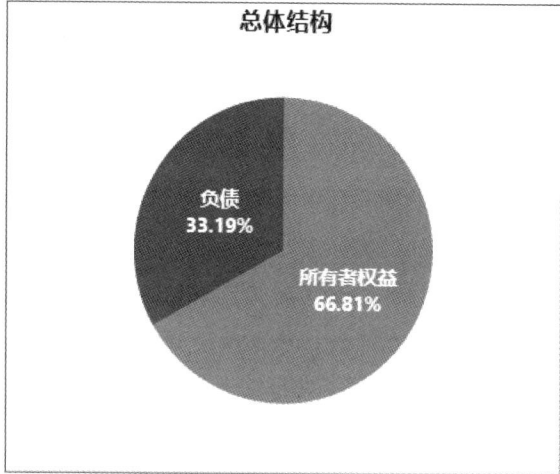

图 6-9　资产负债表总体结构饼图

2. 资产结构分析

选择可视化视觉对象中的"环形图"，将资产负债结构表的"项目小类"拖曳至"图例"中，将资产负债表的"金额"拖曳至"值"中。打开筛选器对话框，对"项目小类"进行数据筛选，筛选出"流动资产"和"非流动资产"的项目。

执行"可视化"→"设置视觉对象格式"→"视觉对象"命令，将详细信息标签内容设置为"数值，总百分比"，值的大小设置为"10"并加粗；标题文本设置为"资产结构分析"，字体大小设置为"12"，加粗并居中；添加环形图的边框等设置，结果如图 6-10 所示。

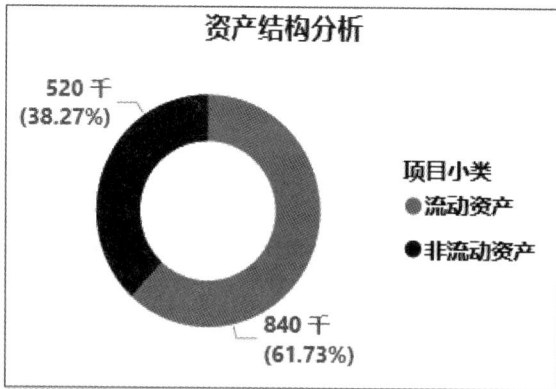

图 6-10　资产结构分析环形图

3. 负债结构分析

选择可视化视觉对象中的"环形图"，将资产负债结构表的"项目小类"拖曳至"图例"中，将资产负债表的"金额"拖曳至"值"中。打开筛选器对话框，对"项目小类"进行数据筛选，筛选出"流动负债"和"非流动负债"的项目。

执行"可视化"→"设置视觉对象格式"→"视觉对象"命令，将详细信息标签内容设置为"数值，总百分比"，值的大小设置为"10"并加粗；标题文本设置为"负债结构分析"，字体大小设置为"12"，加粗并居中；添加环形图的边框等设置，结果如图 6-11 所示。

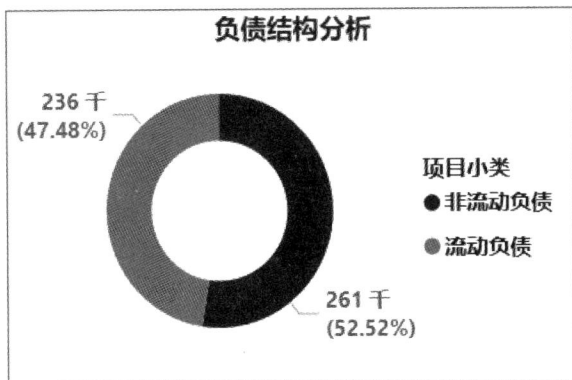

图 6-11　负债结构分析环形图

（四）资产总额、负债总额和所有者权益总额分析

1. 新建度量值

选中资产负债表，依次新建资产总额、负债总额、所有者权益总额 3 个度量值，如度量值 6-5 至度量值 6-7 所示。

资产总额 = CALCULATE(SUM('资产负债表'[金额]),'资产负债表'[报表项目] = "资产总计")

（度量值 6-5）

负债总额 = CALCULATE(SUM('资产负债表'[金额]),'资产负债表'[报表项目] = "负债合计")

（度量值 6-6）

所有者权益总额 = CALCULATE(SUM('资产负债表'[金额]),'资产负债表'[报表项目] = "所有者权益(或股东权益)合计")

（度量值 6-7）

2. 总额分析

在可视化视觉区域中选择"卡片图"，依次将度量值"资产总额""负债总额""所有者权益总额"拖曳至卡片图字段中。

执行"可视化"→"设置视觉对象格式"→"视觉对象"命令，设置卡片图的标注值的字体大小为"32"，类别标签的字体大小设置为"12"，设置字体颜色，选择一种背景颜色，颜色自选；显示单位为"无"；添加卡片图的边框，圆角像素设置为"18"；调整布局等设置，结果如图 6-12 所示。

图 6-12　总额分析卡片图

（五）资产负债表分析结果整体布局

执行"插入"→"文本框"命令，插入"+"和"="号，字号设置为 40，颜色自选，然后插入文本框，输入"中汇集团-资产负债表分析"，将文字大小设置为"24"，加粗并居中，设置字体颜色；最后将资产负债表分析的所有可视化视觉对象进行布局设计，注重报表整齐和美观，结果如图 6-13 所示。

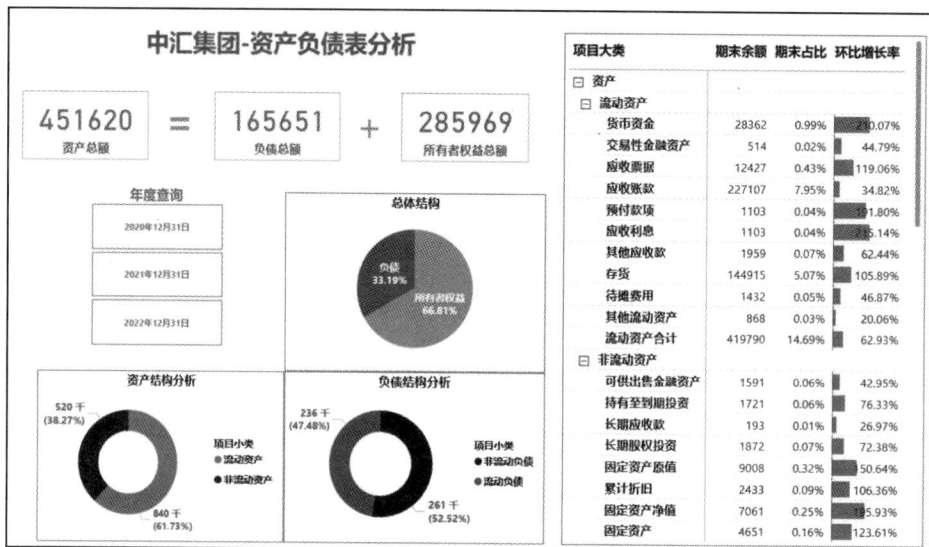

图 6-13 资产负债表分析结果整体布局

任务总结

本任务主要讲解了企业资产负债表分析的目的和方法，并对中汇集团的资产负债表进行了可视化分析。结合项目六数据源资料"中汇集团_财务报表分析.pbix"文件，对中汇集团资产负债表进行年度查询。通过对中汇集团 2020—2022 年的资产负债表的分析可以看出，集团的总资产规模呈现逐年增长趋势，增长幅度相对比较稳定，表明中汇集团这 3 年的资产规模发展趋势良好，资产存量规模逐步扩大。

任务二　利润表分析

任务情境

在任务一资产负债表分析的基础上，本任务将对中汇集团的利润表进行分析，使用 Power BI Desktop 获取中汇集团 2020—2022 年利润表与利润表结构表，并对其进行可视化分析。

知识准备

利润表是反映企业一定会计期间（如月度、季度、半年度或年度）生产经营成果的会计报表。企业在一定会计期间的经营成果既可能表现为盈利，也可能表现为亏损，因此，利润表也被称为损益表。它全面揭示了企业在某一特定时期的各种收入，产生的各种费用、成本或支出，以及企业获得的利润或产生的亏损情况。

一、利润表分析目的

（一）了解企业利润构成及来源

利润受各环节和各方面因素的影响，通过利润表分析，可以准确了解企业利润构成及主要来源，揭示不同环节和不同方面对利润的贡献程度，从而评估企业在控制成本和增加收入方面的效果。

（二）了解成本支出数额及其构成

通过利润表分析可以了解成本支出的数额，了解各成本项目（如原材料、人工、制造费用等）占总成本的比例，帮助企业识别成本控制的重点项目。例如，通过分析销售费用、管理费用以及财务费用等期间费用的分布和变动趋势，评估其合理性及改进空间；通过对比历史数据，监控成本的变化情况，及时发现成本上升的趋势并采取措施应对。

（三）评估企业收益水平

通过对毛利润率、净利润率等关键指标进行计算，可以评估企业的盈利能力和市场竞争力。通过对比不同会计期间的利润表数据，分析盈利能力的增长或下降趋势，可以为未来的策略调整提供参考。通过将企业的盈利能力与同行业其他企业的进行比较，评价企业在行业中的竞争地位和盈利水平。

二、利润表分析方法

（一）利润表水平分析

利润表水平分析是通过对利润表的各项目进行对比分析，计算利润表各项目的变动额及变动率，揭示企业利润表各项目的变动情况，从而帮助企业找出变动幅度比较大的项目，深入分析变动原因，帮助企业实现利润最大化。

（二）利润表垂直分析

利润表垂直分析是通过将利润表各项目与营业收入进行对比，分析利润表各项目占营业收入的比例及变动情况，揭示利润表各项目与营业收入的关系，帮助企业分析影响利润的主要因素，从而帮助企业探索增加利润的途径。

（三）利润表趋势分析

利润表趋势分析是将利润表内不同会计期间的项目进行对比，以了解企业目前的利润情况，分析其发展趋势，可及时发现某些项目的异常变动情况，为判断企业未来的发展趋势提供依据。

任务实施

操作演示

一、财务数据预处理

（一）数据整理

沿用任务一资产负债表分析使用的 Power BI 文件，在 Power BI Desktop 中新建一报表页，命名为"利润表分析"。

财务数据预处理
（二）

步骤 01 执行"主页"→"转换数据"命令，在 Power Query 编辑器中，选中利润表，执行"主页"→"将第一行用作标题"命令。

步骤 02 选中"报表项目"一列，执行"转换"→"任意列"→"逆透视列"→"逆透视其他列"命令，将利润表从二维表格式转换为一维表。

步骤 03 将"属性"一列的列名更改成"报表日期"，数据类型变更为日期型；将"值"一列的列名更改成"金额"，执行"转换"→"替换值"命令，将空值替换为 0，数据类型变更为整数型。

步骤 04 执行"关闭并应用"命令将数据加载至 Power BI Desktop。

步骤 05 切换至模型视图，删除原有的表之间的关系，建立利润表结构表与利润表之间的模型，"报表项目"和"报表项目"形成一对多的关系，如图 6-14 所示。

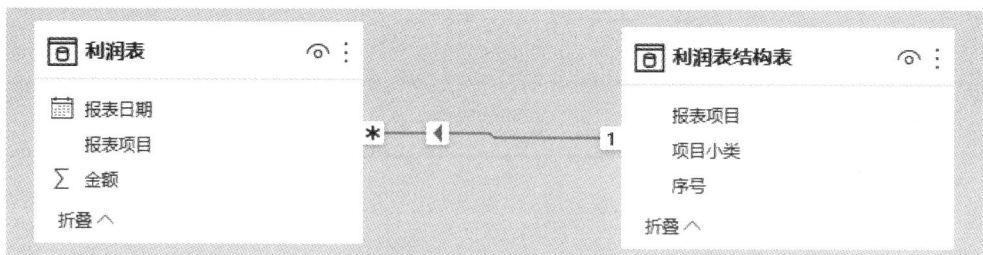

图 6-14　建立利润表与利润表结构表之间的模型

（二）新建度量值

在进行利润表分析之前需新建相关的度量值，切换至报表视图，在右侧数据框中选中利润表，分别新建利润表排序、利润表期末余额、利润表期末占比、利润表环比增长率 4 个度量值，如度量值 6-8 至度量值 6-11 所示。

```
利润表排序 = MIN('利润表结构表'[序号])                                    （度量值 6-8）

利润表期末余额 = SUM('利润表'[金额])                                      （度量值 6-9）

利润表期末占比 =

DIVIDE(CALCULATE(SUM('利润表'[金额])),CALCULATE(SUM('利润表'[金额]),ALLSELECTED
('利润表')))                                                            （度量值 6-10）

利润表环比增长率 =

var a = CALCULATE(SUM('利润表'[金额]))

var b = CALCULATE(SUM('利润表'[金额]),SAMEPERIODLASTYEAR('利润表'[报表日期]))

return DIVIDE(a-b,b)                                                    （度量值 6-11）
```

需要注意的是，利润表期末占比和利润表环比增长率两个度量值的格式设置为百分比，保留 2 位小数。

二、利润表可视化分析

（一）利润表各项目金额和期末占比可视化

1. 添加矩阵

切换至报表视图，在可视化区域中选择"矩阵"，将利润表结构表中的"项目小类"拖曳至"行"字段中，将矩阵设置好后，会发现利润表中各项

操作演示

利润表各项目金额
和期末占比可视化

目的排列顺序是错乱的，需要通过"利润表排序"进行排序，把度量值"利润表排序"放入"值"字段中，单击"利润表排序"标题，按照升序进行排列。

选中矩阵，执行"可视化"→"设置视觉对象格式"→"视觉对象"→"关掉行小计"命令；在可视化对话框中搜索"自动换行"，关闭所有自动换行，从右向左拖曳利润表排序行进行隐藏。依次把"利润表期末余额""利润表期末占比""利润表环比增长率"3个度量值拖曳至"值"中。同时，为了使矩阵更美观，可以双击"值"字段中的度量值名称进行重新命名，重新命名不会改变利润表中原始度量值的名称，如图6-15所示。

2. 格式设置

选中矩阵，执行"可视化"→"设置视觉对象格式"→"视觉对象"命令，矩阵的布局和样式预设设置为"差异最小"，值的大小设置为"10"，列标题和行标题值的大小设置为"12"，加粗；在单元格元素内，为"环比增长率"添加数据条颜色，颜色自选；添加矩阵的边框等设置。

3. 筛选数据

选中矩阵，打开"筛选器"对话框，对"期末余额"筛选出显示值不等于0的项目，单击"应用筛选器"，如图6-16所示。

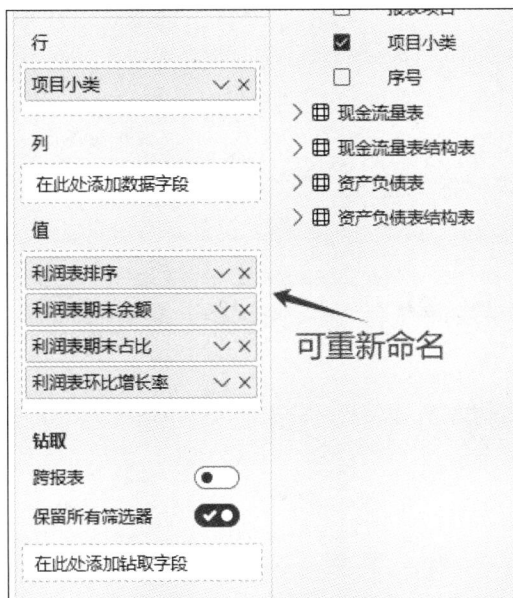

图6-15 重新命名度量值

图6-16 筛选数据

（二）利润表项目不同年份可视化

在可视化区域中选择"切片器"，将利润表中的"报表日期"拖曳至字段中，执行"可视化"→"设置视觉对象格式"→"视觉对象"命令，在设置视觉对象格式中，将切片器样式设置为"磁贴"；切片器标头选择"否"；在"值"对话框中调整字体颜色和边框颜色，颜色自选。在"常规"对话框中添加标题"年度查询"，设置字体颜色并加粗，设置完成后，结果如图6-17所示。

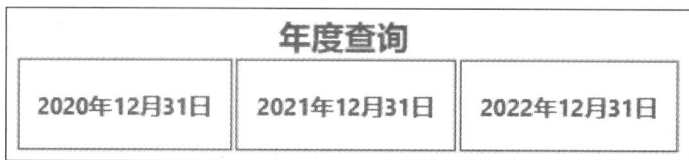

图 6-17　年度查询切片器

（三）期间费用分析

1．新建度量值

在右侧数据栏选中"利润表"，分别新建销售费用、管理费用、财务费用 3 个度量值，如度量值 6-12 至度量值 6-14 所示。

操作演示

期间费用分析

```
销售费用 = CALCULATE(SUM('利润表'[金额]),'利润表'[报表项目] = "销售
费用")
```
（度量值 6-12）

```
管理费用 = CALCULATE(SUM('利润表'[金额]),'利润表'[报表项目] = "管理费用")
```
（度量值 6-13）

```
财务费用 = CALCULATE(SUM('利润表'[金额]),'利润表'[报表项目] = "财务费用")
```
（度量值 6-14）

2．添加环形图

在可视化视觉对象中选择"环形图"，将度量值"管理费用""销售费用""财务费用"拖曳至"值"中。选中环形图，执行"可视化"→"设置视觉对象格式"→"视觉对象"命令，将详细信息标签内容设置为"数值，总百分比"，值的大小设置为"10"并加粗；标题文本设置为"期间费用分析"，字体大小设置为"14"，加粗并居中；添加环形图的边框等设置，结果如图 6-18 所示。

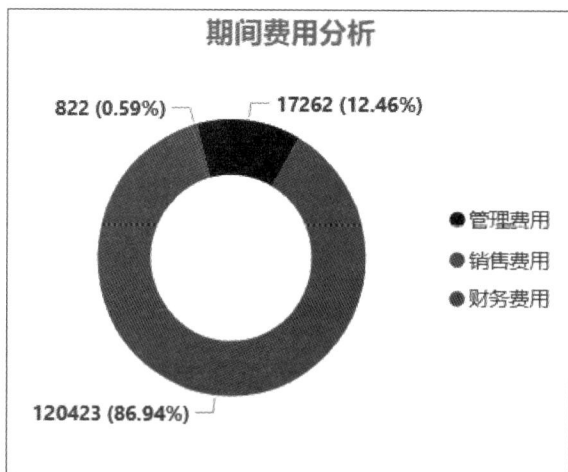

图 6-18　期间费用分析环形图

（四）营业外收支分析

1．新建度量值

在右侧数据栏选中"利润表"，分别新建营业外收入、营业外支出 2 个度量值，如度量值 6-15

和度量值 6-16 所示。

营业外收入 = CALCULATE(SUM('利润表'[金额]),'利润表'[报表项目] = "营业外收入")

（度量值 6-15）

营业外支出 = CALCULATE(SUM('利润表'[金额]),'利润表'[报表项目] = "营业外支出")

（度量值 6-16）

操作演示

营业外收支分析

2. 添加饼图

在可视化视觉对象中选择"饼图"，将度量值"营业外收入""营业外支出"拖曳至"值"中。选中饼图，执行"可视化"→"设置视觉对象格式"→"视觉对象"命令，关闭图例；将详细信息标签内容设置为"类别，总百分比"，值的大小设置为"10"并加粗；标题文本设置为"营业外收支分析"，字体大小设置为"14"，加粗并居中；添加饼图的边框等设置，结果如图 6-19 所示。

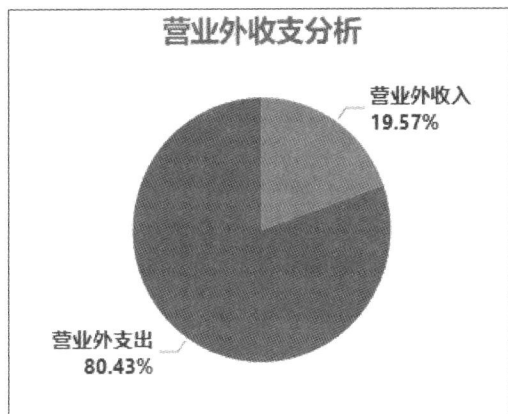

图 6-19 营业外收支分析饼图

（五）营业收入成本分析

1. 新建度量值

在右侧数据栏选中"利润表"，分别新建营业总收入、营业总成本、毛利率 3 个度量值，如度量值 6-17 至度量值 6-19 所示。

操作演示

营业收入成本分析

营业总收入 = CALCULATE(SUM('利润表'[金额]),'利润表'[报表项目] = "营业总收入")

（度量值 6-17）

营业总成本 = CALCULATE(SUM('利润表'[金额]),'利润表'[报表项目] = "营业总成本")

（度量值 6-18）

毛利率 = DIVIDE([营业总收入]-[营业总成本],[营业总收入])

（度量值 6-19）

需要注意的是，度量值毛利率的格式设置为百分比，保留 2 位小数。

2. 添加折线和簇状柱形图

在可视化视觉对象中选择"折线和簇状柱形图"，将"报表日期"拖曳至"X轴"中，保留"年"字段；将度量值"营业总收入""营业总成本"拖曳至"Y轴"中；将度量值"毛利率"拖曳至"辅

助 Y 轴"中。执行"可视化"→"设置视觉对象格式"→"视觉对象"命令，关闭 Y 轴和辅助 Y 轴的标题；打开数据标签，标题文本设置为"营业收入成本分析"，字体大小设置为"14"，加粗并居中；添加折线和簇状柱形图的边框等设置，结果如图 6-20 所示。

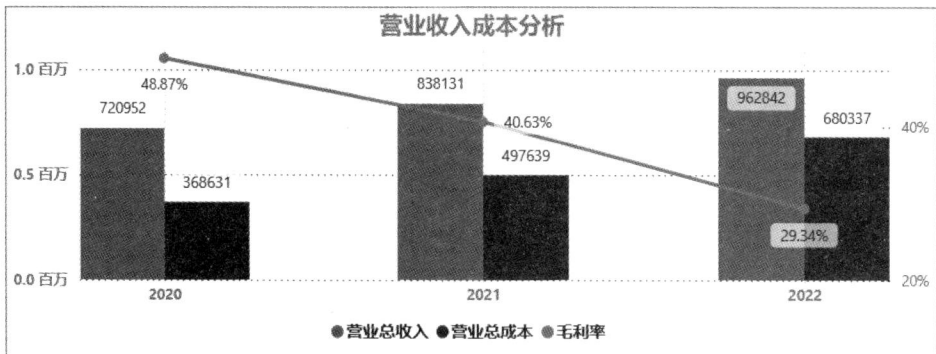

图 6-20 营业收入成本分析折线和簇状柱形图

（六）利润表分析结果整体布局

执行"主页"→"文本框"命令，插入文本框，输入"中汇集团—利润表分析"，文本大小设置为"24"，加粗并居中，并添加一种字体颜色；最后将利润表分析的所有可视化视觉对象进行布局设计，注重报表整齐和美观，结果如图 6-21 所示。

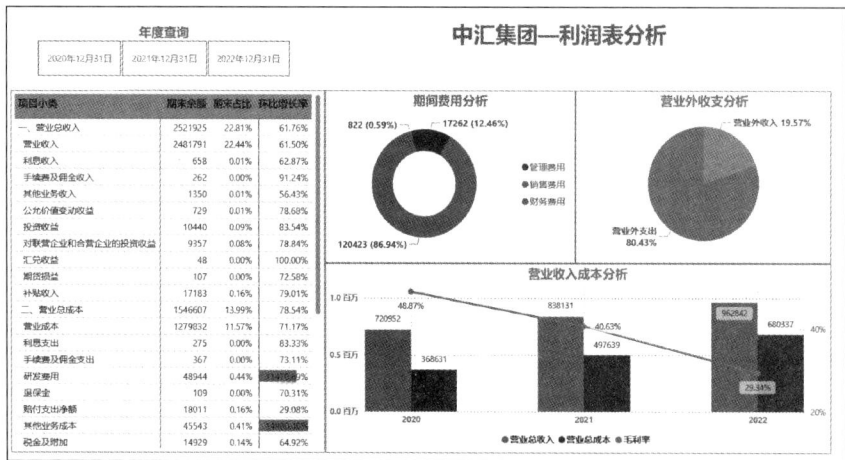

图 6-21 利润表分析结果整体布局

🔍 任务总结

本任务主要讲解了企业利润表分析的目的和方法，并对中汇集团的利润表进行了可视化分析。通过对中汇集团 2020—2022 年的利润表的分析可以看出，集团的营业总收入和营业总成本呈现逐年增长趋势，增长幅度相对比较稳定，但是毛利率却呈现逐年下降趋势，从 2020 年的 48.87%下降到 2022 年的 29.34%，表明集团的营业成本增长率大于营业收入增长率，因此，集团应在增加营业收入的同时对营业成本进行管控，降低各项成本的支出。

任务三　现金流量表分析

任务情境

在任务二利润表分析的基础上，本任务将对中汇集团的现金流量表进行分析，使用 Power BI Desktop 获取中汇集团 2020—2022 年现金流量表与现金流量表结构表，并对其进行可视化分析。

知识准备

一、现金流量表概述

现金流量表是三大基本财务报表之一，所表达的是在固定期间（通常是一年）内，企业的现金（包含银行存款等）的增减变动情形。现金流量表能反映出资产负债表中各个项目对现金流量的影响，并根据其用途划分为经营、投资及筹资 3 个活动分类，现金流量表可用于分析企业在短期内有没有足够现金支付日常经营活动的各项支出。

二、现金流量表分析内容

现金流量表中的经营活动、投资活动和筹资活动产生的现金流量是企业分析的重点，在每项活动中，现金流量表将现金的流入与流出区别开来。

（一）经营活动产生的现金流量

经营活动产生的现金流量是指企业日常购销商品、提供和接收劳务等活动形成的现金流入和流出，在权责发生制下，现金的流入和流出，对应的收入和费用的归属期不一定是本会计年度，但记录为本会计年度的收支。

（二）投资活动产生的现金流量

投资活动产生的现金流量是企业在收回投资本金、投资收益分配、处置资产等活动中的现金收支。企业投资活动中发生的各项现金流出，往往反映企业为拓展经营范围所做的努力，分析投资活动产生的现金流量可以了解企业的投资方向和经营范围拓展的方向。

（三）筹资活动产生的现金流量

筹资活动是指导致公司资产及债务构成和规模发生变化的活动，包括权益性的筹资活动和债务性的筹资活动。筹资活动产生的现金流量包括吸收投资、发行股票、发行债券等活动收到和支付的现金。

任务实施

一、财务数据预处理

（一）数据整理

沿用任务二利润表分析使用的 Power BI 文件，在 Power BI Desktop 中新

操作演示

财务数据预处理
（三）

建一报表页，命名为"现金流量表分析"。

步骤 01 执行"主页"→"转换数据"命令，在 Power Query 编辑器中，选中现金流量表，执行"主页"→"将第一行用作标题"命令。

步骤 02 选中"报表项目"一列，执行"转换"→"任意列"→"逆透视列"→"逆透视其他列"命令，将现金流量表从二维表转换成一维表。

步骤 03 将"属性"一列的列名更改成"报表日期"，数据类型变更为日期型；将"值"一列的列名更改成"金额"，执行"转换"→"替换值"命令，将空值替换为 0，数据类型变更为整数型。

步骤 04 执行"关闭并应用"命令将数据加载至 Power BI Desktop。

步骤 05 切换至模型视图，删除原有的表之间的关系，建立现金流量表结构表与现金流量表之间的模型，"报表项目"和"报表项目"形成一对多的关系，如图 6-22 所示。

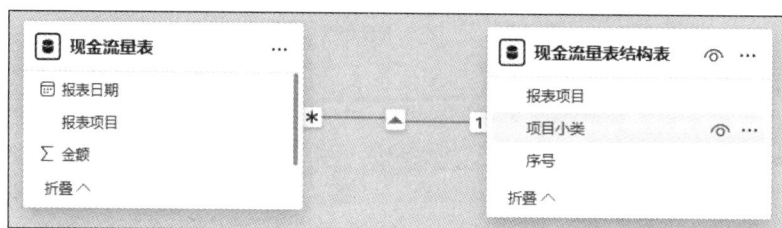

图 6-22 建立现金流量表与现金流量表结构表之间的模型

（二）新建度量值

在进行现金流量表分析之前需新建相关的度量值，切换至报表视图，在右侧数据框中选中现金流量表，分别新建现金流量表排序、现金流量表期末余额、现金流量表期末占比、现金流量表环比增长率 4 个度量值，如度量值 6-20 至度量值 6-23 所示。

现金流量表排序 = MIN('现金流量表结构表'[序号])　　　　　　　　　　　　（度量值 6-20）

现金流量表期末余额 = SUM('现金流量表'[金额])　　　　　　　　　　　　　（度量值 6-21）

现金流量表期末占比 =

DIVIDE(CALCULATE(SUM('现金流量表'[金额])),CALCULATE(SUM('现金流量表'[金额]),ALLSELECTED('现金流量表')))　　　　　　　　　　　　　　　　　　（度量值 6-22）

现金流量表环比增长率 =

var a = CALCULATE(SUM('现金流量表'[金额]))

var b = CALCULATE(SUM('现金流量表'[金额]),SAMEPERIODLASTYEAR('现金流量表'[报表日期]))

return DIVIDE(a-b,b)　　　　　　　　　　　　　　　　　　　　　　　（度量值 6-23）

需要注意的是，现金流量表期末占比和现金流量表环比增长率两个度量值的格式设置为百分比，保留 2 位小数。

二、现金流量表可视化分析

（一）现金流量表各项目金额和期末占比可视化

1. 添加矩阵

切换至报表视图，在可视化区域中选择"矩阵"，将现金流量表结构表中

操作演示

现金流量表各项目金额和期末占比可视化

的"项目小类"拖曳至"行"字段中，将矩阵设置好后，会发现现金流量表中各项目的排列顺序是错乱的，需要通过"现金流量表排序"进行排序，把度量值"现金流量表排序"放入"值"字段中，单击"现金流量表排序"标题，按照升序进行排列。

选中矩阵，执行"可视化"→"设置视觉对象格式"→"视觉对象"→"关掉行小计"命令；在可视化对话框中搜索"自动换行"，关闭所有自动换行，从右向左拖曳现金流量表排序行进行隐藏。依次把"现金流量表期末余额""现金流量表期末占比""现金流量表环比增长率"3 个度量值拖曳至"值"中。同时，为了使矩阵更美观，可以双击"值"字段中的度量值名称进行重新命名，重新命名不会改变现金流量表中原始度量值的名称，如图 6-23 所示。

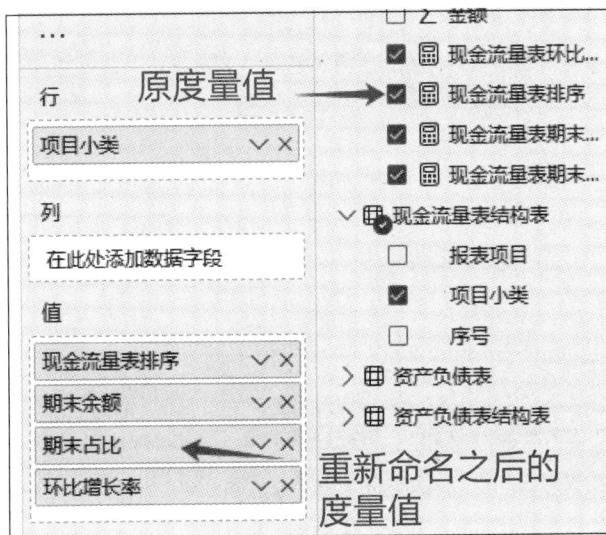

图 6-23　重新命名度量值

2. 格式设置

选中矩阵，执行"可视化"→"设置视觉对象格式"→"视觉对象"命令，矩阵的布局和样式预设设置为"差异最小"，值的大小设置为"10"，列标题和行标题值的大小设置为"12"，加粗；在单元格元素内，为"环比增长率"添加数据条颜色，颜色自选；添加矩阵的边框等。

（二）现金流量表项目不同年份可视化

在可视化区域选择"切片器"，将现金流量表中的"报表日期"拖曳至字段中，执行"可视化"→"设置视觉对象格式"→"视觉对象"命令，在设置视觉对象格式中，将切片器样式设置为"磁贴"；切片器标头选择"否"；在"值"对话框中调整字体颜色和边框颜色，颜色自选。在"常规"对话框中添加标题"年度查询"，设置字体颜色并加粗，设置完成后，结果如图 6-24 所示。

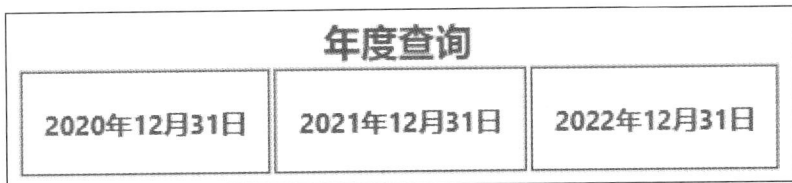

图 6-24　年度查询切片器

（三）现金流量变动情况分析

1. 新建度量值

在右侧数据区选中现金流量表，分别新建经营活动现金净流量、投资活动现金净流量、筹资活动现金净流量 3 个度量值，如度量值 6-24 至度量值 6-26 所示。

> 经营活动现金净流量 = CALCULATE(SUM('现金流量表'[金额]),'现金流量表'[报表项目] = "经营活动产生的现金流量净额")　　　　　　　（度量值 6-24）
>
> 投资活动现金净流量 = CALCULATE(SUM('现金流量表'[金额]),'现金流量表'[报表项目] = "投资活动产生的现金流量净额")　　　　　　　（度量值 6-25）
>
> 筹资活动现金净流量 = CALCULATE(SUM('现金流量表'[金额]),'现金流量表'[报表项目] = "筹资活动产生的现金流量净额")　　　　　　　（度量值 6-26）

2. 添加卡片图

依次在可视化视觉区域中选择 3 个"卡片图"，分别将度量值"经营活动现金净流量""投资活动现金净流量""筹资活动现金净流量"拖曳至卡片图的"字段"中。设置卡片图的标注值的字体大小为"32"，类别标签的字体大小设置为"12"；显示单位为"无"；添加卡片图的边框；调整布局等设置，结果如图 6-25 所示。

图 6-25　卡片图

（四）经营活动现金流量分析

在可视化区域选择"环形图"，将现金流量表结构表的"项目小类"拖曳至"图例"字段中，将现金流量表的"金额"拖曳至"值"字段中。打开筛选器对话框，对"项目小类"筛选出"经营活动现金流入小计"和"经营活动现金流出小计"的项目。

选中环形图，执行"可视化"→"设置视觉对象格式"→"视觉对象"命令，关闭图例；将详细信息标签内容设置为"类别，总百分比"，值的大小设置为"9"并加粗；标题文本设置为"经营活动现金流量结构"，字体大小设置为"12"，加粗并居中；添加环形图的边框等，结果如图 6-26 所示。

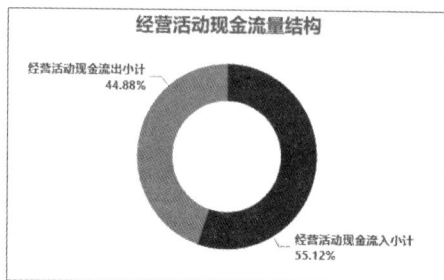

图 6-26　经营活动现金流量结构环形图

（五）投资活动现金流量分析

在可视化区域选择"饼图"，将现金流量表结构表的"项目小类"拖曳至"图例"字段中，将现金流量表的"金额"拖曳至"值"字段中。打开筛选器对话框，对"项目小类"筛选出"投资活动现金流入小计"和"投资活动现金流出小计"的项目。

选中饼图，执行"可视化"→"设置视觉对象格式"→"视觉对象"命令，关闭图例；将详细信息标签内容设置为"类别，总百分比"，值的大小设置为"9"并加粗；标题文本设置为"投资活动现金流量结构"，字体大小设置为"12"，加粗并居中；添加饼图的边框等，结果如图6-27所示。

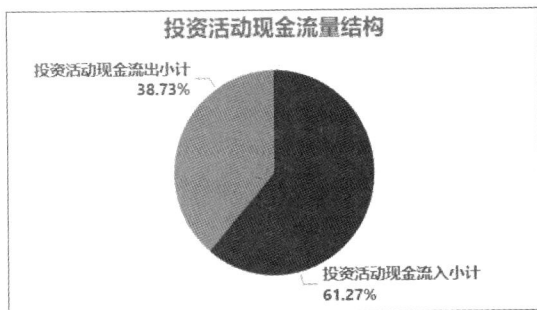

操作演示

投资活动现金流量分析

图 6-27 投资活动现金流量结构饼图

（六）筹资活动现金流量分析

在可视化区域选择"饼图"，将现金流量表结构表的"项目小类"拖曳至"图例"字段中，将现金流量表的"金额"拖曳至"值"字段中。打开筛选器对话框，对"项目小类"筛选出"筹资活动现金流入小计"和"筹资活动现金流出小计"的项目。

操作演示

筹资活动现金流量分析

选中饼图，执行"可视化"→"设置视觉对象格式"→"视觉对象"命令，关闭图例；将详细信息标签内容设置为"类别，总百分比"，值的大小设置为"9"并加粗；标题文本设置为"筹资活动现金流量结构"，字体大小设置为"12"，加粗并居中；添加饼图的边框等，结果如图6-28所示。

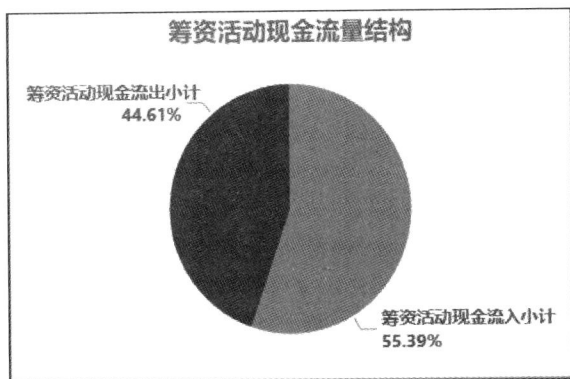

图 6-28 筹资活动现金流量结构饼图

（七）现金流量表分析结果整体布局

执行"主页"→"文本框"命令，插入文本框，输入"中汇集团—现金流量表分析"，文本大小设置为"24"，加粗并居中，并添加一种字体颜色；最后将现金流量表分析的所有可视化视觉对象进行布局设计，注重报表整齐和美观，结果如图 6-29 所示。

操作演示

现金流量表分析结果整体布局

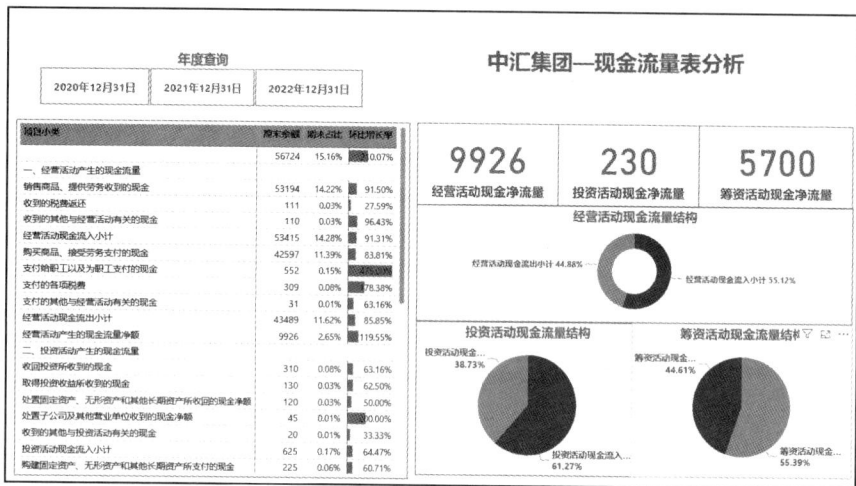

图 6-29　现金流量表分析结果整体布局

任务总结

本任务主要讲解了企业现金流量表分析的内容。结合项目六数据源资料"中汇集团-财务报表分析.pbix"文件，对中汇集团现金流量表进行年度查询。通过对中汇集团 2020—2022 年的现金流量表的分析可以看出，企业的经营活动现金净流量呈现先下降后上升的趋势，这与企业的经营状况是相关的，与投资活动现金流出小计和筹资活动现金流出小计相比，经营活动现金流出小计的比重稍高，企业可以从经营成本的角度进行管控。

技能提升

一、单选题

1. 资产负债表中不包括以下哪个项目？（　　　）

　　A. 货币资金　　　　B. 交易性金融资产　　C. 应收票据　　　　D. 销售费用

2. 利润表中不包括以下哪个项目？（　　　）

　　A. 应收账款　　　　B. 税金及附加　　　　C. 营业外收入　　　　D. 财务费用

3. 资产负债表分析的方法不包括（　　　）。

　　A. 水平分析　　　　　　　　　　　　　　B. 垂直分析

　　C. 项目分析　　　　　　　　　　　　　　D. 公司的运营效率分析

二、多选题

1. 财务报表分析中的"综合分析"通常包括哪些内容？（　　　）

    A. 杜邦分析　　　　　B. 沃尔评分法　　　　　C. 雷达图分析　　　　　D. 平衡计分卡分析

2. 下列哪些因素可能影响公司的发展？（　　　　）

    A. 公司的市场份额　　　　　　　　　　　　B. 公司的研发投入

    C. 公司的品牌知名度　　　　　　　　　　　D. 公司的融资能力

3. 利润表中的"营业成本"通常包括哪些内容？（　　　　）

    A. 主营业务成本　　　　B. 其他业务成本　　　　C. 期间费用　　　　D. 税金及附加

三、判断题

1. 资产负债表中的"所有者权益"反映了公司的净资产价值。　　　　　　　　（　　　）

2. 财务报表分析中的"综合分析"通常涉及对多个财务指标的综合考虑和评估。（　　　）

四、实训题

从新浪财经网站下载一家制造企业的财务报表，进行企业财务报表分析与可视化展示。

项目七

分析企业财务指标

项目导读

企业财务指标分析是以企业的财务报表为基础，通过对报表所提供的数据进行加工整理，得到一系列科学的、系统的财务指标，以便进行比较、分析和评价。企业财务报表及附注集中、概括地反映了企业的财务状况、经营成果和现金流量等财务信息，对其进行财务指标分析，可以更加系统地揭示企业的偿债能力、营运能力、盈利能力和发展能力等财务状况。本项目沿用中汇集团财务报表，运用 Power BI Desktop 对企业财务指标进行分析。

学习目标

知识目标

1. 理解企业偿债能力、营运能力、盈利能力和发展能力的基本概念。
2. 掌握企业偿债能力、营运能力、盈利能力和发展能力的主要财务指标和计算方法。
3. 理解分析企业综合能力的杜邦财务分析体系和沃尔比重评分法。

能力目标

1. 能够利用 Power BI Desktop 数据分析工具，熟练进行企业偿债能力、营运能力、盈利能力、发展能力与综合能力相关指标的计算。
2. 能够利用 Power BI Desktop 对企业偿债能力、营运能力、盈利能力、发展能力相关指标进行可视化呈现。
3. 能够对企业进行综合能力分析，并实现数据可视化。
4. 能够在企业财务指标可视化呈现的基础上，对企业的偿债能力、营运能力、盈利能力、发展能力与综合能力进行综合评价。

素养目标

1. 通过对财务指标的分析，培养辩证思维，能以发展的眼光认识事物变化进程中的规律。
2. 通过对财务指标的分析，坚持实践是检验真理的唯一标准这一理念，紧跟时代步伐，顺应实践发展，以新的理论指导新的实践。

思维导图

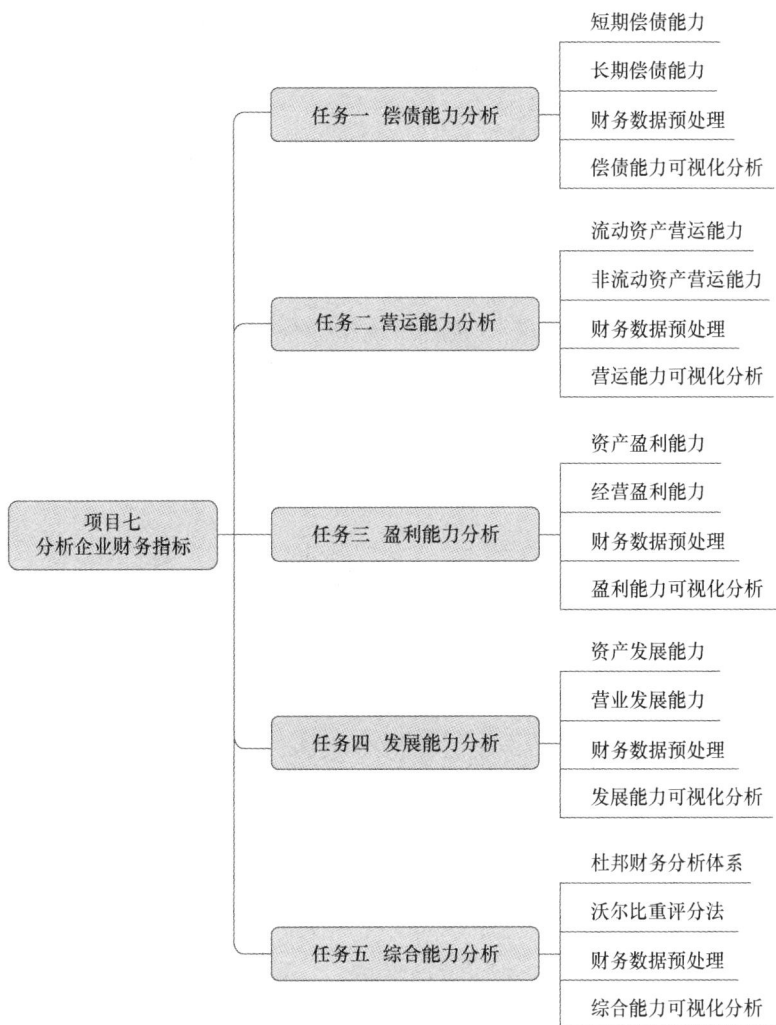

引思启智

坚持实践与理论的辩证统一，释放数据要素乘数效应

2024 年 5 月，第七届数字中国建设峰会成功举办，峰会共对接签约数字经济项目 421 个，总投资 2 030 亿元。此外，国家数据局在会上会同有关部门发布了首批 20 个"数据要素×"典型案例，有力凸显了数据要素推动经济社会发展的乘数效应。

数据作为新型生产要素，源于社会经济发展，又推动数字经济产业和理论的发展，实现了实践与理论的辩证统一。在数字经济时代，数据要素与劳动力、资本、土地等传统生产要素一样重要，已融入生产、分配、流通、消费等各个环节，改变着人们的生产和生活方式。要释放数据要素乘数效应，要让数据"供得出""流得动"，才能使数据"用得好"。注重实践导向，数据只有与实践场景结合起来，才能改变传统生产方式、加快技术创新、不断释放价值。

【启示】理论来源于实践，在实践中产生和发展，一经形成就会指导具体实践。财务人员在进行财务指标分析时要坚持财务理论知识和企业经营实践的辩证统一，不断开拓工作新局面。

任务一　偿债能力分析

任务情境

中汇集团财务部为准备集团财务工作年度会议资料，需要对集团的偿债能力进行分析，并通过对集团 2020—2022 年数据的分析对比，找出集团可以改进的地方，从而更好地提升集团的偿债能力。结合集团 2020—2022 年的资产负债表，对集团的短期偿债能力、长期偿债能力的相关指标进行分析与可视化呈现，并根据分析结果对中汇集团的偿债能力进行简要评价。

知识准备

偿债能力是指企业清偿到期债务的现金保障程度，即企业偿还全部到期债务的现金保障程度，包括短期偿债能力和长期偿债能力。

一、短期偿债能力

短期偿债能力是指企业偿付流动负债的能力。通常用于评价短期偿债能力的财务比率主要有流动比率、速动比率、现金比率、现金流量比率等，本任务主要讲解流动比率、速动比率和现金比率 3 个指标。

（一）流动比率

流动比率是企业流动资产与流动负债的比值，其计算公式为：

$$流动比率=\frac{流动资产}{流动负债} \qquad （公式 7\text{-}1）$$

流动资产主要包括货币资金、以公允价值计量且其变动计入当期损益的金融资产、应收账款及预付款项、存货和一年内到期的非流动资产等，一般用资产负债表中的期末流动资产总额表示。流动负债主要包括短期借款、以公允价值计量且其变动计入当期损益的金融负债、应付账款及预收款项、应交税费、一年内到期的非流动负债等，通常用资产负债表中的期末流动负债总额表示。通常情况下，流动比率在 2 左右比较合适。在实际分析时，对流动比率的分析应该结合不同行业特点、流动资产的结构及各项流动资产的实际变现能力等因素进行。

（二）速动比率

速动比率是速动资产与流动负债的比值，其计算公式为：

$$速动比率=\frac{速动资产}{流动负债}=\frac{流动资产-存货}{流动负债} \qquad （公式 7\text{-}2）$$

一般来说，流动资产扣除存货后的资产称为速动资产。一般认为速动比率为1时比较合适。在进行实际分析时，应根据企业性质和其他因素来综合判断，通常影响速动比率可信度的重要因素是应收账款的变现能力，如果企业的应收账款中有较大部分不易收回，可能会成为坏账，那么速动比率就不能真实地反映企业的短期偿债能力。因此，在使用速动比率分析企业短期偿债能力时，应结合应收账款账龄结构进行分析。

（三）现金比率

现金比率是企业的现金类资产与流动负债的比值。现金类资产包括库存现金、随时可用于支付的存款和现金等价物，即现金流量表中所反映的现金及现金等价物，其计算公式为：

$$现金比率 = \frac{现金 + 现金等价物}{流动负债} \qquad （公式7-3）$$

现金比率可以反映企业的直接偿付能力，因为现金是企业偿还债务的重要手段，如果企业现金缺乏，就可能发生支付困难，面临财务危机。因此，现金比率高，说明企业有较好的支付能力，偿付债务是有保障的。但是如果现金比率过高，可能意味着企业拥有过多的盈利能力较低的现金类资产，企业的资产未能得到有效运用。

二、长期偿债能力

长期偿债能力是指企业偿还长期负债的能力，企业的长期负债主要有长期借款、应付债券、长期应付款、预计负债等。通常用于反映企业长期偿债能力的财务比率主要有资产负债率、股东权益比率、权益乘数、产权比率、有形净值债务率、偿债保障比率、利息保障倍数等，本任务主要讲解资产负债率与权益乘数。

（一）资产负债率

资产负债率也称负债比率或举债经营比率，是企业负债总额与资产总额的比率，其计算公式为：

$$资产负债率 = \frac{负债总额}{资产总额} \times 100\% \qquad （公式7-4）$$

资产负债率表示企业的资产总额中有多大比例是通过举债得到的，反映的是企业偿还长期债务的综合能力，这个比率越高，企业偿还长期债务的能力越差，财务风险越大；反之，偿还长期债务的能力越强，财务风险越小。

（二）权益乘数

权益乘数是资产总额与股东权益总额的比率，其计算公式为：

$$权益乘数 = \frac{资产总额}{股东权益总额} \qquad （公式7-5）$$

权益乘数表示资产总额是股东权益总额的多少倍，反映了企业财务杠杆的大小，权益乘数越大，说明股东投入的资本在资产中所占比重越小，财务杠杆越大；反之，股东投入的资本在资产中所占比重越大，财务杠杆越小。

任务实施

一、财务数据预处理

继续沿用中汇集团财务报表，在 Power BI Desktop 中新建一报表页，命名为"偿债能力分析"。

（一）新建度量值

随着对财务报表分析的深入，度量值的数量会越来越多，如果不对度量值进行分组管理，想查看某一度量值会变得越来越困难。因此，在进行财务指标分析之前有必要对度量值进行分类管理。

切换至报表视图，执行"主页"→"输入数据"命令，打开"创建表"对话框，在"名称"栏输入"财务指标分析度量值"，单击"加载"按钮，如图 7-1 所示。操作完成后，查看数据窗口，可以看到新建的财务指标分析度量值表。

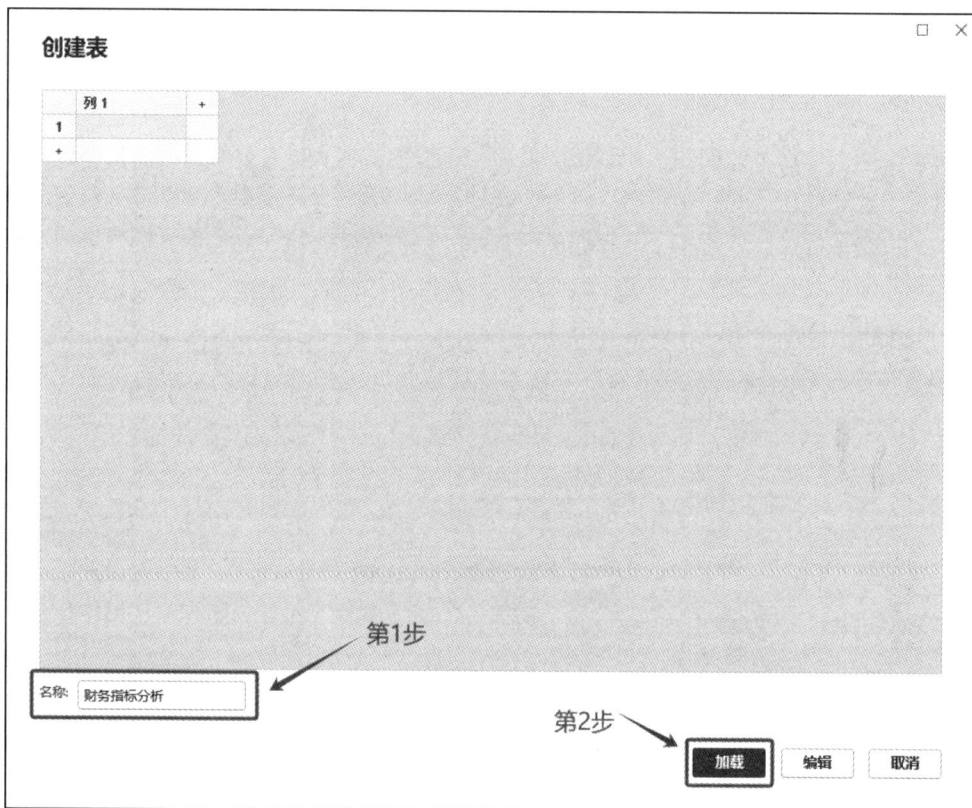

图 7-1 新建财务指标分析度量值表

在报表视图右侧选中表"财务指标分析度量值"，新建偿债能力分析度量值，如度量值 7-1 至度量值 7-5 所示。

```
流动比率 =
var a =CALCULATE(SUM('资产负债表'[金额]),'资产负债表'[报表项目]="流动资产合计")
```

```
var b =CALCULATE(SUM('资产负债表'[金额]),'资产负债表'[报表项目]="流动负债合计")
RETURN DIVIDE(a,b)                                                    （度量值 7-1）
速动比率 =
var a = CALCULATE(SUM('资产负债表'[金额]),'资产负债表'[报表项目]="流动资产合计")
var b = CALCULATE(SUM('资产负债表'[金额]),'资产负债表'[报表项目]="流动负债合计")
var c = CALCULATE(SUM('资产负债表'[金额]),'资产负债表'[报表项目]="存货")
RETURN DIVIDE(a-c,b)                                                  （度量值 7-2）
现金比率 =
var a = CALCULATE(SUM('资产负债表'[金额]),'资产负债表'[报表项目]="货币资金")
var b = CALCULATE(SUM('资产负债表'[金额]),'资产负债表'[报表项目]="流动负债合计")
RETURN DIVIDE(a,b)                                                    （度量值 7-3）
资产负债率 =
var a = CALCULATE(SUM('资产负债表'[金额]),'资产负债表'[报表项目]="负债合计")
var b = CALCULATE(SUM('资产负债表'[金额]),'资产负债表'[报表项目]="资产总计")
RETURN DIVIDE(a,b)                                                    （度量值 7-4）
权益乘数 = DIVIDE(1,1-[资产负债率])                                    （度量值 7-5）
```

需要注意的是，度量值资产负债率的格式设置为百分比，保留 2 位小数。

（二）度量值分组管理

切换至模型视图，按住"Ctrl"键，分别选中 5 个偿债能力分析度量值，在属性窗口下的"显示文件夹"中输入"偿债能力分析"，系统会自动建立偿债能力分析文件夹，主表为"财务指标分析"，显示文件夹为"偿债能力分析"，如图 7-2 所示。

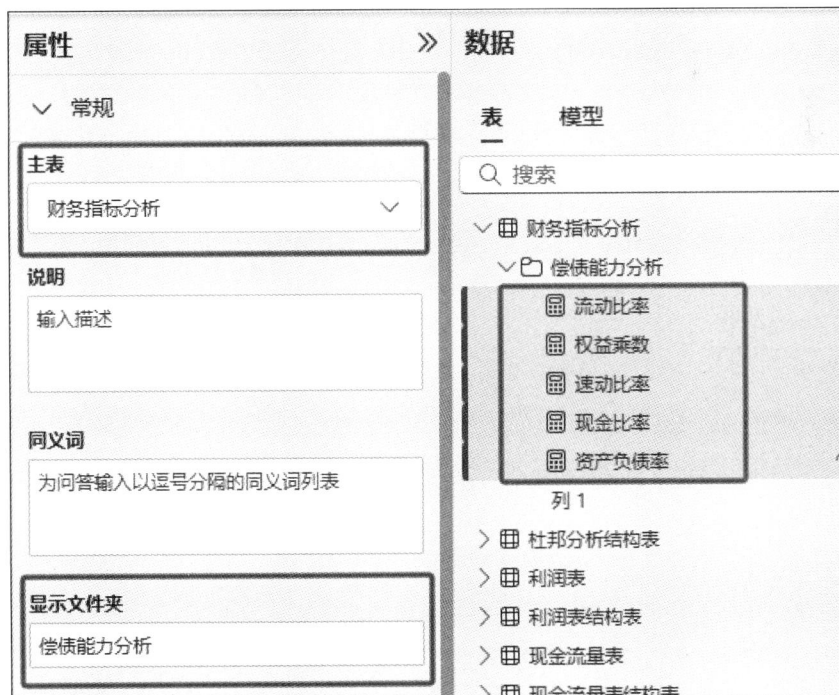

图 7-2 偿债能力分析度量值分组管理

二、偿债能力可视化分析

（一）偿债能力分析矩阵

切换至报表视图，在可视化区域中选择"矩阵"，将资产负债表中的"报表日期"拖曳至"行"字段中；将偿债能力分析文件夹中的"流动比率""速动比率""现金比率""资产负债率""权益乘数"5 个度量值依次拖曳至"值"字段中，按照顺序进行排列，如图 7-3 所示。

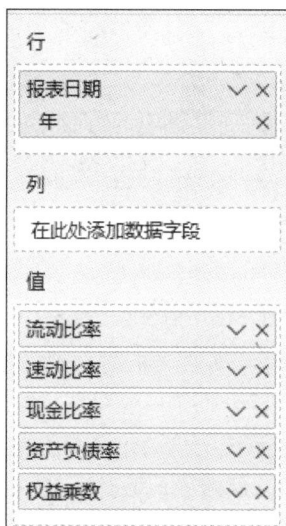

图 7-3 偿债能力分析度量值排列顺序

选中矩阵，执行"可视化"→"设置视觉对象格式"→"视觉对象"→"关掉行小计"命令；矩阵的布局和样式预设设置为"差异最小"，值的大小设置为"12"，列标题和行标题值的大小设置为"12"，加粗，设置背景色；添加矩阵的边框等设置，结果如图 7-4 所示。

年	流动比率	速动比率	现金比率	资产负债率	权益乘数
2020	4.99	4.01	0.26	37.97%	1.61
2021	3.10	2.02	0.06	35.58%	1.55
2022	3.21	1.73	0.38	36.60%	1.58

图 7-4 偿债能力分析矩阵

（二）单项指标趋势分析

1. 流动比率变动趋势分析

在可视化区域中选择"折线图"，将资产负债表中的"报表日期"拖曳至"X 轴"字段中；将偿债能力分析文件夹中的"流动比率"拖曳至"Y 轴"字段中。执行"可视化"→"设置视觉对象格式"→"视觉对象"命令，关闭 X 轴和 Y 轴的标题，设置字体颜色；打开数据标签，添加标题"流动比率变动趋势"，添加边框等设置，结果如图 7-5 所示。

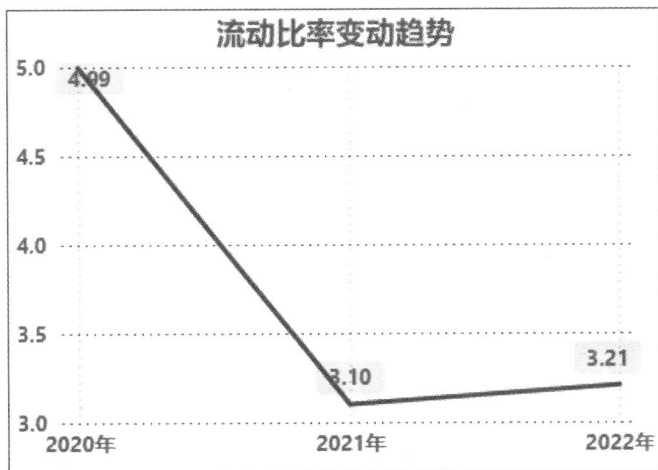

图 7-5 流动比率变动趋势折线图

2. 速动比率变动趋势分析

在可视化区域中选择"折线图"，将资产负债表中的"报表日期"拖曳至"X轴"字段中；将偿债能力分析文件夹中的"速动比率"拖曳至"Y轴"字段中。执行"可视化"→"设置视觉对象格式"→"视觉对象"命令，关闭 X 轴和 Y 轴的标题，设置字体颜色；打开数据标签，添加标题"速动比率变动趋势"，添加边框等设置，结果如图 7-6 所示。

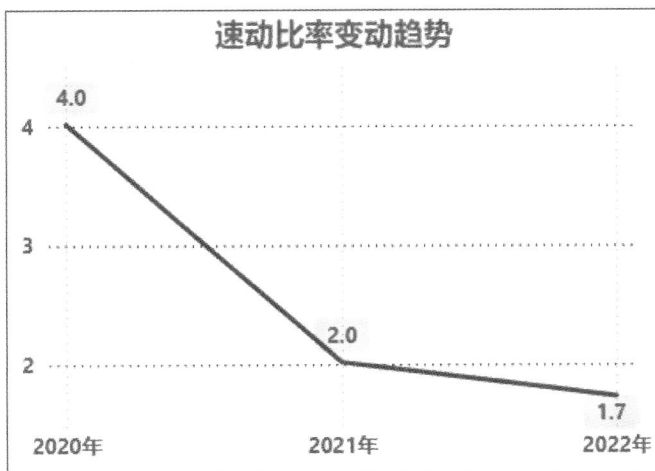

图 7-6 速动比率变动趋势折线图

3. 资产负债率和权益乘数变动趋势分析

在可视化区域中选择"折线和簇状柱形图"，将资产负债表中的"报表日期"拖曳至"X轴"字段中；将偿债能力分析文件夹中的"资产负债率"拖曳至"列 Y 轴"字段中，将"权益乘数"拖曳至"行 Y 轴"字段中。执行"可视化"→"设置视觉对象格式"→"视觉对象"命令，关闭 X 轴、Y 轴和辅助 Y 轴的标题，设置字体大小、颜色；打开数据标签，设置字体颜色和背景，添加标题"资产负债率和权益乘数变动趋势"，设置字体颜色并居中，添加边框等设置，结果如图 7-7 所示。

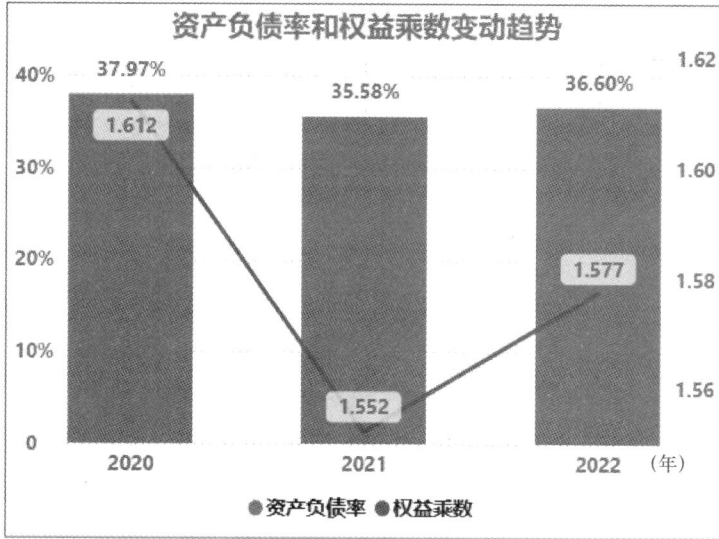

图 7-7　资产负债率和权益乘数变动趋势的折线和簇状柱形图

（三）偿债能力分析结果整体布局

执行"主页"→"文本框"命令，插入文本框，输入"中汇集团—偿债能力分析"，文本大小设置为"24"，加粗并居中，并添加一种字体颜色；最后将偿债能力分析的所有可视化视觉对象进行布局设计，注重报表整齐和美观，结果如图 7-8 所示。

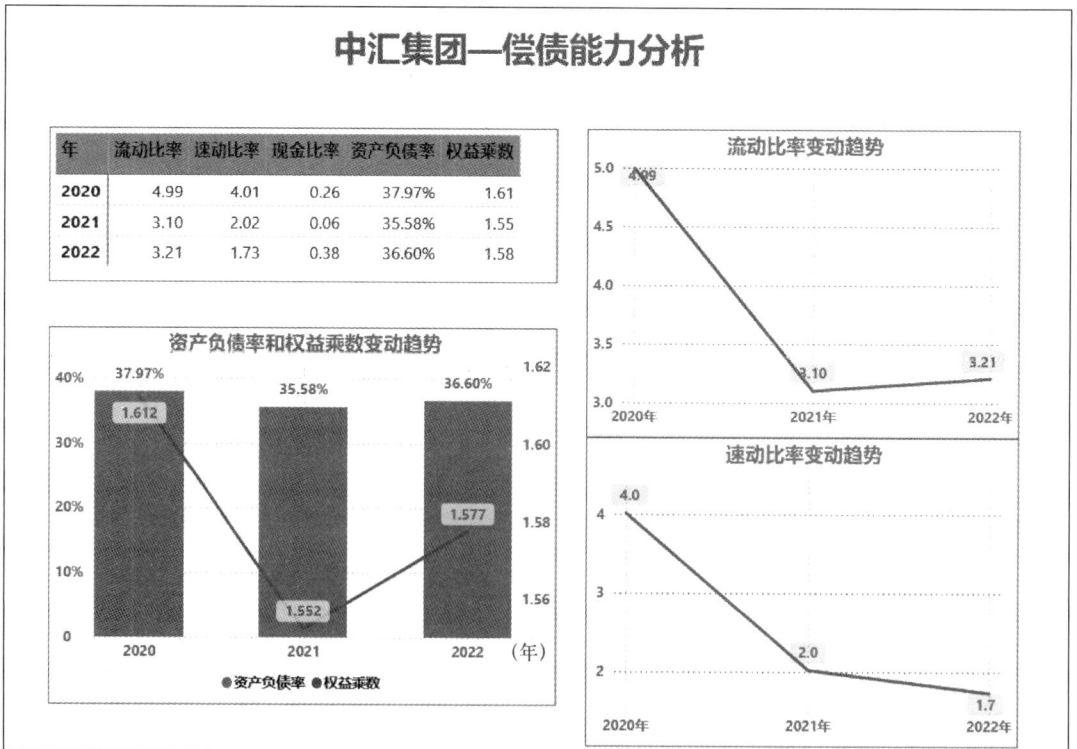

图 7-8　偿债能力分析结果整体布局

任务总结

本任务主要讲解了企业短期偿债能力与长期偿债能力的分析指标,并且对中汇集团进行了偿债能力可视化分析。通过分析可知,中汇集团 2022 年的流动比率相比 2020 年呈现下降趋势,逐步接近流动比率为 2 的正常水平;速动比率呈现下降趋势,逐步接近正常水平。资产负债率相对稳定,保持在 36% 左右,说明集团偿还债务的能力较强,财务风险较小;权益乘数整体呈现先下降后上升的趋势,说明股东投入的资本在集团资产中占的比重正在逐步上升,降低了企业的财务杠杆风险。

任务二 营运能力分析

任务情境

中汇集团财务部为准备集团财务工作年度会议资料,需要对集团的营运能力进行分析,并通过对集团 2020—2022 年数据的分析对比,找出集团可以改进的地方,从而更好地提升集团的营运能力。结合集团 2020—2022 年的资产负债表和利润表,对集团的流动资产营运能力、非流动资产营运能力的相关指标进行分析与可视化呈现,并根据分析结果对中汇集团的营运能力进行简要评价。

知识准备

营运能力反映了企业的资金周转状况,通过分析营运能力可以了解企业的营业状况及经营管理水平,企业资金周转状况好,说明企业的经营管理水平高,资金利用效率高。评价企业营运能力常用的财务比率有应收账款周转率、存货周转率、固定资产周转率、总资产周转率等。

一、流动资产营运能力

(一)应收账款周转率

应收账款周转率是企业一定时期内营业收入与应收账款平均余额的比值,其计算公式为:

$$应收账款周转率 = \frac{营业收入}{应收账款平均余额} \qquad (公式 7\text{-}6)$$

应收账款周转率越高,说明应收账款的周转速度越快,流动性越强,企业收回应收账款的速度越快,可以减少坏账带来的损失,同时可以提高资产的流动性,企业的短期偿债能力也会得到增强,这在一定程度上可以减少流动比率低的不利影响。

(二)存货周转率

存货周转率是企业一定时期的营业成本与存货平均余额的比率,其计算公式为:

$$存货周转率 = \frac{营业成本}{存货平均余额} \qquad (公式 7\text{-}7)$$

存货周转率说明了一定时期内企业存货周转的次数，可以反映企业存货的变现速度，衡量企业的销售能力及存货是否过量。存货周转率也反映了企业的销售效率和存货使用率。在正常情况下，存货周转率越高，说明存货周转速度越快，企业的销售能力越强，营运资本占用在存货上的金额越少，表明企业的资产流动性越好，资金利用效率越高；而存货周转率过低，说明企业在产品销售方面存在一定问题，应当采取积极的销售策略，加快存货周转速度。

二、非流动资产营运能力

（一）固定资产周转率

固定资产周转率也称固定资产利用率，是企业营业收入与固定资产平均净值的比率，其计算公式为：

$$固定资产周转率=\frac{营业收入}{固定资产平均净值}\qquad（公式7\text{-}8）$$

固定资产周转率主要用于分析企业对厂房、设备等固定资产的利用效率，该比率越高，说明固定资产的利用率越高，管理水平越好。如果固定资产周转率与行业平均水平相比偏低，说明企业的生产效率较低，可能会影响企业的盈利能力。

（二）总资产周转率

总资产周转率也称总资产利用率，是企业营业收入与资产平均总额的比率，其计算公式为：

$$总资产周转率=\frac{营业收入}{资产平均总额}\qquad（公式7\text{-}9）$$

总资产周转率用来分析企业全部资产的使用效率，如果这个比率较低，说明企业利用资产进行经营的效率较差，会影响企业的营运能力，企业应该采取措施增加收入或处置资产，以提高总资产周转率。

📚 任务实施

一、财务数据预处理

继续沿用中汇集团财务报表，在 Power BI Desktop 中新建一报表页，命名为"营运能力分析"。

操作演示

财务数据预处理
（二）

（一）新建度量值

在报表视图右侧选中表"财务指标分析"，新建营运能力分析度量值，如度量值 7-6 至度量值 7-9 所示。

```
应收账款周转率 =
var a = CALCULATE(SUM('利润表'[金额]),'利润表'[报表项目]="营业收入")
var b = CALCULATE(SUM('资产负债表'[金额]),'资产负债表'[报表项目]="应收账款")
var c = CALCULATE(SUM('资产负债表'[金额]),'资产负债表'[报表项目]="应收账款",
SAMEPERIODLASTYEAR('资产负债表'[报表日期]))
```

```
RETURN DIVIDE(a,DIVIDE(b+c,2))                               （度量值 7-6）
```

存货周转率 =

```
var a = CALCULATE(SUM('利润表'[金额]),'利润表'[报表项目]="营业成本")
var b = CALCULATE(SUM('资产负债表'[金额]),'资产负债表'[报表项目]="存货")
var c = CALCULATE(SUM('资产负债表'[金额]),'资产负债表'[报表项目]="存货",
SAMEPERIODLASTYEAR('资产负债表'[报表日期]))
RETURN DIVIDE(a,DIVIDE(b+c,2))                               （度量值 7-7）
```

固定资产周转率 =

```
var a = CALCULATE(SUM('利润表'[金额]),'利润表'[报表项目]="营业收入")
var b = CALCULATE(SUM('资产负债表'[金额]),'资产负债表'[报表项目]="固定资产")
var c = CALCULATE(SUM('资产负债表'[金额]),'资产负债表'[报表项目]="固定资产",
SAMEPERIODLASTYEAR('资产负债表'[报表日期]))
RETURN DIVIDE(a,DIVIDE(b+c,2))                               （度量值 7-8）
```

总资产周转率 =

```
var a = CALCULATE(SUM('利润表'[金额]),'利润表'[报表项目]="营业收入")
var b = CALCULATE(SUM('资产负债表'[金额]),'资产负债表'[报表项目]="资产总计")
var c = CALCULATE(SUM('资产负债表'[金额]),'资产负债表'[报表项目]="资产总计",
SAMEPERIODLASTYEAR('资产负债表'[报表日期]))
RETURN DIVIDE(a,DIVIDE(b+c,2))                               （度量值 7-9）
```

（二）度量值分组管理

切换至模型视图，按住"Ctrl"键，分别选中 4 个营运能力分析度量值，在属性窗口下的"显示文件夹"中输入"营运能力分析"，系统会自动建立营运能力分析文件夹，主表为"财务指标分析"，显示文件夹为"营运能力分析"，如图 7-9 所示。

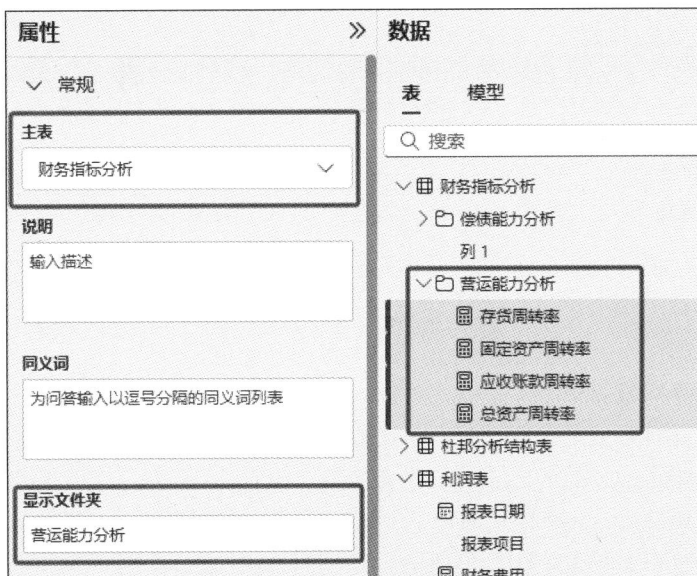

图 7-9　营运能力分析度量值分组管理

二、营运能力可视化分析

（一）营运能力分析矩阵

切换至报表视图，在可视化区域中选择"矩阵"，将资产负债表中的"报表日期"拖曳至"行"字段中；将营运能力分析文件夹中的"应收账款周转率""存货周转率""固定资产周转率""总资产周转率"4 个度量值依次拖曳至"值"字段中，按照顺序进行排列，如图 7-10 所示。

图 7-10　营运能力分析度量值排列顺序

选中矩阵，执行"可视化"→"设置视觉对象格式"→"视觉对象"→"关掉行小计"命令；矩阵的布局和样式预设设置为"差异最小"，值的大小设置为"12"，列标题和行标题值的大小设置为"12"，加粗，设置背景色；添加矩阵的边框等，结果如图 7-11 所示。

年	应收账款周转率	存货周转率	固定资产周转率	总资产周转率
2020	53.25	101.79	6,531.03	38.13
2021	65.97	56.58	3,760.29	35.47
2022	84.63	34.34	1,930.60	27.35

图 7-11　营运能力分析矩阵

（二）单项指标趋势分析

1. 应收账款周转率变动趋势分析

在可视化区域中选择"瀑布图"，将资产负债表中的"报表日期"拖曳至"类别"字段中；将营运能力分析文件夹中的"应收账款周转率"拖曳至"Y 轴"字段中。执行"可视化"→"设置视觉对象格式"→"视觉对象"命令，关闭 X 轴和 Y 轴的标题，设置字体颜色；打开数据标签并设置字体大小和颜色，添加标题"应收账款周转率变动趋势"，添加边框等，结果如图 7-12 所示。

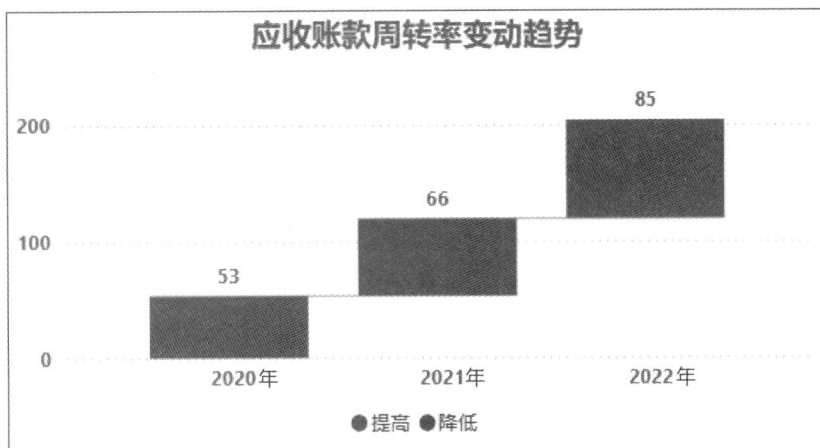

图 7-12 应收账款周转率变动趋势瀑布图

2. 存货周转率变动趋势分析

在可视化区域中选择"堆积面积图",将资产负债表中的"报表日期"拖曳至"*X*轴"字段中;将营运能力分析文件夹中的"存货周转率"拖曳至"*Y*轴"字段中。执行"可视化"→"设置视觉对象格式"→"视觉对象"命令,关闭 *X* 轴和 *Y* 轴的标题,设置字体颜色;打开数据标签并设置字体大小和颜色,添加标题"存货周转率变动趋势",添加边框等,结果如图 7-13 所示。

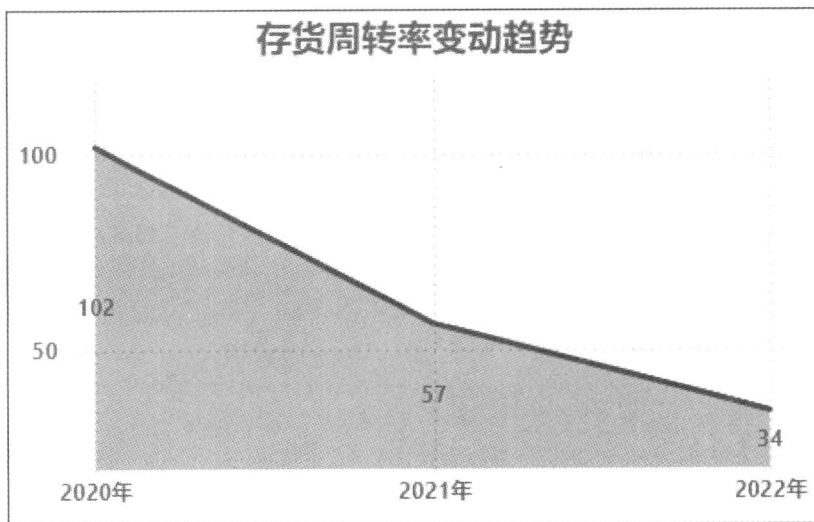

图 7-13 存货周转率变动趋势堆积面积图

3. 总资产周转率变动趋势分析

在可视化区域中选择"折线图",将资产负债表中的"报表日期"拖曳至"*X*轴"字段中;将营运能力分析文件夹中的"总资产周转率"拖曳至"*Y*轴"字段中。执行"可视化"→"设置视觉对象格式"→"视觉对象"命令,关闭 *X* 轴和 *Y* 轴的标题,设置字体颜色;打开数据标签并设置字体大小和颜色,添加标题"总资产周转率变动趋势",添加边框等,结果如图 7-14 所示。

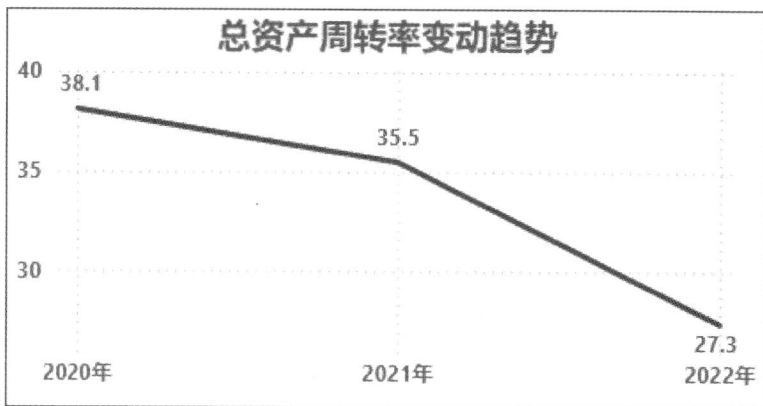

图 7-14　总资产周转率变动趋势折线图

（三）营运能力分析结果整体布局

执行"主页"→"文本框"命令，插入文本框，输入"中汇集团—营运能力分析"，文本大小设置为"24"，加粗并居中，并添加一种字体颜色；最后将营运能力分析的所有可视化视觉对象进行布局设计，注重报表整齐和美观，结果如图 7-15 所示。

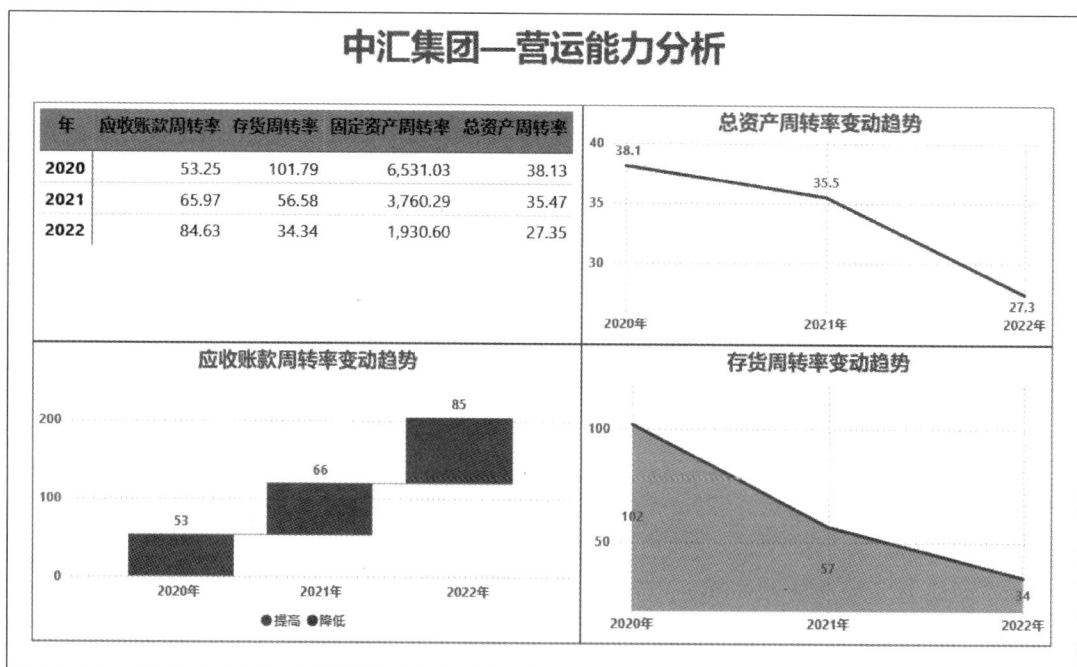

图 7-15　营运能力分析结果整体布局

任务总结

本任务主要讲解了企业流动资产营运能力和非流动资产营运能力的分析指标，并且对中汇集团进行了营运能力可视化分析。通过分析可知，中汇集团的应收账款周转率呈现逐年上升的趋势，说明集团收回应收账款的速度提高了，有利于集团减少坏账；存货周转率与总资产周转率呈现逐年下降趋势，集团应加强库存管理，避免存货积压，可以采取积极的营销策略，加快存货的周转速度，同时充分利用资产进行生产经营，提高总资产的利用效率。

任务三 盈利能力分析

任务情境

中汇集团财务部为准备集团财务工作年度会议资料，需要对集团的盈利能力进行分析，并通过对集团 2020—2022 年数据的分析对比，找出集团可以改进的地方，从而更好地提升集团的盈利能力。结合集团 2020—2022 年的资产负债表和利润表，对集团的资产盈利能力、经营盈利能力的相关指标进行分析与可视化呈现，并根据分析结果对中汇集团的盈利能力进行简要评价。

知识准备

盈利能力是指企业获取利润的能力。盈利是企业的重要经营目标，是企业生存和发展的物质基础，它不仅关系企业所有者的投资报酬，还是企业偿还债务的重要保障。因此企业的债权人、所有者以及管理者都十分关心企业的盈利能力。评价企业盈利能力的财务比率主要有资产报酬率、股东权益报酬率、销售毛利率、销售净利率等。

一、资产盈利能力

（一）资产报酬率

资产报酬率也称资产收益率，是企业在一定时期内的息税前利润总额与资产平均总额的比率，其计算公式为：

$$资产报酬率 = \frac{息税前利润总额}{资产平均总额} \times 100\% \qquad （公式 7\text{-}10）$$

资产报酬率的高低并没有一个绝对的评价标准。在分析企业的资产报酬率时，通常采用比较分析法，即与该企业以前的会计年度的资产报酬率进行比较，判断企业资产盈利能力的变动趋势，通过这种比较，可以评价企业的经营效率，发现其经营管理中存在的问题。如果企业的资产报酬率偏低，说明该企业经营效率较低，应调整经营方针，加强经营管理，提高资产的利用效率。

（二）股东权益报酬率

股东权益报酬率也称净资产收益率或所有者权益报酬率，是企业一定时期的净利润与股东权益平均总额的比率，其计算公式为：

$$股东权益报酬率 = \frac{净利润}{股东权益平均总额} \times 100\% \qquad （公式 7\text{-}11）$$

股东权益报酬率是评价企业资产盈利能力的一个重要的财务比率，它反映了企业股东获取投资报酬的高低，该比率越高，说明企业的资产盈利能力越强。

二、经营盈利能力

（一）销售毛利率

销售毛利率是企业的销售毛利与营业收入的比率，其计算公式为：

$$销售毛利率=\frac{销售毛利}{营业收入}=\frac{营业收入-营业成本}{营业收入}\times100\%\qquad（公式7-12）$$

销售毛利是企业营业收入与营业成本的差额，可以根据利润表计算得出。销售毛利率反映了企业的营业成本与营业收入的比率关系，销售毛利率越大，说明在营业收入中营业成本所占的比重越小，企业通过销售获取利润的能力越强。

（二）销售净利率

销售净利率是企业净利润与营业收入的比率，其计算公式为：

$$销售净利率=\frac{净利润}{营业收入}\times100\%\qquad（公式7-13）$$

销售净利率说明了企业净利润占营业收入的比例，它可以评价企业通过销售赚取利润的能力。销售净利率表明企业每 100 元营业收入可实现的净利润是多少元，该比率越高，说明企业通过扩大销售获取报酬的能力越强。

任务实施

一、财务数据预处理

继续沿用中汇集团财务报表，在 Power BI Desktop 中新建一报表页，命名为"盈利能力分析"。

操作演示

财务数据预处理（三）

（一）新建度量值

在报表视图右侧选中表"财务指标分析"，新建盈利能力分析度量值，如度量值 7-10 至度量值 7-13 所示。

```
资产报酬率 =
var a = CALCULATE(SUM('利润表'[金额]),'利润表'[报表项目]="利润总额")
var b = CALCULATE(SUM('利润表'[金额]),'利润表'[报表项目]="利息支出")
var c = CALCULATE(SUM('资产负债表'[金额]),'资产负债表'[报表项目]="资产总计")
var d = CALCULATE(SUM('资产负债表'[金额]),'资产负债表'[报表项目]="资产总计",
SAMEPERIODLASTYEAR('资产负债表'[报表日期]))
RETURN DIVIDE(a+b,DIVIDE(c+d,2))                          （度量值7-10）
股东权益报酬率 =
var a = CALCULATE(SUM('利润表'[金额]),'利润表'[报表项目]="净利润")
var b = CALCULATE(SUM('资产负债表'[金额]),'资产负债表'[报表项目]="所有者权益(或股东权益)
合计")
```

```
var c = CALCULATE(SUM('资产负债表'[金额]),'资产负债表'[报表项目]="所有者权益(或股东权益)
合计",SAMEPERIODLASTYEAR('资产负债表'[报表日期]))
RETURN DIVIDE(a,DIVIDE(b+c,2))                              （度量值 7-11）
销售毛利率 =
var a = CALCULATE(SUM('利润表'[金额]),'利润表'[报表项目]="营业收入")
var b = CALCULATE(SUM('利润表'[金额]),'利润表'[报表项目]="营业成本")
RETURN DIVIDE(a-b,a)                                        （度量值 7-12）
销售净利率 =
var a = CALCULATE(SUM('利润表'[金额]),'利润表'[报表项目]="净利润")
var b = CALCULATE(SUM('利润表'[金额]),'利润表'[报表项目]="营业收入")
RETURN DIVIDE(a,b)                                          （度量值 7-13）
```

需要注意的是，以上 4 个度量值的格式设置为百分比，保留 2 位小数。

（二）度量值分组管理

切换至模型视图，按住"Ctrl"键，分别选中 4 个盈利能力分析度量值，在属性窗口下的"显示文件夹"中输入"盈利能力分析"，系统会自动建立盈利能力分析文件夹，主表为"财务指标分析"，显示文件夹为"盈利能力分析"，如图 7-16 所示。

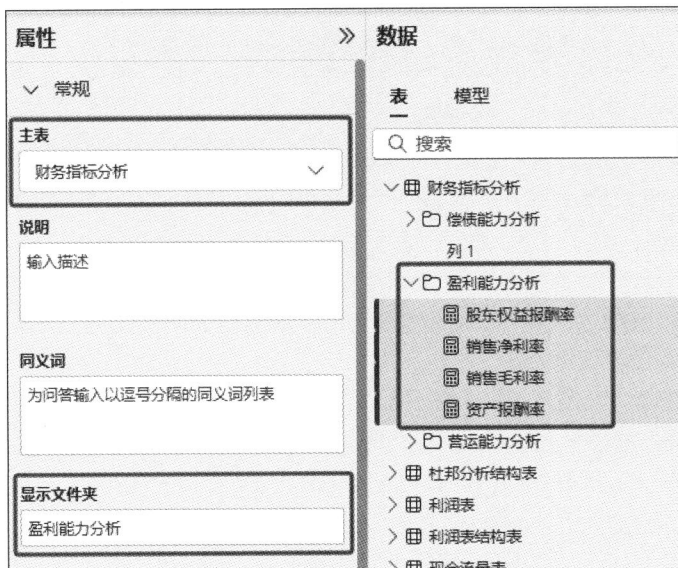

图 7-16　盈利能力分析度量值分组管理

二、盈利能力可视化分析

（一）盈利能力分析矩阵

切换至报表视图，在可视化区域中选择"矩阵"，将利润表中的"报表日期"拖曳至"行"字段中；将盈利能力分析文件夹中的"资产报酬率""股东权益报酬率""销售毛利率""销售净利率"4 个度量值依次拖曳至"值"字段中，按照顺序进行排列，结果如图 7-17 所示。

操作演示

盈利能力可视化分析

图 7-17　盈利能力分析度量值排列顺序

选中矩阵，执行"可视化"→"设置视觉对象格式"→"视觉对象"→"关掉行小计"命令；矩阵的布局和样式预设设置为"差异最小"，值的大小设置为"12"，列标题和行标题值的大小设置为"12"，加粗，设置背景色；添加矩阵的边框等设置，结果如图 7-18 所示。

年	资产报酬率	股东权益报酬率	销售毛利率	销售净利率
2020	97.20%	115.14%	55.71%	36.92%
2021	93.84%	111.15%	47.56%	30.81%
2022	77.81%	92.15%	43.70%	22.27%

图 7-18　盈利能力分析矩阵

（二）单项指标趋势分析

1. 资产报酬率变动趋势分析

在可视化区域中选择"漏斗图"，将利润表中的"报表日期"拖曳至"类别"字段中；将盈利能力分析文件夹中的"资产报酬率"拖曳至"值"字段中。执行"可视化"→"设置视觉对象格式"→"视觉对象"命令，设置颜色，设置数据标签、类别标签、转换速率标签的字体大小和颜色，添加标题"资产报酬率变动趋势"，设置字体颜色，添加边框等，结果如图 7-19 所示。

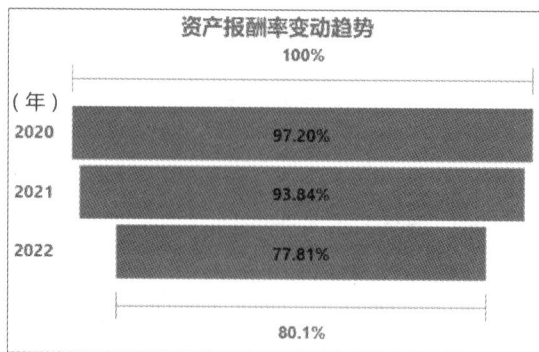

图 7-19　资产报酬率变动趋势漏斗图

2. 股东权益报酬率变动趋势分析

在可视化区域中选择"丝带图",将利润表中的"报表日期"拖曳至"X轴"字段中;将盈利能力分析文件夹中的"股东权益报酬率"拖曳至"Y轴"字段中。执行"可视化"→"设置视觉对象格式"→"视觉对象"命令,关闭 X 轴和 Y 轴的标题,设置字体颜色;打开数据标签并设置字体大小和颜色,添加标题"股东权益报酬率变动趋势",添加边框等,结果如图 7-20 所示。

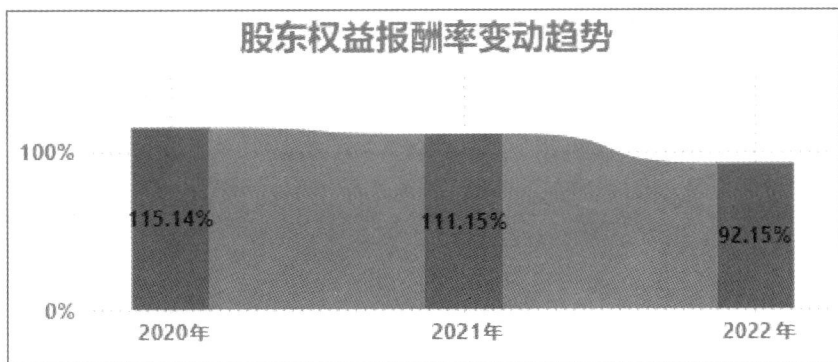

图 7-20 股东权益报酬率变动趋势丝带图

3. 销售毛利率和销售净利率变动趋势分析

在可视化区域中选择"折线和簇状柱形图",将利润表中的"报表日期"拖曳至"X轴"字段中;将盈利能力分析文件夹中的"销售毛利率"拖曳至"列 Y 轴"字段中,将"销售净利率"拖曳至"行 Y 轴"字段中。执行"可视化"→"设置视觉对象格式"→"视觉对象"命令,关闭 X 轴、Y 轴和辅助 Y 轴的标题,设置字体大小、颜色,设置图例位置为靠下居中,打开数据标签,设置字体颜色和背景,添加标题"销售毛利率和销售净利率变动趋势",设置字体颜色并居中,添加边框等设置,结果如图 7-21 所示。

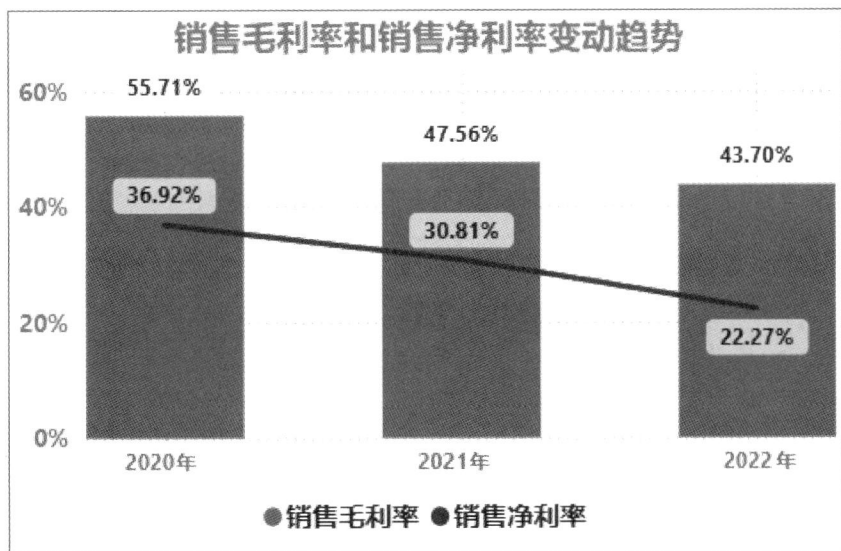

图 7-21 销售毛利率和销售净利率变动趋势的折线和簇状柱形图

（三）盈利能力分析结果整体布局

执行"主页"→"文本框"命令，插入文本框，输入"中汇集团—盈利能力分析"，文本大小设置为"24"，加粗并居中，并添加一种字体颜色；最后将盈利能力分析的所有可视化视觉对象进行布局设计，注重报表整齐和美观，结果如图 7-22 所示。

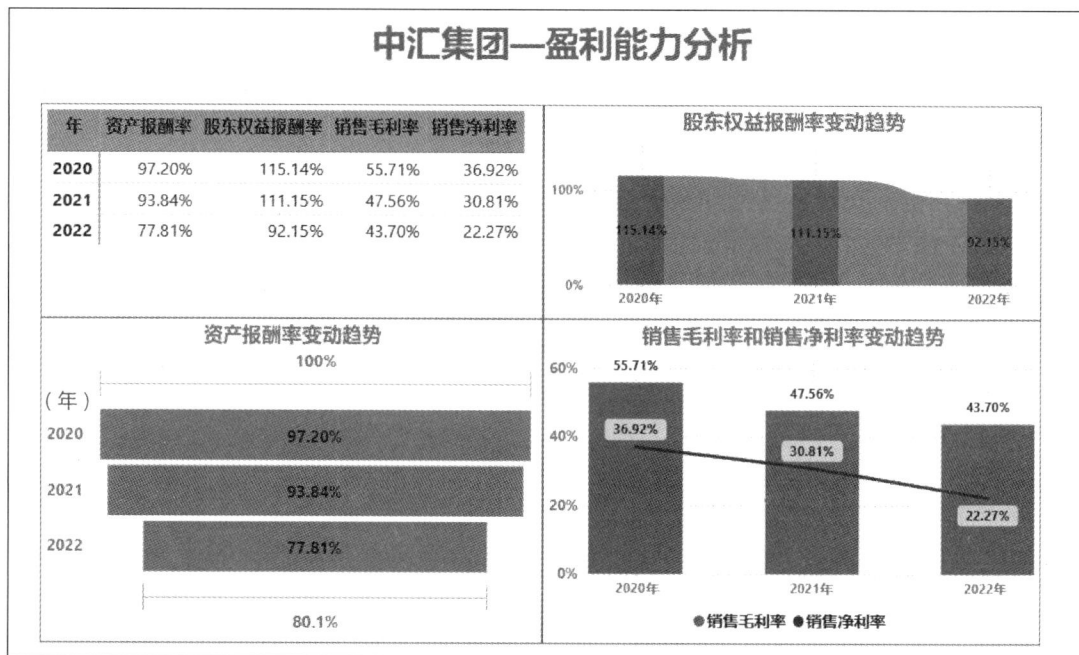

图 7-22　盈利能力分析结果整体布局

任务总结

本任务主要讲解了企业资产盈利能力和经营盈利能力的分析指标，并且对中汇集团进行了盈利能力可视化分析。通过分析可知，与集团营运能力分析结论相同的是集团资产的利用效率不高，因为中汇集团的资产报酬率呈现逐年下降趋势，建议集团调整经营方针，加强经营管理，提高资产的利用效率。从经营盈利能力来看，集团的销售毛利率和销售净利率呈现逐年下降趋势，这与项目六任务二的利润表分析相呼应，说明集团的营业成本所占比重在逐年上升，建议集团在采取积极的营销策略的同时加强对集团营业成本的管控。

任务四　发展能力分析

任务情境

中汇集团财务部为准备公司财务工作年度会议资料，需要对集团的发展能力进行分析，并通过对集团 2020—2022 年数据的分析对比，找出集团可以改进的地方，从而更好地提升集团的发展能力。结合集团 2020—2022 年的资产负债表和利润表，对集团的资产发展能力、营业发展能力的相关指标进行分析与可视化呈现，并根据分析结果对中汇集团的发展能力进行简要评价。

知识准备

发展能力也称成长能力，是指企业在从事经营活动的过程中所表现出来的增长能力，如规模的扩大、盈利的增加、市场竞争力的增强等。评价企业发展能力的主要财务比率有资产增长率、股权资本增长率、销售增长率、净利润增长率等。

一、资产发展能力

（一）资产增长率

资产增长率是企业本年总资产增长额与年初资产总额的比率，该比率反映了企业本年度资产规模的增长情况，其计算公式为：

$$资产增长率 = \frac{本年总资产增长额}{年初资产总额} \times 100\% \qquad （公式7-14）$$

本年总资产增长额是指本年年末资产余额与年初资产余额的差额，资产增长率是从企业资产规模增长方面来衡量企业发展能力的。一般来说，资产增长率越高，说明企业资产规模增长的速度越快，企业的竞争力会越强，但是，在分析企业资产规模增长的同时，也要注意分析企业资产的质量变化。

（二）股权资本增长率

股权资本增长率也称资本积累率，是指企业本年股东权益增长额与年初股东权益总额的比率，其计算公式为：

$$股权资本增长率 = \frac{本年股东权益增长额}{年初股东权益总额} \times 100\% \qquad （公式7-15）$$

本年股东权益增长额是指本年年末股东权益余额与年初股东权益余额的差额。股权资本增长率反映了企业当年股东权益的变化水平，体现了企业资本的积累能力，是评价企业发展潜力的重要指标。该比率越高，说明企业资本积累能力越强，企业的资产发展能力越好。

二、营业发展能力

（一）销售增长率

销售增长率是企业本年营业收入增长额与上年营业收入总额的比率，其计算公式为：

$$销售增长率 = \frac{本年营业收入增长额}{上年营业收入总额} \times 100\% \qquad （公式7-16）$$

本年营业收入增长额是指本年营业收入总额与上年营业收入总额的差额。销售增长率反映了企业营业收入的变化情况，是评价企业成长性和市场竞争力的重要指标。该比率大于 0，表示企业本年营业收入相较上年营业收入增加；该比率小于 0，表示本年营业收入减少。该比率越高，说明企业营业收入的成长性越好，企业的营业发展能力越强。

（二）净利润增长率

净利润增长率是指企业本年净利润增长额与上年净利润总额的比率，其计算公式为：

$$净利润增长率 = \frac{本年净利润增长额}{上年净利润总额} \times 100\%$$

（公式 7-17）

本年净利润增长额是指本年净利润总额与上年净利润总额的差额。净利润增长率反映了企业盈利能力的变化，该比率越高，说明企业的成长性越好，营业发展能力越强。

任务实施

一、财务数据预处理

继续沿用中汇集团财务报表，在 Power BI Desktop 中新建一报表页，命名为"发展能力分析"。

操作演示

财务数据预处理
（四）

（一）新建度量值

在报表视图右侧选中表"财务指标分析"，新建发展能力分析度量值，如度量值 7-14 至度量值 7-17 所示。

```
资产增长率 =
var a = CALCULATE(SUM('资产负债表'[金额]),'资产负债表'[报表项目]="资产总计")
var b = CALCULATE(SUM('资产负债表'[金额]),'资产负债表'[报表项目]="资产总计",
SAMEPERIODLASTYEAR('资产负债表'[报表日期]))
RETURN DIVIDE(a-b,b)                                            （度量值 7-14）
股权资本增长率 =
var a = CALCULATE(SUM('资产负债表'[金额]),'资产负债表'[报表项目]="所有者权益(或股东权益)
合计")
var b = CALCULATE(SUM('资产负债表'[金额]),'资产负债表'[报表项目]="所有者权益(或股东权益)
合计",SAMEPERIODLASTYEAR('资产负债表'[报表日期]))
RETURN DIVIDE(a-b,b)                                            （度量值 7-15）
销售增长率 =
var a = CALCULATE(SUM('利润表'[金额]),'利润表'[报表项目]="营业收入")
var b = CALCULATE(SUM('利润表'[金额]),'利润表'[报表项目]="营业收入",
SAMEPERIODLASTYEAR('利润表'[报表日期]))
RETURN DIVIDE(a-b,b)                                            （度量值 7-16）
净利润增长率 =
var a = CALCULATE(SUM('利润表'[金额]),'利润表'[报表项目]="净利润")
var b = CALCULATE(SUM('利润表'[金额]),'利润表'[报表项目]="净利润",
SAMEPERIODLASTYEAR('利润表'[报表日期]))
RETURN DIVIDE(a-b,b)                                            （度量值 7-17）
```

需要注意的是以上 4 个度量值的格式设置为百分比，保留 2 位小数。

（二）度量值分组管理

切换至模型视图，按住"Ctrl"键，分别选中 4 个发展能力分析度量值，在属性窗口下的"显示文件夹"中输入"发展能力分析"，系统会自动建立发展能力分析文件夹，主表为"财务指标分析"，显示文件夹为"发展能力分析"，如图 7-23 所示。

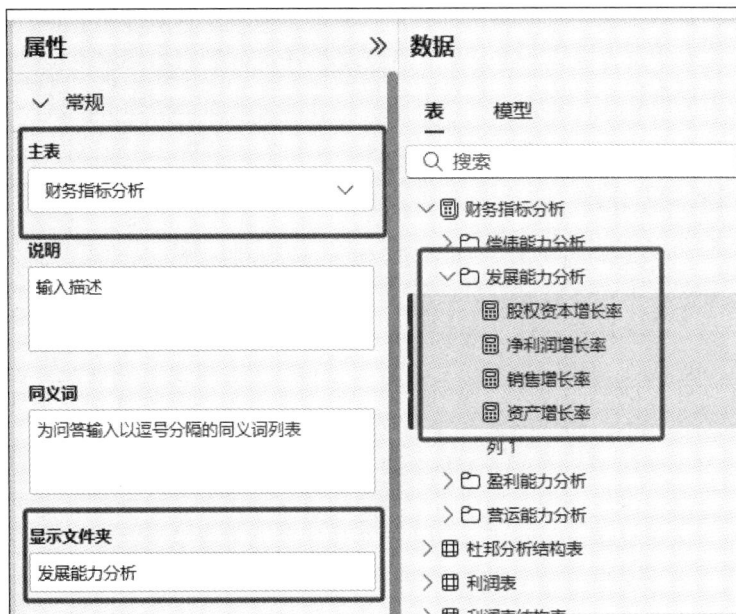

图 7-23　发展能力分析度量值分组管理

二、发展能力可视化分析

（一）资产发展能力分析

切换至报表视图，在可视化区域中选择"卡片图"，将发展能力分析文件夹中的"资产增长率"拖曳至"字段"中，按照同样的操作，可以设置"股权资本增长率"的卡片图，结果如图 7-24 所示。

操作演示

发展能力可视化
分析

图 7-24　资产发展能力卡片图

（二）资产发展能力年度查询

因为资产发展能力的度量值指标来源为资产负债表，所以要单独设置资产发展能力的年度查询切片器。在可视化区域选择"切片器"，将资产负债表中的"报表日期"拖曳至"字段"中，执行"可视化"→"设置视觉对象格式"→"视觉对象"命令，在设置视觉对象格式中，将切片器样式设置为"磁贴"；切片器标头选择"否"；在"值"对话框中调整字体颜色和边框颜色，颜色自选。在"常规"对话框中添加标题"资产发展能力年度查询"，设置字体颜色并加粗，完成设置后，结果如图 7-25 所示。

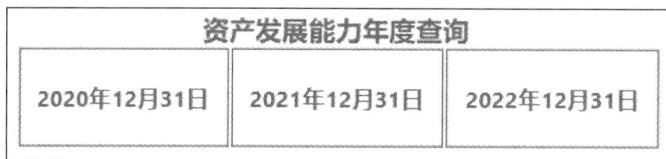

图 7-25　资产发展能力年度查询切片器

（三）营业发展能力分析

切换至报表视图，在可视化区域中选择"卡片图"，将发展能力分析文件夹中的"销售增长率"拖拽至"字段"中，按照同样的操作，可以设置"净利润增长率"的卡片图，结果如图 7-26 所示。

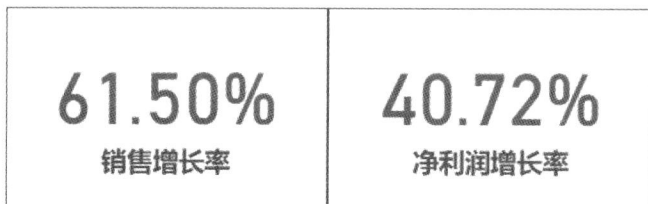

图 7-26　营业发展能力卡片图

（四）营业发展能力年度查询

因为营业发展能力的度量值指标来源为利润表，所以要单独设置营业发展能力的年度查询切片器。在可视化区域选择"切片器"，将利润表中的"报表日期"拖曳至"字段"中，执行"可视化"→"设置视觉对象格式"→"视觉对象"命令，在设置视觉对象格式中，将切片器样式设置为"磁贴"；切片器标头选择"否"；在"值"对话框中调整字体颜色和边框颜色，颜色自选。在"常规"对话框中添加标题"营业发展能力年度查询"，设置字体颜色并加粗，完成设置后，结果如图 7-27 所示。

图 7-27　营业发展能力年度查询切片器

（五）发展能力分析结果整体布局

执行"主页"→"文本框"命令，插入文本框，输入"中汇集团—发展能力分析"，文本大小设置为"24"，加粗并居中，并添加一种字体颜色；最后将发展能力分析的所有可视化视觉对象进行布局设计，注重报表整齐和美观，结果如图 7-28 所示。

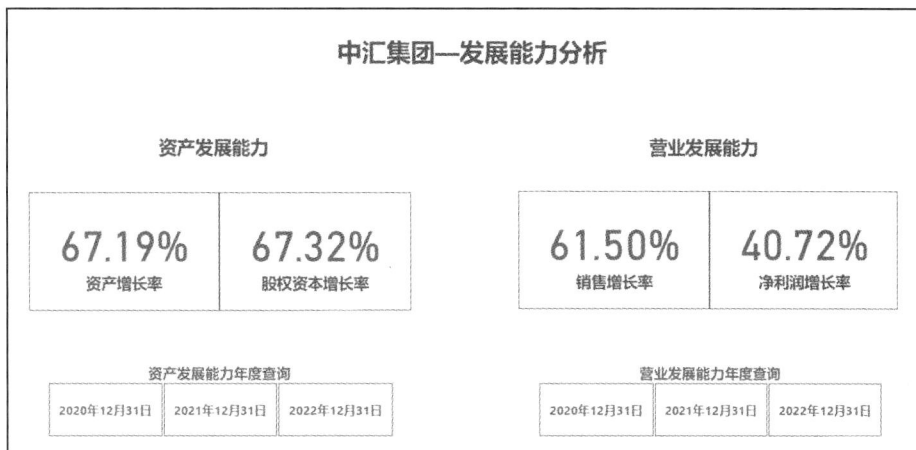

图 7-28 发展能力分析结果整体布局

任务总结

本任务主要讲解了企业资产发展能力和营业发展能力的评价指标，并且对中汇集团进行了发展能力可视化分析。结合项目六数据源资料"中汇集团-财务报表.pbix"文件，对中汇集团发展能力分析指标进行年度查询。通过分析可知，集团的资产增长率与股权资本增长率呈现逐年上升趋势，说明集团的资产规模和资本积累能力在逐年增长，有利于提高集团的综合竞争能力；此外，虽然集团的营业总收入在逐年增加，但是集团的销售增长率与净利润增长率在逐年下降，建议集团在增加营业收入的同时，加强营业成本管理，降低集团的营业成本，提高集团净利润。

任务五 综合能力分析

任务情境

中汇集团财务部为准备集团财务工作年度会议资料，需要对集团的综合能力进行分析，并通过对集团 2020—2022 年数据的分析对比，找出集团可以改进的地方，从而更好地提升集团的综合能力。结合集团 2020—2022 年的资产负债表、利润表，对集团的营业收入增长率、营业利润增长率、总资产增长率和资本保值率的相关指标进行分析与可视化呈现，并根据分析结果对中汇集团的综合能力进行简要评价。

知识准备

综合能力分析是将有关财务指标按其内在联系结合起来，系统、全面、综合地对企业的财务状况和经营成果进行剖析、解释和评价，说明企业整体财务状况和经营成果的优劣。单独分析任何一种财务指标，都不足以全面评价企业的财务状况和经营成果，只有对各种财务指标进行系统、综合的分析，才能对企业的财务状况作出全面合理的评价，因此，必须对企业进行综合的财务分析。本任务主要介绍两种常用的综合分析法，分别是杜邦财务分析体系和沃尔比重评分法。

一、杜邦财务分析体系

（一）杜邦分析法的含义

杜邦分析法是利用几种主要的财务比率之间的关系来综合分析企业的财务状况和经营成果，因这种分析方法是由杜邦公司首先采用的，故称杜邦分析法。这种分析方法一般用杜邦财务分析体系来表示，如图 7-29 所示。

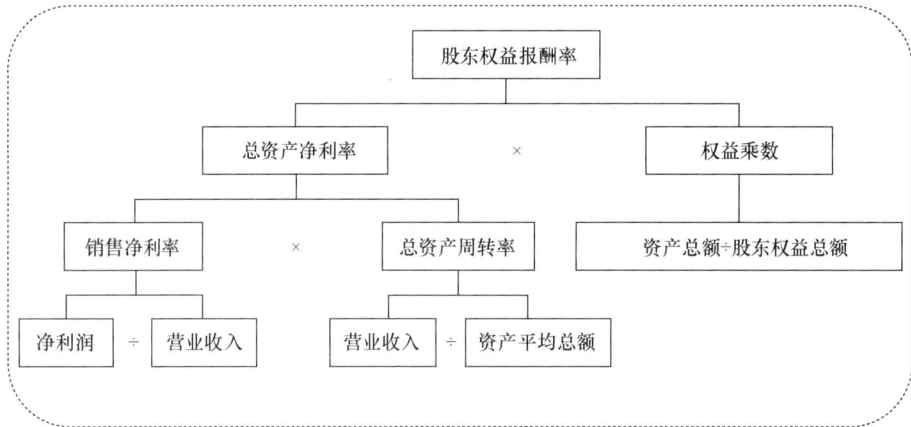

图 7-29　杜邦财务分析体系

（二）主要财务比率的关系

杜邦分析法主要反映了以下几种主要财务比率的关系。

（1）股东权益报酬率与总资产净利率及权益乘数之间的关系：

$$股东权益报酬率=总资产净利率×权益乘数 \qquad （公式 7-18）$$

（2）总资产净利率与销售净利率及总资产周转率之间的关系：

$$总资产净利率=销售净利率×总资产周转率 \qquad （公式 7-19）$$

（3）销售净利率与净利润及营业收入之间的关系：

$$销售净利率=净利润÷营业收入 \qquad （公式 7-20）$$

（4）总资产周转率与营业收入及资产平均总额之间的关系：

$$总资产周转率=营业收入÷资产平均总额 \qquad （公式 7-21）$$

（三）杜邦分析法体现的财务信息

杜邦分析法对企业财务状况进行综合的分析，通过几种主要财务指标之间的关系，直观明了地反映企业的财务状况，从杜邦财务分析体系（见图 7-29）可以了解以下财务信息。

1. 杜邦财务分析体系核心

从杜邦财务分析体系可以看出，股东权益报酬率是一个综合性极强、最具代表性的财务比率，它是杜邦财务分析体系的核心。企业财务管理的重要目标就是实现股东财富的最大化，股东权益报酬率恰恰反映了股东投入的资金的盈利能力，反映了企业筹资、投资和生产运营等各方面经营活动的效率。股东权益报酬率取决于企业总资产净利率和权益乘数，总资产净利率主要反映企业运用资产进行生产经营活动的效率，权益乘数则主要反映企业的财务杠杆情况，即企业的资本结构。

2. 偿债能力指标

在杜邦财务分析体系中，权益乘数是反映企业偿债能力的一个重要财务比率。它是受资产负债率影响的指标，反映了平均股东权益与平均总资产的关系，权益乘数越大，说明企业负债程度越高，能给企业带来较大的财务杠杆收益，但同时也会带来较大的偿债风险。因此，企业既要合理使用全部资产，又要妥善安排资本结构。

3. 营运能力指标

在杜邦财务分析体系中，总资产周转率是反映企业营运能力的一个重要财务比率。结合销售收入，分析企业的资产周转情况，资产周转速度直接影响企业的盈利能力，如果企业资产周转较慢，就会占用大量资金，增加资本成本，减少企业的利润。在对资产周转情况进行分析时，不仅要分析企业总资产周转率，更要分析企业的存货周转率与应收账款周转率，并将其周转情况与资金占用情况结合起来分析。

4. 盈利能力指标

在杜邦财务分析体系中，资产净利率是反映企业盈利能力的一个重要财务比率。它揭示了企业生产经营活动的效率，具有较强的综合性。企业的销售收入、成本费用、资产结构、资产周转速度以及资金占用量等各种因素，都直接影响资产报酬率的高低。总资产净利率是销售净利率与总资产周转率的乘积，因此，可以从企业的销售活动与资产管理两个方面来进行分析。

从企业的销售活动来看，销售净利率反映了企业净利润与营业收入之间的关系。一般来说，销售收入增加，企业的净利润也会随之增加。但是要想提高销售净利率，必须在提高销售收入的同时降低各种成本费用，这样才能使净利润的增长高于销售收入的增长，从而使企业的销售净利率得到提高。

从企业资产管理来看，需保持流动资产与非流动资产的比例结构合理。资产结构实际上反映了企业资产的流动性，不仅关系企业的偿债能力，也会影响企业的盈利能力。一般来说，如果企业流动资产中货币资金占比过大，就应当分析企业现金持有量是否合理，有无现金闲置现象，因为持有过量的现金会影响企业的盈利能力；如果流动资产中存货与应收账款过多，就会占用大量的资金，影响企业的资金周转。

二、沃尔比重评分法

沃尔比重评分法是指将选定的财务比率通过线性关系结合起来，并分别给定财务比率各自的权重，然后通过与各比率的标准值进行比较，确定各项指标的分数及总体指标的累计分数，从而对企业的综合能力作出评价的方法。沃尔比重评分法的基本步骤如下。

（1）选择指标并分配权重。从偿债能力、营运能力、盈利能力、发展能力等指标中选择部分指标，按重要程度分配各项指标的权重。

（2）确定各项指标的标准值，即各个指标在企业现实条件下的最优值。

（3）计算企业在一定时期内各项指标的实际值。

（4）代入公式，得出评价结果。沃尔比重评分法的公式为：实际分数=实际值÷标准值×权重。当实际值大于标准值为理想结果时，此公式的计算结果有效。当实际值小于标准值为理想结果时，实际值越小分数应越高，但使用此公式计算的结果却恰恰相反，此时该公式的计算结果无效。另外，当某一单项指标的实际值偏高时，会导致最后分数大幅度增加，掩盖情况不良的指标，降低了结果的有效性。

任务实施

一、财务数据预处理

继续沿用中汇集团财务报表，在 Power BI Desktop 中新建一报表页，命名为"综合能力分析"。

（一）新建度量值

在报表视图右侧选中表"财务指标分析"，新建综合能力分析度量值，如度量值 7-18 至度量值 7-21 所示。

```
净利润 = CALCULATE(SUM('利润表'[金额]),'利润表'[报表项目]="净利润")          （度量值 7-18）
营业收入 = CALCULATE(SUM('利润表'[金额]),'利润表'[报表项目]="营业收入")
                                                                      （度量值 7-19）

平均资产总额 =
var a = CALCULATE(SUM('资产负债表'[金额]),'资产负债表'[报表项目]="资产总计")
var b = CALCULATE(SUM('资产负债表'[金额]),'资产负债表'[报表项目]="资产总计",
SAMEPERIODLASTYEAR('资产负债表'[报表日期]))
RETURN DIVIDE(a+b,2)                                                   （度量值 7-20）
总资产净利率 =
var a = CALCULATE(SUM('利润表'[金额]),'利润表'[报表项目]="净利润")
var b = CALCULATE(SUM('资产负债表'[金额]),'资产负债表'[报表项目]="资产总计")
var c = CALCULATE(SUM('资产负债表'[金额]),'资产负债表'[报表项目]="资产总计",
SAMEPERIODLASTYEAR('资产负债表'[报表日期]))
RETURN DIVIDE(a,DIVIDE(b+c,2))                                         （度量值 7-21）
```

（二）度量值分组管理

切换至模型视图，按住"Ctrl"键，分别选中 4 个综合能力分析度量值，在属性窗口下的"显示文件夹"中输入"综合能力分析"，系统会自动建立综合能力分析文件夹，主表为"财务指标分析"，显示文件夹为"综合能力分析"，如图 7-30 所示。

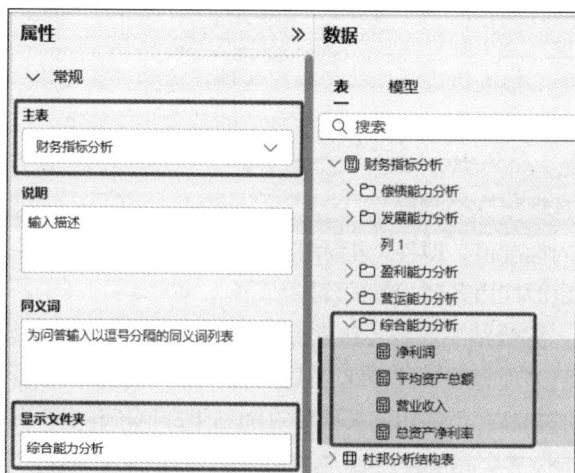

图 7-30 综合能力分析度量值分组管理

二、综合能力可视化分析

（一）综合能力核心指标分析

切换至报表视图，在可视化区域中选择"卡片图"，将盈利能力分析文件夹中的"股东权益报酬率"拖曳至"字段"中，执行"可视化"→"设置视觉对象格式"→"视觉对象"命令，设置卡片图的标注值的字体大小为"25"，类别标签的字体大小设置为"15"，设置字体颜色并选择一种背景颜色，颜色自选；显示单位为"自动"；添加卡片图的边框，调整布局等设置，结果如图 7-31 所示。

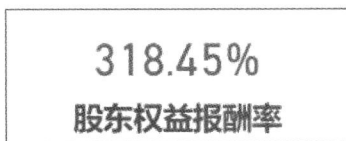

操作演示

综合能力可视化
分析

318.45%
股东权益报酬率

图 7-31　股东权益报酬率卡片图

（二）综合能力其他指标分析

按照类似的操作，可以依次设置"总资产净利率""权益乘数""销售净利率""总资产周转率""总资产负债率""净利率""营业收入""平均资产总额"的卡片图，并设置卡片图的样式。

（三）综合能力年度查询

因为综合能力的度量值指标来源为资产负债表和利润表，所以需要设置两个年度查询切片器。在可视化区域选择"切片器"，将资产负债表中的"报表日期"拖曳至"字段"中，执行"可视化"→"设置视觉对象格式"→"视觉对象"命令，在设置视觉对象格式中，将切片器样式设置为"磁贴"；切片器标头选择"否"；在"值"对话框中调整字体颜色和边框颜色，颜色自选。在"常规"对话框中添加标题"资产负债表年度查询"，设置字体颜色并加粗。按照同样的操作设置"利润表年度查询"切片器，完成设置后，结果如图 7-32 所示。

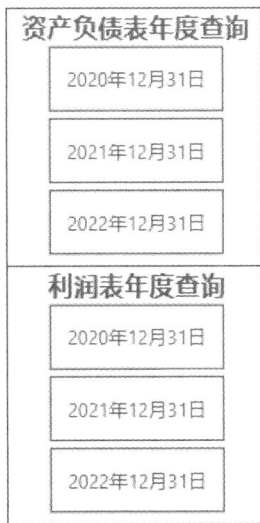

资产负债表年度查询

2020年12月31日

2021年12月31日

2022年12月31日

利润表年度查询

2020年12月31日

2021年12月31日

2022年12月31日

图 7-32　综合能力年度查询切片器

需要说明的是，为了保证综合能力指标的正确性，在选择年度查询的时候，需要同时选择资产负债表年度查询切片器和利润表年度查询切片器。

（四）综合能力分析结果整体布局

执行"主页"→"文本框"命令，插入文本框，输入"中汇集团—综合能力分析"，文本大小设置为"24"，加粗并居中，并添加一字体颜色；最后将综合能力分析的所有可视化视觉对象进行布局设计，注重报表整齐和美观，结果如图 7-33 所示。

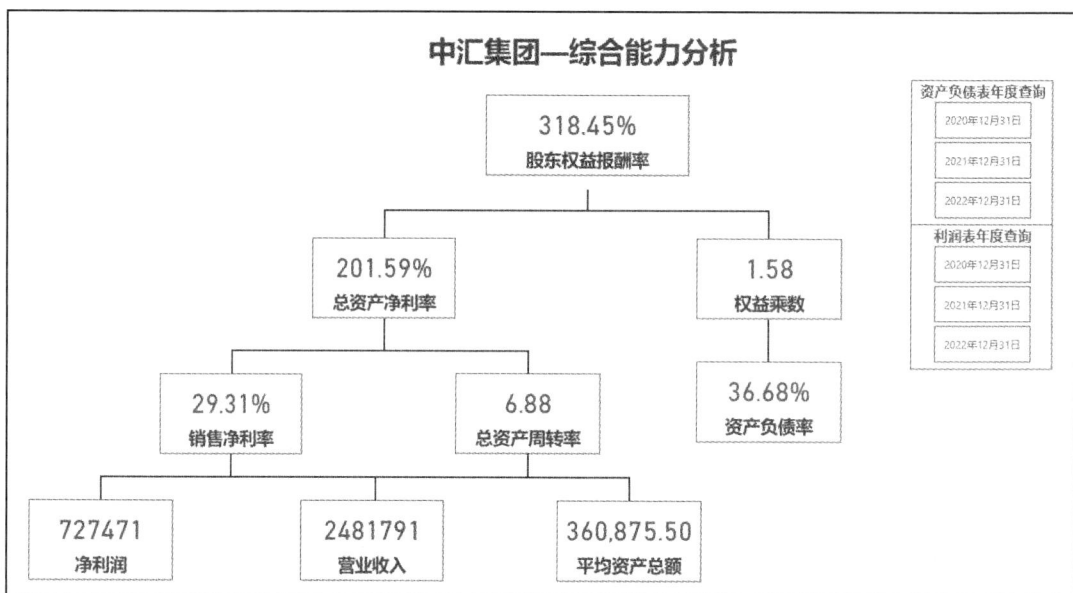

图 7-33　综合能力分析结果整体布局

注：因小数位四舍五入，导致计算结果存在误差，不影响分析结果。

任务总结

本任务主要讲解了企业综合能力分析的杜邦财务分析体系和沃尔比重评分法，并且对中汇集团进行了综合能力可视化分析。结合项目六数据源资料"中汇集团-财务报表分析.pbix"文件，对中汇集团综合能力分析指标进行年度查询。通过分析可知，杜邦财务分析体系的核心指标股东权益报酬率呈现逐年下降趋势，说明集团生产经营效率下降，股东投入的资金的盈利能力在逐渐减弱。股东权益报酬率取决于集团的总资产净利率和权益乘数，表明集团的总资产净利率逐年下降的同时权益乘数也呈现下降趋势。因此，集团应及时调整资本结构，降低企业经营成本，采取积极的营销策略，实现股东权益报酬率逐年上升的目标。

技能提升

一、单选题

1. 下列哪个指标属于企业的长期偿债能力指标？（　　　　）

A. 现金流量比率　　　B. 速动比率　　　　　C. 流动比率　　　　D. 资产负债率

2. 下列哪个指标属于企业的短期偿债能力指标？（　　　）

　　A. 资产负债率　　　B. 流动比率　　　C. 权益乘数　　　D. 产权比率

3. 下列哪个指标属于评价流动资产营运能力的指标？（　　　）

　　A. 总资产报酬率　　　　　　　　B. 净资产收益率

　　C. 应收账款周转率　　　　　　　D. 成本费用利润率

4. 下列哪个指标用于衡量非流动资产营运能力？（　　　）

　　A. 固定资产周转率　B. 流动比率　　　C. 速动比率　　　D. 权益乘数

5. 下列哪个指标用于衡量企业的盈利能力？（　　　）

　　A. 权益乘数　　　　B. 股东权益报酬率　C. 资产负债率　　D. 流动比率

二、多选题

1. 下列哪些因素会影响企业的总资产报酬率？（　　　）

　　A. 净利润　　　　　B. 平均总资产　　　C. 营业收入　　　D. 成本费用

2. 下列哪些指标可以用于分析企业的现金流量状况？（　　　）

　　A. 现金流量比率　　B. 销售收现率　　　C. 自由现金流　　D. 利息保障倍数

3. 下列哪些指标可以反映企业的发展能力？（　　　）

　　A. 资产增长率　　　B. 销售增长率　　　C. 权益乘数　　　D. 存货周转率

4. 下列哪些指标可以反映企业的盈利能力？（　　　）

　　A. 资产负债率　　　B. 权益乘数　　　　C. 资产报酬率　　D. 销售毛利率

5. 下列哪些指标可以反映企业的偿债能力？（　　　）

　　A. 股东权益报酬率　B. 流动比率　　　　C. 速动比率　　　D. 销售净利率

三、判断题

1. 净利润增长率越高，说明企业的成长能力越强，发展前景越好。　　　（　　　）

2. 如果企业现金缺乏，就可能发生支付困难，面临财务危机。　　　　　（　　　）

3. 资产负债率越高，企业偿还长期债务的能力越差，财务风险越大。　　（　　　）

4. 应收账款周转率越高，说明应收账款的周转速度越快，流动性越强。　（　　　）

5. 一般来说，资产增长率越高，说明企业资产规模增长的速度越快，企业的竞争力越强。

　　　　　　　　　　　　　　　　　　　　　　　　　　　　　　　　（　　　）

项目八

撰写与发布财务分析报告

项目导读

在企业经营过程中，财务分析是一项至关重要的工作。财务分析不仅能够帮助企业了解目前的财务状况，还可以为未来的决策提供有力的依据。在完成全面的财务分析以后，就可以出具财务分析报告，财务分析报告不仅为企业的决策提供了科学依据，促进了企业财务管理的优化，还提高了企业的透明度，增强了企业的市场竞争力。

学习目标

知识目标

1. 了解撰写财务分析报告的目的。
2. 掌握财务分析报告的结构和主要内容。
3. 掌握可视化报表的设计思路。
4. 掌握财务分析报告的发布流程。

能力目标

1. 能够结合企业报表，准确、及时地撰写财务分析报告。
2. 能够运用 Power BI 发布企业财务分析报告。
3. 能够结合具体案例，通过 Power BI 进行在线服务应用。

素养目标

1. 在学习撰写与发布财务分析报告的过程中，秉持诚实守信原则，积极弘扬诚信文化。
2. 严格依据国家法律法规和会计准则的规定，及时发布财务分析报告，努力成为社会主义法治的忠实崇尚者、自觉遵守者、坚定捍卫者。

📋 **思维导图**

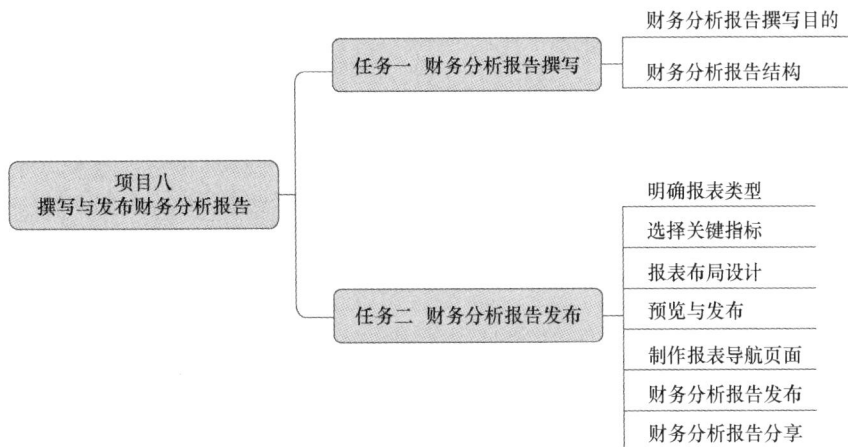

🔍 **引思启智**

坚持诚实守信，筑牢底线思维

　　财务分析对于公司决策具有重要的参考价值，要坚决杜绝任何形式的虚假记载、误导性陈述或重大遗漏。基于真实可靠的财务数据，能够为公司管理层、投资者及其他利益相关者提供有价值的参考和建议。财务会计报告可向财务会计报告使用者提供与企业财务状况、经营成果和现金流量等有关的会计信息，辅助财务会计报告使用者作出经济决策。上市公司财务报告更是会直接影响投资者的决策行为。

　　财务人员在编制财务报告时应当增强法治观念，依据国家法律法规和会计准则的规定，以期能够为财务报告使用者提供决策所需的信息。诚实守信是社会健康发展的重要保障，是中华民族的传统美德，在我国的思想道德建设中具有重要的作用。近年来，财务报告造假的案例层出不穷，造假手段复杂隐蔽，形式不断翻新，给企业和社会造成了严重危害。因此，在编制财务分析报告的过程中，要始终秉持诚实守信的原则，严格遵守相关法律法规和会计准则，确保所提供的财务信息真实、准确、完整。

　　【启示】作为财务人员，编制财务分析报告时，我们要始终坚持诚实守信、大力弘扬诚信文化，强化诚信为本、不做假账的职业道德观念。

任务一　财务分析报告撰写

🔍 **任务情境**

　　中汇集团财务部为准备集团财务工作年度会议资料，需要向集团管理层提交财务分析报告，结合集团2020—2022年的财务报表分析与财务指标分析的内容，撰写财务分析报告，要求数据分析准确、全面，提出的建议优化有针对性、可行性。

📝 **知识准备**

一、财务分析报告撰写目的

撰写财务分析报告的目的是反映企业在运营过程中的利弊得失和发展趋势，从而为改进企业财务管理工作和优化经济决策提供重要的财务信息。

（一）判断企业财务实力

通过财务分析报告可以了解企业的资产结构和负债水平是否合理，从而判断企业的偿债能力、营运能力及盈利能力等财务实力的好坏，揭示企业在财务状况方面可能存在的问题。

（二）评价企业经营业绩

通过财务分析报告可以评价企业的经营业绩，揭示财务活动存在的问题。通过对不同指标的计算、比较和分析，能够评价企业的盈利能力和资产周转状况，揭示其经营管理中各个方面和各个环节的问题，认识与同行业其他企业的差距，得出结论。

（三）挖掘企业经营潜力

通过财务分析报告可以挖掘企业的经营潜力，寻求提高企业经营管理水平和经济效益的途径。企业进行财务分析的目的不仅仅是发现问题，更重要的是分析问题和解决问题。企业应通过财务分析，进一步运用生产经营管理中成功的经验，对存在的问题应提出解决的策略和措施，以达到扬长避短、提高经营管理水平和经济效益的目的。

（四）评价企业发展趋势

通过财务分析报告可以评价企业的发展趋势，预测其生产经营的前景及偿债能力，从而为企业领导层进行生产经营决策、投资者进行投资决策和债权人进行信贷决策提供重要的依据，避免因决策错误造成重大的损失。

二、财务分析报告结构

财务分析报告主要由财务状况综述、财务报表分析、财务指标分析和建议优化 4 部分组成。

（一）财务状况综述

财务状况综述是对企业的财务健康状况进行全面分析和总结。撰写财务状况综述时，要对财务分析报告内容进行概括，以便财务分析报告使用者对企业财务状况有总体认知。

财务状况综述主要包括开头介绍和财务数据说明。开头介绍主要是说明报告的目的、分析对象以及所涵盖的时间范围；财务数据说明主要是说明财务数据的内容，包括资产负债表、利润表、现金流量表等财务报表，以及其他相关的财务信息。

（二）财务报表分析

财务报表分析是从宏观角度对企业的整体财务状况进行评价，应结合企业的实际情况、行业背景、市场环境以及企业的战略目标进行综合分析。对资产负债表主要是从资产、负债、所有者权益的资本结构与构成比率进行分析；对利润表主要是从利润总额、净利润、营业收入的增长能力进行分析；对现金流量表主要是评估企业的现金流量状况，包括经营活动、投资活动和筹资活动产生的现金流量，从而判断企业的资金状况和流动性。

（三）财务指标分析

在财务分析报告中，财务指标分析是对前面提到的各项财务数据和指标进行综合评价和深入分析的部分，主要是对财务报表的分析完成情况进行说明。财务指标分析由企业偿债能力分析、营运能力分析、盈利能力分析、发展能力分析和综合能力分析构成。

1. 偿债能力分析

偿债能力分析是评估企业的长期和短期偿债能力，通过流动比率、速动比率、资产负债率等指标，判断企业的财务风险和稳定性。

2. 营运能力分析

营运能力分析是通过分析总资产周转率、存货周转率等指标，评价企业在使用资产和存货管理方面的效率，以及提出改进建议。

3. 盈利能力分析

盈利能力分析是深入分析企业的盈利水平和趋势，通过销售毛利率、销售净利率等指标，评价企业的盈利模式是否可持续，以及企业的盈利能力与同行业其他企业相比的表现。

4. 发展能力分析

发展能力分析是分析企业在从事生产经营过程中所表现出来的增长能力，如资产规模的扩大、盈利的持续增长、市场竞争力的增强等，反映企业发展能力的主要财务比率有销售增长率、资产增长率、股权资本增长率、净利润增长率等。

5. 综合能力分析

综合能力分析是分析企业的股东权益报酬率、总资产净利率等，还涉及对企业的资本结构、市场表现的分析，常采用股价走势、市盈率、市净率等指标，评价企业在资本市场的表现和投资者信心。

（四）建议优化

建议优化是基于对企业财务状况的综合评价和深入分析，提出具体改进措施和策略的部分。这些建议旨在帮助企业改善其财务表现、增强风险管理能力、提高运营效率以及实现可持续发展。例如，在技术和创新方面，鼓励企业增加投资，以提高生产效率、降低成本并增强竞争力；在可持续发展和社会责任方面，鼓励企业采取环保措施和举办社会活动，以提升品牌形象和市场竞争力，同时实现长期可持续发展。

在撰写建议优化时，应确保建议具有可行性、针对性和实用性，并应与企业的战略目标和实际情况相结合；建议应明确、具体，并提供实施建议的可能路径和预期效果。此外，建议应考虑到企业的资源限制和内外部环境，以确保提出的建议实际有效。

任务实施

根据项目六与项目七的内容，撰写中汇集团财务分析报告。以下为"中汇集团财务分析报告"示例，仅供参考。

中汇集团财务分析报告

随着经济的发展和全球化的推进，财务分析在企业决策中扮演着重要的角色。中汇集团经过多年的经营发展，业务规模逐步扩大。为了全面评估集团的财务状况，为集团管理层提供决策支持，现对中汇集团进行财务分析并提出优化建议。

操作演示

撰写财务分析报告

一、财务状况综述

为了提高集团财务信息的透明度，使管理层、股东、投资者和其他利益相关者能够更好地了解中汇集团的财务状况，本报告结合项目六数据源资料"中汇集团_财务报表.pbix"文件进行年度查询，本报告对中汇集团 2020—2022 年的资产负债表、利润表、现金流量表进行分析，可知这 3 年集团经营势头良好，发展迅速。

二、财务报表分析

（一）资产负债表分析

集团资产总量呈逐年上升趋势，负债和所有者权益结构相对稳定，从资产结构构成来看，非流动资产比例逐年增高，流动资产比例在下降；从负债构成来看，集团的流动负债呈逐年上升趋势，非流动负债的比重逐年下降。

（二）利润表分析

集团的营业收入和营业成本呈现逐年上升趋势，说明集团的经营情况良好，但是集团的毛利率却在逐年下降，说明应加强集团内部成本管控；从期间费用的构成来看，销售费用一直占据比较大的比例。

（三）现金流量表分析

集团的经营活动现金净流量呈现先下降后上升的趋势，这与集团的经营状况是相关的，经营活动中现金流出量的比重稍高，集团可以从经营成本角度进行管控。

三、财务指标分析

通过财务指标分析可知，中汇集团 2020—2022 年的发展势头良好，对财务指标的分析主要从偿债能力、营运能力、盈利能力、发展能力和综合能力 5 个方面进行分析。

（一）偿债能力分析

通过偿债能力分析可知，集团 2022 年的流动比率与速动比率相比 2020 年呈现下降趋势，逐步接近正常水平；资产负债率相对稳定，表明集团偿还债务的能力较强，财务风险较小；权益乘数整体呈现先下降后上升趋势，说明股东投入的资本在集团资产中占的比重正在逐步上升，降低了集团的财务杠杆风险。

（二）营运能力分析

通过营运能力分析可知，集团的应收账款周转率呈现逐年上升的趋势，说明集团收回应收账款的速度提高了，有利于集团减少坏账；存货周转率与总资产周转率呈现逐年下降趋势。

（三）盈利能力分析

通过盈利能力分析可知，集团的资产报酬率呈现逐年下降趋势，销售毛利率和销售净利率呈现逐年下降趋势，表明集团的营业成本所占比重在逐年上升。

（四）发展能力分析

通过发展能力分析可知，集团的资产增长率与股权资本增长率呈现逐年上升趋势，说明集团的资产规模和资本积累能力在逐年增长，有利于提高集团的综合竞争能力；此外，虽然集团的营业总收入在逐年增加，但是集团的销售增长率与净利润增长率在逐年下降。

（五）综合能力分析

通过综合能力分析可知，总资产净利率逐年下降的同时权益乘数也呈现下降趋势；股东权益报酬率呈现逐年下降趋势，说明集团生产经营效率下降，股东投入的资金的盈利能力在逐渐减弱。

四、优化建议

为保证中汇集团经营的可持续性，使集团财务状况更加健康，建议优化如下。

（一）经营成本管控

集团的销售毛利率和销售净利率呈现逐年下降趋势，说明集团的营业成本所占比重在逐年上升。因此，建议集团进行精细化库存管理，实施精益库存策略，减少库存积压，降低仓储成本，优化供应链管理。同时，集团也要采取积极的营销策略，加快存货的周转速度，提升集团盈利能力。

（二）提高资产利用效率

集团的总资产周转率与股东权益报酬率呈现逐年下降趋势，建议集团合理规划资产结构，调整经营方针，加强经营管理，提高资产的利用效率，提升集团的综合竞争力。

撰写完财务分析报告，继续沿用中汇集团财务报表，在 Power BI Desktop 中新建一页文件，命名为"财务分析报告"。执行"主页"→"文本框"命令，将财务分析报告添加到文本框。

任务总结

本任务主要讲解了撰写财务分析报告的目的与财务分析报告的结构，并通过撰写"中汇集团财务分析报告"对集团的财务状况、经营情况进行了分析与建议。财务分析报告是对企业财务健康状况的诊断说明，全面、及时、准确的财务分析报告可以为企业的经营决策提供依据，降低企业财务风险，提升企业综合竞争力。

任务二　财务分析报告发布

任务情境

财务分析报告撰写完成后，可以借助 Power BI 的在线发布功能进行发布，也可以通过电子邮件、社交媒体进行分享，本任务以"中汇集团财务分析报表"为例，通过 Power BI 将其发布。

知识准备

可视化报表是通过网络发布的、呈现给用户的报表，其中包含图表、表格、矩阵等其他视觉对象。通常情况下，设计者需要在 Power BI Desktop 中创建报表，并不断地调整和更新，将报表发布到 Power BI 在线服务供使用者查看，可视化报表的设计思路如图 8-1 所示。

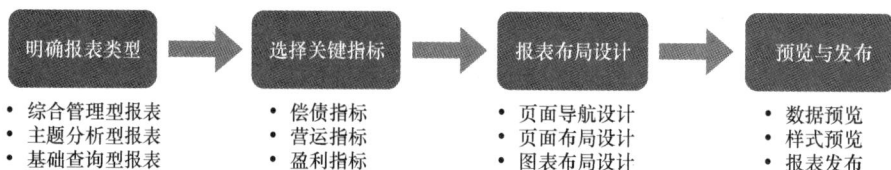

图 8-1 可视化报表的设计思路

一、明确报表类型

随着企业的数据量的不断增加，报表需求越来越多，不同的业务场景的报表需求也不相同，如果不能正确绘制出需求者想要的报表就会影响工作效率。从报表设计者的角度出发，导致这种情况的原因：一是缺乏统一的报表模板，很多业务场景对应的报表需求的差异很小，但经常重复开发；二是报表设计不够美观、观感差，同时缺乏针对性，不能满足不同业务场景的需求。通常情况下，按照报表的应用类型，大致可以分为综合管理型报表、主题分析型报表、基础查询型报表。

（一）综合管理型报表

综合管理型报表主要面向企业管理者，对核心数据进行综合分析，直观呈现问题。比如管理者对业务数据汇总分析，反映业务问题；又如展示企业管理层比较关注企业的战略布局、经营业绩、销售状况、毛利率、总库存金额、销售进度等核心数据指标，从品牌、门店、地区等多个维度对销售情况、客户数据进行分析。

（二）主题分析型报表

常见的主题分析型报表包括财务数据分析报表、销售数据分析报表、人力资源管理分析报表与市场营销分析报表等。

（三）基础查询型报表

基础查询型报表主要面向基层的业务人员，让他们对日常的业务有比较清晰的、直接的、准确的认知。比如销售业务员，通过基础查询型报表能够实时看到自己的销售业绩、订单数量、完成情况等。

二、选择关键指标

选择关键指标应遵循一些原则：一是关键指标要少而精，通常情况下，对部门考核的关键指标不宜超过 10 个，对岗位考核的关键指标不应超过 6 个；二是选择关键指标应坚持定性指标和定量指标相结合；三是灵活运用否决指标、奖惩指标。

三、报表布局设计

（一）页面导航设计

页面导航是能够帮助用户实现跳转的功能页面，它是数据报表中重要的部件，页面导航设计越清晰，报表越容易解读。页面导航一般分为横向单层导航、纵向单层导航、下拉菜单式导航 3 种类型，如表 8-1 所示。

表 8-1　　　　　　　　　　　　　　　　　页面导航的类型

序号	类型	功能说明
1	横向单层导航	即将导航横向排列，横向导航占据的空间更小，文字标题长度相对较短，菜单项相对更少
2	纵向单层导航	即将导航纵向排列，纵向导航占据的空间更大，文字标题长度相对较长，菜单项相对更多
3	下拉菜单式导航	可以对应数量不设上限的报表页，做到按需定制，下拉菜单式导航需要设计者对书签功能灵活应用

（二）页面布局设计

在制作报表之前，可对页面的主题、大小、背景等进行设置，使报表更加具有特色，更加美观。页面标题设计可以采用"公司名称+报告+LOGO"的方式，字体大小、所处位置、颜色应遵循"小而美"的原则。

页面的主题选择和背景色决定报表的整体基调，一般来说，深色主题和背景会让报告显得高端，浅色主题和背景会营造清新的氛围。在页面布局设计时，需要结合个人喜好和组织风格，综合考虑报表要表达的主题基调与环境布局协调后再进行选择。

（三）图表布局设计

图表布局起到突出重点的作用，在设计时需要注意基本的对齐方式，图表与图表之间、图表两侧需要留白，否则报表会变得压抑，也会失去重点。Power BI Desktop 的报表画布提供网格线功能，借助该功能可以在报表页上对齐视觉对象，并使用对齐网格功能使报表中的视觉对象清晰整齐且均匀分布。

四、预览与发布

（一）预览

财务分析报表的预览是指对所创建的图表进行检查，确保数据准确且清晰地传递信息。预览的主要目的有两个：一是进行数据验证，验证数据是否准确无误地被转换为视觉元素，及时发现并纠正数据处理和可视化过程中的错误；二是评估美观性和检查易读性，评估图表的视觉效果，确保其美观大方，能够吸引读者的注意力，以及检查图表是否易于阅读和理解，包括颜色搭配、字体大小和图表布局等方面。通过有效的预览，可以发现并解决图表设计中的问题，优化图表的视觉效果和提高信息传达效率，从而提高财务分析报表的整体质量和价值。

（二）发布

对于企业财务人员来说，掌握财务分析报告的编制方法和分析技巧至关重要。发布财务分析报告的目的主要是揭示和披露企业的经营状况和财务状况，为改进财务管理工作、优化经济决策提供重要的财务信息。发布报告不仅是对企业过去和现在的财务状况进行全面评价，更重要的是为企业未来的发展提供科学的决策支持。通过财务分析，可以及时发现并解决企业存在的问题，优化资源配置，提高经营管理水平，从而实现企业的可持续发展。

Power BI 在线服务可以帮助用户实现财务分析报表的发布与共享，首先用户必须用公司邮箱注册一个 Power BI 服务账号，就可以登录官网，查看上传的报表和数据，并对报表进行管理，在工作区就可以对文件进行导出和分享等操作。

任务实施

一、制作报表导航页面

操作演示

制作报表导航页面

继续沿用中汇集团财务报表，在 Power BI Desktop 中新建一报表页，命名为"首页"，并将文件拖曳至第一页。

（一）添加标题

执行"主页"→"文本框"命令，插入文本框，输入"中汇集团财务报表分析"，文本大小设置为"20"，加粗并居中，并添加一种字体颜色。

（二）添加导航器

切换至报表视图，在首页中执行"插入"→"按钮"→"导航器"→"空白"命令，插入"格式"按钮。单击"格式"按钮，执行"按钮"→"样式"→"文本"命令，输入"资产负债表"，调整字体颜色和大小；关闭边框按钮。在操作选项卡中，选择操作类型为"页导航"，目标选择"资产负债表分析"。在"常规"对话框中，添加视觉边框，颜色自选。设置完成后按住"Ctrl"键，单击"资产负债表"，即可切换至资产负债表分析视图。

以同样的方式设置利润表、现金流量表、偿债能力分析、营运能力分析、盈利能力分析、发展能力分析、综合能力分析、财务分析报告的导航器按钮，导航器效果如图 8-2 所示。

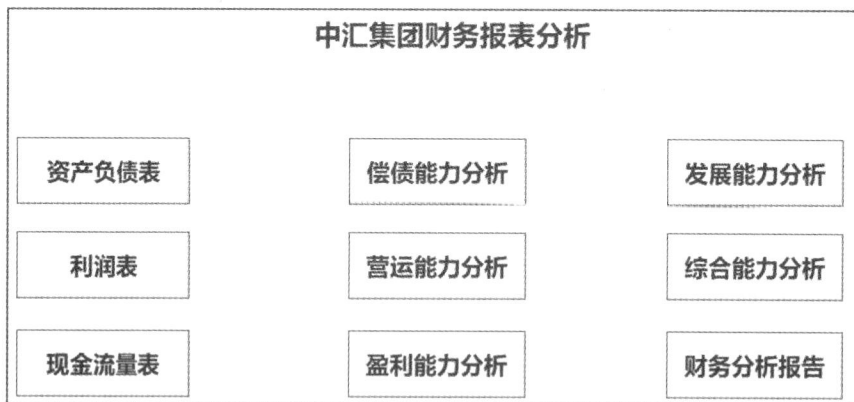

中汇集团财务报表分析

资产负债表	偿债能力分析	发展能力分析
利润表	营运能力分析	综合能力分析
现金流量表	盈利能力分析	财务分析报告

图 8-2　导航器效果

💡**小贴士**

在 Power BI 中进行数据分析时，往往会设计多张报表，每张报表含有不同的可视化对象。通常情况下，导航器会放在报表的第 1 页，便于用户快速查看每张报表。

二、财务分析报告发布

操作演示

发布财务分析报告

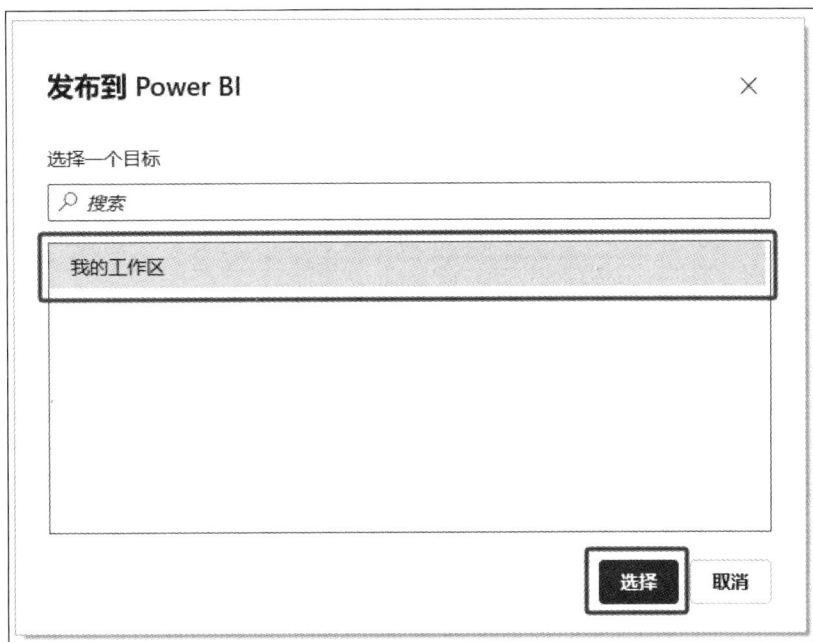

在报表视图下，执行"主页"→"共享"→"发布"命令，打开"发布到 Power BI"对话框，选中"我的工作区"，单击"选择"按钮，如图 8-3 所示。

报告发布成功后，如图 8-4 所示。

图 8-3　发布报告

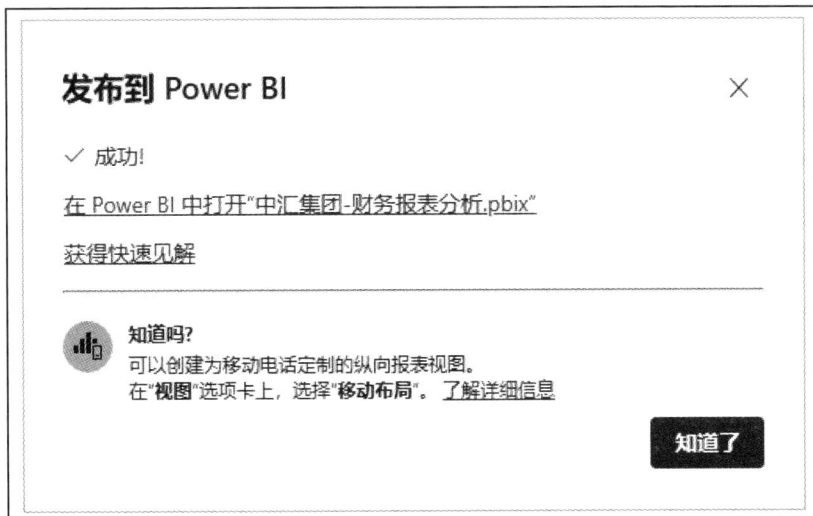

图 8-4　报表发布成功

登录 Power BI 官网，选择"我的工作区"，即可查看已发布的报告，如图 8-5 所示。

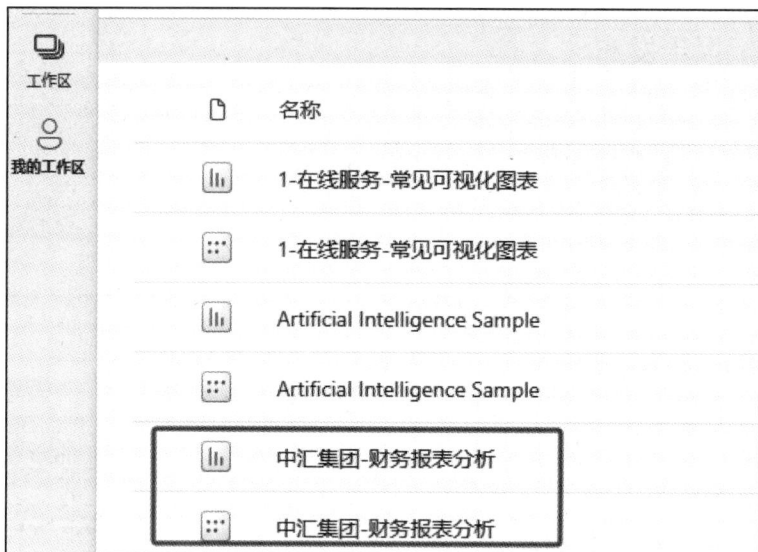

图 8-5　查看已发布的报告

三、财务分析报告分享

Power BI 有两种分享报告的方式，分别是公开链接和生成 QR 码。

（一）公开链接

公开链接方式是将报告发布到网络上，浏览者通过打开网页的方式就可以浏览报表，而且没有权限要求。在 Power BI 在线服务"我的工作区"中，打开需要分享的报告，执行"文件"→"嵌入报表"→"发布到 Web（公共）"命令，如图 8-6 所示。

操作演示

分享财务分析报告

图 8-6　执行"发布到 Web（公共）"命令

在弹出的"嵌入公共网站"对话框中，单击"继续"按钮，如图 8-7 所示。

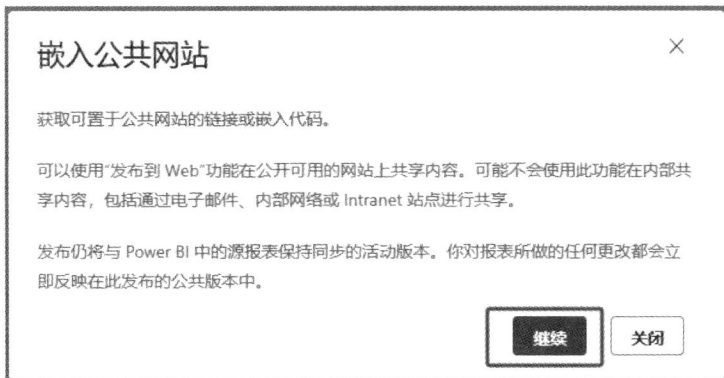

图8-7 单击"继续"按钮

分享成功后，可以单击"可粘贴到网站的HTML"区域的"复制"按钮，如图8-8所示，将复制的链接地址粘贴到浏览器的地址栏并按"Enter"键，即可在网页上查看报告。

图8-8 单击"复制"按钮

（二）生成QR码

Power BI分享报告的第二种方式是生成QR码（一种二维码），用户可以分享QR码，浏览者可以通过移动端扫描QR码访问报表，但是采用这种方式分享报表时，浏览者必须有访问权限才能够浏览。

在Power BI在线服务"我的工作区"中，打开需要分享的报告，执行"文件"→"生成QR码"命令，系统会自动生成QR码，用户可以单击"下载"按钮将其保存。生成的QR码如图8-9所示。

图 8-9　生成的 QR 码

报告发布到 Power BI 在线服务后，报告的默认样式与在计算机上制作的报告的样式是一样的，如果想通过手机端 Power BI App 查看报告，可以从已完成的报告对象中选择关键、主要的报表对象在手机端上显示。

任务总结

本任务主要讲解了可视化报表的设计思路，分别是明确报表类型、选择关键指标、报表布局设计、预览与发布。在完成报表导航页面制作后，借助 Power BI 的在线发布功能，发布了"中汇集团财务分析报表"，浏览者可以通过打开公开链接、扫描 QR 码的方式进行查看，从而及时、全面、准确地了解企业的财务状况。

技能提升

一、单选题

1. 财务分析报告主要由几部分组成？（　　　）

　　A. 2　　　　　　　　B. 3　　　　　　　　C. 4　　　　　　　　D. 5

2. 选择关键指标时，对部门考核的关键指标不宜超过几个？（　　　）

　　A. 7　　　　　　　　B. 8　　　　　　　　C. 9　　　　　　　　D. 10

3. 选择关键指标时，对岗位考核的关键指标不宜超过几个？（　　　）

　　A. 4　　　　　　　　B. 5　　　　　　　　C. 6　　　　　　　　D. 7

二、多选题

1. 下列哪些属于财务分析报告的结构？（　　　）

　　A. 财务状况综述　　B. 财务报表分析　　C. 财务指标分析　　D. 建议优化

2. 撰写财务分析报告的目的包括（　　　）。

　　A. 判断企业财务实力　　　　　　　　B. 评价企业经营业绩

　　C. 挖掘企业经营潜力　　　　　　　　D. 评价企业发展趋势

3. 可视化报表的设计思路包括（　　　）。

A. 明确报表类型　　　B. 选择关键指标　　　C. 报表布局设计　　　D. 预览与发布

4. 报表可分为哪几种？（　　）

A. 综合管理型报表　B. 主题分析型报表　C. 基础查询型报表　D. 利润表

5. 页面导航的类型包括哪些？（　　）

A. 横向单层导航　　B. 纵向单层导航　　C. 下拉式菜单导航　D. 外部菜单导航

三、判断题

1. 财务报告的会计年度可以根据企业的需要自行确定。　　　　　　　　　　（　　）

2. 编制财务报告时，企业应遵循真实性、客观性、完整性的基本原则。　　（　　）

3. 财务报告的外部使用者不包括企业内部管理层。　　　　　　　　　　　（　　）

四、思考题

1. 简述财务分析报告的结构。

2. 简述分享财务分析报告的方式。